CB135050

GRÁTIS
30 DIAS
GRÁTIS

Na Ubook você tem acesso a este e outros milhares de títulos para ler e ouvir. Ilimitados!

Audiobooks Podcasts
Músicas **Ebooks** **Notícias**
Revistas Séries & Docs

Junto com este livro, você ganhou **30 dias grátis** para experimentar a maior plataforma de audiotainment da América Latina.

Use o QR Code

OU

1. Acesse **ubook.com** e clique em Planos no menu superior.
2. Insira o código **GOUBOOK** no campo Voucher Promocional.
3. Conclua sua assinatura.

ubookapp ubookapp ubookapp

ubook
Paixão por contar histórias

ANDREAS KREBS

PAUL WILLIAMS

A ILUSÃO DA INVENCIBILIDADE

ASCENSÃO E QUEDA DAS ORGANIZAÇÕES — INSPIRADO PELO IMPÉRIO INCA

PREFÁCIOS DE NIK GOWING E DR. PETER MAY

TRADUÇÃO
Mariana Moura

ubook UBK
Publishing House

© 2019 Gabal Verlag GmbH
Copyright da tradução © 2020, Ubook Editora S.A.

Publicado mediante acordo com Gabal Verlag GmbH. Edição original do livro *Die Illusion der Unbesiegbarkeit*, publicada por Gabal Verlag GmbH.

Todos os direitos reservados. Nenhuma parte deste livro pode ser utilizada ou reproduzida sob quaisquer meios existentes sem autorização por escrito dos editores.

ubook ubk
Publishing House

REVISÃO Mariá Moritz Tomazoni e Larissa Salomé
PROJETO GRÁFICO Guilherme Peres
CAPA Martin Zech Design, Bremen
ADAPTAÇÃO DE CAPA Bruno Santos
FOTO DOS AUTORES/CAPA Birgit Schmuck/Michael Kranz

Dados Internacionais de Catalogação na Publicação (CIP)
(Câmara Brasileira do Livro, SP, Brasil)

Krebs, Andreas
A ilusão da invencibilidade : ascensão e queda das organizações : inspirado pelo império Inca / Andreas Krebs, Paul Williams ; tradução Mariana Moura. -- 2. ed. -- Rio de Janeiro : Ubook Editora, 2021.

Título original: Die Illusion der Unbesiegbarkeit
Bibliografia.
ISBN 978-65-5875-632-3

1. Administração de empresas 2. Liderança 3. Negócios 4. Organização I. Williams, Paul. II. Título.

21-63713 CDD-658

Ubook Editora S.A
Av. das Américas, 500, Bloco 12, Salas 303/304,
Barra da Tijuca, Rio de Janeiro/RJ.
Cep.: 22.640-100
Tel.: (21) 3570-8150

Sumário

Prefácio de Nik Gowing

Fundador e diretor de *Thinking the Unthinkable* [Pensando o impensável], e principal apresentador da BBC World News, 1996-2014.

Os negócios e os seus líderes enfrentam situações de vulnerabilidade o tempo todo. Durante o período de fundação e financiamento inicial, as empresas começam com muita energia e ideias inovadoras. Compromisso e determinação são vitais para garantir o sucesso precoce. Um forte senso de autoconfiança e invencibilidade alimenta a convicção de que o fracasso não é sequer possível.

Depois vêm o crescimento e, esperamos, o sucesso consistente. A falta de agilidade, acompanhada por uma ansiedade constante quanto a possíveis perdas, vem sempre pedir a conta. Muitas vezes esse preço pode acabar por se revelar fatal, tanto para marcas como para reputações profissionais. Em 2020, o impacto repentino, dramático e sinistro da Covid-19 ampliou a vulnerabilidade de todos os líderes.

No início da terceira década do século XXI, essas pressões e essa realidade são mais prementes do que nunca. Os negócios e a política se veem confrontados por uma nova ruptura, que já está se tornando cada vez mais profunda e ampla. Os prazos estão mais curtos. A intolerância e a impaciência por parte do público estão maiores do que nunca. Tanto os clientes quanto os eleitores rejeitam qualquer coisa ou pessoa de que não gostem.

Reconhecemos que os desafios atuais que todos estao enfrentando não são bobagens. As realidades muitas vezes brutais e as lições históricas nos dizem para esperar que esse desafio antecipado por quase todos seja uma continuação automática de mais de setenta anos de estabilidade e normalidade desde a Segunda Guerra Mundial. Afinal, presume-se que as coisas e a economia, na média, sempre vão melhorar.

Sob muitos aspectos, temos tido sorte. Mas agora a Covid-19 exacerbou o quanto as bases da estabilidade já estavam profundamente frágeis. A maioria dos líderes e dos profissionais em posição de chefia já se viu incapaz de lidar com a natureza, a magnitude e as implicações das rupturas que estão em curso. O padrão tende a ser negação e descrença, não a aceitação pragmática de coisas impensáveis e impalpáveis.

A realidade devastadora da Covid-19 tem agravado todas essas questões para os líderes. A maneira como as coisas foram não é como elas são e serão em breve. Tudo o que presumimos e tomamos como certo está sendo subvertido. Lidar com as novas rupturas requer novas ousadias, habilidades e talentos. Mas os líderes que, em grande parte, se qualificaram para alcançar o topo lidando com as situações como no passado, muitas vezes, não estão nem habilitados nem adequadamente preparados para encarar uma mudança profunda e desestabilizadora em sua abordagem. A postura que os qualificou para o topo hoje os desqualifica para a liderança necessária.

É por isso que Andreas Krebs e Paul Williams nos dão um choque de realidade.

A comparação entre os desafios que o campo da liderança enfrenta no século XXI e a forma como o Império Inca primeiro cresceu a um ritmo extraordinário, até dominar a América do Sul, e depois se desmantelou é ao mesmo tempo sóbria e inspiradora. Como eles descrevem, há sempre uma "lógica no declínio". Mas, inevitavelmente, os líderes envolvidos não enxergam essa lógica. Os Incas mostraram isso. Eles nunca perceberam o que os ameaçava até ser tarde demais. Será que a pandemia do novo coronavírus é o equivalente dessa implosão, que os Incas não conseguiram detectar e depois reverter, na nossa geração?

Como nos negócios, na política e na liderança, o que você lê aqui, em *A ilusão da invencibilidade*, foi o resultado de um conjunto casual de circunstâncias: um convite para viajar à América Latina com o objetivo de ministrar um workshop de negócios. O insight para esse tipo de pesquisa não teria vindo facilmente na Alemanha. Mas a curiosidade pessoal dos autores começou a lançar luz sobre a história, tanto notável quanto chocante, da hegemonia inca e, subitamente, suscitou uma série de percepções sobre o que é ser líder nos dias de hoje.

Estas lições cada vez mais profundas, colhidas nas elevadas altitudes andinas, são o fio condutor de tudo o que é relatado e analisado neste livro.

Por exemplo, a Nokia poderia ter aprendido muito com os Incas. A arrebatadora jornada da empresa desde a silvicultura e fabricação de botas de borracha na Finlândia até a liderança mundial no ramo de telefonia celular, depois a queda no ostracismo seguida pela venda a preço de banana, foi como a ascensão e queda dos Incas. Autoritarismo, ambição excessiva, vaidade e arrogância marcaram os dois casos. Até Jeff Bezos, da Amazon, admite que, um dia, sua megaempresa de varejo on-line global "falhará" — provavelmente por causa da dificuldade desse tipo de líder em enxergar as fragilidades criadas pelo sucesso e pela autoconfiança insuflada em uma das maiores corporações do mundo.

A mensagem que os Incas têm a passar para os líderes é a de que deve haver um "teste de estresse para o ego". Portanto, precisamos rever urgentemente como abordar os recursos humanos. Repense também com quem você busca parcerias de trabalho e que tipo de subordinado procura. E pense logo sobre quem e o que virá depois que você sair da empresa.

É preciso astúcia e esforço intelectual para tirar lições convincentes a partir da brutalidade, da autoconfiança cega e dos "egos descontrolados" de um império sul-americano que conheceu seu auge há quinhentos anos. Mas as analogias com os líderes de hoje são sóbrias. Funcionam.

Por isso, tome nota. E considere a relevância dessas lições para seu estilo de liderança.

Nik Gowing, Londres, Reino Unido

Prefácio do prof. dr. Peter May

Especialista em empresas familiares e consultoria estratégica para organizações lideradas pelos proprietários.

Os empresários adoram uma história de sucesso: uma história de vitória, da pobreza à riqueza, de fazer e acontecer. Somos fascinados pelas lendas empresariais, não importa se são da era digital ou industrial. A jornada do empreendedor que deu lugar a uma empresa milionária em uma ou duas gerações ou a ascensão de um negócio regional a uma multinacional global são modelos inspiradores.

Mas será que sabemos de fato quais são os fatores que levam a tal ascensão? As razões para um desenvolvimento bem-sucedido quase sempre parecem óbvias: reengenharia oportuna, gestão de custos, estratégias bem pensadas, o produto certo, o poder da inovação; todos esses fatores são repetidamente listados como a fórmula do sucesso extraordinário. E essa noção está correta, pelo menos à primeira vista.

Ao longo dos anos, segundo a sabedoria coletiva do campo de administração de empresas, os negócios devem ser conduzidos de forma adequada e eficaz. Apoiada em especialidades como gestão de custos, contabilidade, marketing e recursos humanos, essa perspectiva fornece as ferramentas acadêmicas das quais o sucesso empresarial depende na vida real. É só se ater às regras da contabilidade, à rentabilidade e a numerosos outros sistemas prescritos pela sabedoria corporativa e tudo vai dar certo. Mas, se isso é verdade, por que tantas empresas falham? Todos nós conhecemos casos em que tudo foi feito exatamente de acordo com as regras, mas, mesmo assim, o negócio escorreu pelo ralo. E não é preciso muito para essas fatalidades ocorrerem: elas podem atingir tanto uma empresa de engenharia de médio porte ou uma corporação multimilionária quanto um negócio de fundo de quintal. O fracasso acontece a despeito da adesão às regras geralmente aceitas, e a pandemia de Covid-19 demonstra enfaticamente o quanto é vital ter um olhar mais amplo e crítico.

Andreas Krebs e Paul Williams escreveram um novo capítulo no livro do pensamento empresarial. Em *A ilusão da invencibilidade*, os escritores tratam das duas possibilidades do esforço humano: o sucesso e o fracasso. Eles têm a coragem de ultrapassar a zona de conforto de uma disciplina especializada e isolada e propor conexões abrangentes, revelando valiosos paralelos e insights para todos os interessados no mundo dos negócios. Os autores colocam questões fundamentais em um novo contexto: por que e em que condições os sistemas triunfam, se tornam resistentes e têm a capacidade de expandir suas atividades? O que desencadeia os pontos de virada e o que causa o declínio?

O pensamento convencional sobre gestão oferece respostas limitadas. Embora a prática gerencial tenha se aperfeiçoado enormemente desde a publicação da obra-prima *Conceito da corporação*, de Peter Drucker, em 1946, em um nível básico, a ideia de "empresa" como uma referência universal tem sido perpetuada. Este livro vai mais longe. Estabelece novas relações com os pontos que parecem ter o maior potencial de gerar benefício e interesse. Enriquece o que sabemos sobre liderança com perspectivas históricas e uma visão dos princípios gerais de ascensão e queda, uma abordagem que é ao mesmo tempo excitante e indispensável para a gestão empresarial moderna. Além disso, não é por acaso que Krebs e Williams se referem muitas vezes, pela sua perspectiva global, ao destino dos Incas, no sentido de como o império sul-americano exemplifica os dois lados da história: a ascensão e a queda.

A ascensão dos Incas durou séculos. Na perspectiva de hoje, é uma história de sucesso que vai além das reflexões habituais sobre gestão de curto prazo. Até mesmo o declínio do império (como resultado da invasão dos conquistadores espanhóis e da luta fraterna de dois governantes) fornece valiosos acréscimos ao nosso know-how atual sobre administração. Nos tempos pré-colombianos, o conhecimento dos Incas sobre gestão e expansão era muito superior ao de outros povos da época; uma agricultura altamente desenvolvida, uma rede de estradas e um sistema de comunicações eficiente eram os pilares centrais de um sistema estatal que, graças a uma combinação eficaz de negociação, cooperação e exercício do poder, era prontamente capaz de expandir suas atividades. Colocando isso no contexto empresarial, falaríamos de expansão internacional, aumento do volume de negócios e maior participação de mercado.

O sucesso dos Incas se manteve até eles não serem mais capazes de conciliar os interesses individuais dos poderosos com os de outras partes interessadas em seu sistema cada vez mais complexo e domar as forças internas destrutivas. Contudo, a dinâmica de crescimento gerada por esse equilíbrio de poder cuidadosamente mantido não durou para sempre. Mudanças que pareciam pequenas levaram primeiro a uma desestabilização e depois, finalmente, deram início ao desaparecimento dos Incas.

Colocando de lado por um momento quaisquer tentativas de relacionar esses fatos diretamente aos negócios, podemos reconhecer uma série de leis sistêmicas que parecem ter resistido ao teste dos séculos. Uma delas, ao que parece, é que as sementes do fracasso são inerentes a qualquer sucesso duradouro, porque os líderes responsáveis se tornam cada vez mais cegos a ameaças novas e desconhecidas. Tecnologias novas e emergentes podem destruir o valor das práticas gerenciais consolidadas em um curto espaço de tempo e exigem o desenvolvimento de abordagens alternativas. O egoísmo e o nepotismo excessivos dos atores-chave empurram o sistema para a zona de perigo e aceleram seu declínio. Agora, tantos anos depois, a clareza trazida pelo passar dos séculos nos permite traçar paralelos entre essa época e o presente. Hoje, também estamos passando por uma convulsão radical; a cavalaria e as armas dos espanhóis eram as tecnologias desconhecidas e disruptivas na época dos Incas; para nós, é a digitalização, a robotização e, mais recentemente, os enormes desafios desencadeados pela crise de Covid-19. Naquela época, as técnicas de governo e de guerra dos espanhóis eram fontes de enorme incerteza para os Incas, assim como a perda de continuidade e confiabilidade na política e a mudança acelerada dos valores sociais, tanto em escala micro como macro, para nós. Além disso, pessoas com ego inflado demais e conflitos desnecessários ainda existem nos negócios, muito mais do que em qualquer outro lugar.

Este livro proporciona uma oportunidade para cada um de nós reavaliar a nossa posição. Devemos rever nossas rotinas, deixar de aceitar o conhecimento estabelecido como uma solução permanente e aguçar nossa percepção das forças que atuam dentro e fora do sistema. Só então poderemos influenciar a dinâmica a nosso favor e criar o que necessitamos coletivamente: uma transição consciente e bem guiada em direção a uma nova era.

Prof. dr. Peter May, Bonn-Bad Godesberg, Alemanha

O resultado inesperado de uma viagem ao Peru

Este livro não é sobre os Incas, mas sem os Incas ele nunca teria sido escrito. É um livro sobre a ascensão e a queda das organizações e os fatores fundamentais que influenciam o seu sucesso e o seu fracasso. Trata-se de boa liderança, autogestão honesta e perspicaz, visões inspiradoras, seleção de pessoal de alta qualidade, valores confiáveis, governança corporativa confiável e foco organizacional para a sobrevivência de longo prazo. Trata-se também dos erros, muitos deles autoinfligidos, que muitas vezes ocorrem em cada uma dessas áreas e fazem com que organizações, grandes e pequenas, tropecem e caiam. Este livro vai ajudá-lo a liderar melhor a sua organização em momentos tanto de crescimento quanto de crise; vai ajudá-lo a gerir-se melhor, bem como a compreender melhor seu chefe e seus colegas. Ah, e vai lhe fazer pensar, sorrir e talvez até estremecer, às vezes tudo ao mesmo tempo. Mas, acima de tudo, ajudará a evitar que você seja vítima da ilusão da invencibilidade.

Como tudo começou...

Não costumo ir ao Peru a negócios. Na verdade, aconteceu apenas uma vez, mas foi suficiente para servir de inspiração para que eu escrevesse este livro.

Quando um dos meus clientes — uma empresa suíça — decidiu nomear um novo diretor-geral para a sua filial no Peru, o vice-presidente sênior de operações comerciais internacionais ligou para o meu escritório na Alemanha.

— Paul, você ajudaria a Rosa a se preparar para assumir o novo cargo? Você será o parceiro de treino dela, se aceitar.

Depois veio a parte inesperada da oferta: ainda que a maior parte das atividades de coaching aconteceria ou em Zurique ou no meu escritório perto de Colônia, ele sugeriu que eu viajasse ao Peru no fim do processo para ministrar um workshop para Rosa e sua nova equipe de liderança.

Uma noite, cerca de três semanas depois, dei por mim sentado ao redor de uma fogueira com dois amigos que tinham morado e trabalhado na América Latina durante vários anos. Contei sobre o telefonema e a reação deles foi muito entusiástica.

— Peru! — disse o primeiro. — Uau! É um dos meus países favoritos no mundo. Ah, a comida, a cultura, o povo, os Incas!

— Você tem que ver *isso*, você tem que ver *aquilo*, você tem que ir *a tal lugar*, você tem que ir *àquele outro lugar* — exclamou o outro.

— E, Paul — continuou ele —, acima de tudo, o que você absolutamente *não deve fazer* é passar três dias no Hilton de Lima e depois voltar direto para casa!

— Tenham calma, rapazes — retruquei. — Eu não falo uma palavra de espanhol e não sou fã de turismo de aventura. E se fosse viajar pelo Peru, nunca consideraria fazê-lo por conta própria. Eu gostaria de ir com a minha mulher, ou com alguns amigos, ou...

— Nós vamos com você! — interromperam.

E foi isso. Em uma tarde ensolarada de novembro em Lima, seis meses depois, saí do hotel após o workshop e uma van estava à minha espera do outro lado da rua. O homem atrás do volante era um dos nossos guias. Entre os passageiros estavam seis rostos familiares e sorridentes, incluindo os dois amigos da fogueira. E um deles era Andreas Krebs.

Achávamos que tínhamos pesquisado adequadamente a avançada cultura inca dos séculos XV e XVI. Estávamos errados: na paisagem arrebatadora a 3.500 metros acima do nível do mar, o que ouvimos de nossos guias peruanos nos levou a refletir muito mais. Em Tipón, localizado a cerca de trinta quilômetros a nordeste de Cuzco e considerado um antigo centro de pesquisa agrícola dos Incas, aprendemos mais sobre como, em apenas cem anos, esse povo criou um império que se estendeu por quase cinco mil quilômetros ao longo dos Andes, desde o que hoje é o Equador, no norte, até o atual Chile, no sul. Eles organizaram e mantiveram coeso, com eficiência, um reino que abrigava cerca de duzentos grupos étnicos; criaram superávit através de técnicas agrícolas inteligentes, construíram instalações de armazenamento de alimentos e amparavam doentes e famílias que tinham perdido o seu principal provedor, tudo isso em uma época em que epidemias e fome assolavam a Europa. Descobrimos que, antes de anexarem uma tribo ou nação ao império, eles faziam primeiro uma oferta de "aquisição amigável" e só usavam sua considerável força militar se a oferta fosse rejeitada. E aprendemos que eles empreendiam esforços consistentes para integrar o povo conquistado e manter a paz, reassentando as pessoas e desenvolvendo a infraestrutura local.

Originalmente, a viagem tinha como objetivo nos dar alguns dias para relaxar do nosso trabalho como gestores, membros do conselho fiscal, investidores e coaches. No entanto, de repente, percebemos que estávamos falando de gestão, da gestão inca. Como os Incas, que não conheciam nem a roda nem tinham um sistema de escrita — quanto mais tecnologias modernas de comunicação —, construíram e dominaram um vasto império, enquanto muitas fusões atuais fracassam em condições muito mais favoráveis? Como esse povo estabeleceu uma elite governante que foi aceita e durou muitas décadas, ao passo que os executivos seniores modernos muitas vezes têm que se defender contra alegações de egocentrismo e arrogância? Por que tantos grupos e comunidades escolheram seguir os "filhos do sol", enquanto as tentativas dos líderes empresariais de hoje de conduzir os conglomerados empresariais em um rumo comum muitas vezes terminam em fracasso?

É evidente que os métodos de uma sociedade rigidamente hierárquica de mais de quinhentos anos atrás não podem ser transpostos para os dias atuais. Mas nossos acalorados debates deixaram uma coisa clara: os Incas nos oferecem um espelho e uma chance de refletir sobre os comportamentos e métodos que os executivos usam hoje. O que à primeira vista parece tão distante e estranho pode realmente nos falar de perto. A elite inca enfrentou desafios semelhantes aos dos gestores atuais: formular objetivos claros, persuadir outros a abraçar as mudanças e a inovação em um ambiente difícil, unificar diferentes grupos e implementar planos de acordo com padrões rigorosos. Quando olhamos para além de muitas das atuais tendências e chavões gerenciais, seja "digitalização", "diversidade" ou "ruptura", uma questão permanece inalterada: o que é essencial para os líderes, em todos os níveis, que procuram assegurar que as suas empresas ou organizações alcancem sucesso de forma sustentável? O sucesso da gestão e da liderança depende das respostas a essa pergunta, e este livro fornece tais respostas. Tendo servido como a centelha de inspiração, os Incas fornecem um pano de fundo ao longo de todo o livro enquanto nos baseamos em nossas próprias experiências e no que nossos entrevistados — gestores seniores de empresas internacionais, negócios familiares de sucesso, startups, empresas de consultoria, organizações do setor público e ONGs — compartilharam conosco ao longo do caminho (ver "Sobre os parceiros de entrevista"). Gostaríamos de agradecer a todos eles pela confiança e abertura, e optamos por deixar anônimas algumas das histórias mais pessoais ou controversas.

Este livro não pretende, de forma alguma, ser um romance açucarado sobre a história dos Incas. A despeito da impressionante expansão, o seu reinado caracterizou-se também por deportações, muitas vezes de povos e aldeias inteiras, por sacrifícios de crianças e pela rígida arregimentação de indivíduos, que não eram livres para escolher seu local de residência ou sua ocupação. Além disso, após quase um século de sucesso ininterrupto, os Incas sofreram uma queda igualmente monumental: em 1532, o conquistador espanhol Francisco Pizarro derrotou o exército inca de doze mil homens com menos de duzentos soldados e capturou seu governante, Atahualpa. Em poucos anos, o império se desintegrou, embora o último rei inca — na época um fantoche dos conquistadores espanhóis— tenha sido executado apenas em 1572. Apesar de todos os recursos e da eficiência e consistência que os Incas haviam demonstrado no domínio do império, eles pareciam impotentes diante do novo adversário, o que nos leva a perguntar se todo sucesso extraordinário está intrinsecamente condenado ao fracasso em algum ponto — se cada grande triunfo traz dentro de si a semente do fracasso.

Também aqui o paralelo com o presente é imediatamente visível. Todo gestor e executivo conhece os "*players* globais", as empresas aparentemente intocáveis, que experimentaram um declínio dramático ou, em alguns casos, foram completamente esquecidas ou extintas: Kodak, Nokia, AOL, Pan Am, Arthur Andersen e muitas outras. Se tomarmos como referência a lista anual da Forbes das quinhentas empresas mais rentáveis do mundo, logo se torna claro que dificilmente uma organização mantém o seu lugar no rol das dez empresas de maior sucesso financeiro do mundo durante um período de tempo mais longo. Talvez seja precisamente a ilusão de invencibilidade que predestina o declínio, muitas vezes, rápido. Para executivos e gestores, isso significa permanecer constantemente vigilantes, ainda mais em tempos de sucesso "garantido", procurando fraquezas e desafiando e desenvolvendo tanto a si próprios como à empresa. Caso contrário, o perigo é sofrer o mesmo destino de certo executivo alemão cujas tentativas pomposas de criar uma gigante multinacional fora do Grupo Daimler marcaram o início do fim de sua carreira e custaram à empresa e seus acionistas bilhões de dólares.

Diante do impacto devastador que o novo coronavírus tem exercido na economia global, nos Estados e nas organizações de todos os tipos e tamanhos, é provável que vejamos até mesmo os líderes mais confiantes e autodidatas começarem a se defrontar com a invulnerabilidade — a sua própria, como indivíduos, e a de suas empresas. Esse confronto direto com uma ameaça existencial pode muito bem desencadear uma mentalidade mais humilde e autocrítica, melhorando, assim, a qualidade da gestão de risco nas empresas. Curiosa, e tragicamente, os Incas também padeceram de uma série de doenças introduzidas pelos primeiros europeus que chegaram à América do Sul, a tal ponto que os historiadores concordam que esse foi um dos fatores que levaram ao enfraquecimento de suas defesas e de sua capacidade de resistir à chegada dos espanhóis. Os Incas não tiveram nenhuma chance real de responder a essa ameaça — os líderes de hoje, por outro lado, têm.

Mais uma coisa: embora tenhamos pesquisado cuidadosamente as informações sobre os Incas que utilizamos neste livro e tenhamos conversado com vários especialistas no Peru, nos Estados Unidos e na Alemanha, não pretendemos nem somos capazes de fornecer mais do que um vislumbre geral dessa fascinante cultura. Há muitos outros livros que fazem esse trabalho muito melhor do que nós, e alguns deles estão listados na bibliografia. Nossa perspectiva dos Incas é a de gestores que trabalham em grandes organizações. Os Incas deram novos e inesperados significados e insights à nossa visão do mundo dos negócios, e as lições que aprendemos vão muito além das dezenas de seminários e workshops de liderança — com suas apresentações em PowerPoint — de que ambos participamos ao longo dos anos. Nossa esperança é a de que este livro transmita pelo menos parte dessa fascinante mudança de perspectiva e que nossos insights, análises e recomendações forneçam informações e entretenimento suficientes para encorajá-lo a ler o livro do início ao fim. Afinal, de livros de gestão entediantes as livrarias físicas e virtuais estão cheias!

Andreas Krebs e Paul Williams, Langenfeld, Alemanha
www.inca-inc.com

O que sobe tem que descer?

Um olhar sobre a Fortune 500

> "Muitos anos de sucesso podem produzir um grau injustificado de autoconfiança e levar a uma crença errada: 'Nós podemos fazer tudo.'"
>
> **DRA. IRIS LÖW-FRIEDRICH, VICE-PRESIDENTE EXECUTIVA E DIRETORA CLÍNICA HOSPITALAR, UCB**

Todos os anos, a revista *Fortune* publica a lista das quinhentas maiores empresas do mundo. Nessa lista aparecem os "grandes *players*", as empresas com as maiores receitas mundiais. No entanto, quase nenhuma dessas organizações consegue, ao longo do tempo, manter a sua classificação entre os titãs. Será que o momento de maior triunfo é também o momento de maior vulnerabilidade? Cada sucesso extraordinário traz consigo as sementes da própria destruição? Tudo o que sobe tem que descer? Se impérios globais e civilizações avançadas como a dos Incas podem entrar em colapso em questão de poucos anos, como os nossos líderes e gestores empresariais podem ter certeza de que o sucesso de hoje pode ser sustentado no futuro? Mais importante, há algum sinal de aviso de desgraça iminente? Claro, essas não são apenas perguntas para grandes empresas. Afinal, todos nós sabemos de startups que experimentam um crescimento meteórico antes de fracassar de forma igualmente espetacular, assim como de empresas familiares mais tradicionais que são fechadas, aparentemente sem aviso prévio, após muitas décadas de sucesso.

Lembra da Nokia?

Pergunte a um adolescente moderno que gosta de celular o que ele pensa sobre a Nokia, e ele muito provavelmente vai ficar olhando para você sem entender. "Ahn... quem? Nokia?" Há apenas alguns anos, a empresa finlandesa estava entre os gigantes do mundo dos negócios, tendo dominado o mercado global de telefonia celular de 1998 a 2011. Em 2004, a Nokia chegou ao terceiro lugar na lista das quinhentas maiores empresas da Fortune, depois de ter estreado na 122ª posição. Um pequeno país com cerca de cinco milhões de habitantes era a sede de um líder indiscutível em um setor-chave em franco crescimento global.

A história da Nokia parece um roteiro de Hollywood. No sul da Finlândia, em 1865, um engenheiro chamado Fredrik Idestam abre uma fábrica de polpa de celulose às margens do Nokianvirta, à qual dá o nome de Nokia. Cerca de trinta anos depois, em 1898, Eduard Polón cria a Finnish Rubber Works para a confecção de botas e pneus de borracha. Mais quinze anos se passam e Arvid Wickström funda a Finnish Cable Works. A partir de 1963, passa a fabricar telefones sem fio para o exército. Após 45 anos trabalhando em estreita colaboração, as três companhias se fundem para formar a empresa de tecnologia Nokia em 1967. Os principais negócios de silvicultura, borracha, cabeamento, eletrônica e geração de energia elétrica são mantidos até que a desregulamentação do mercado europeu de telecomunicações nos anos 1980 cria novas oportunidades. Com o nascimento da empresa escandinava de telefones celulares NMT (sigla para Nordic Mobile Telephone), a Nokia fabrica o primeiro telefone para carro do mundo em 1981 e, a partir de 1987, centra-se nos telefones celulares e cresce exponencialmente.[1] Outros segmentos como os de borracha, cabos e geração de eletricidade são postos de lado. O negócio conquista a satisfação do consumidor com inovações tecnológicas como o Communicator (um modelo primitivo de smartphone) e inunda o mercado com telefones celulares robustos e acessíveis para as massas. Em 2002, um em cada três aparelhos vendidos no planeta é da Nokia (fatia de mercado de 35,8 por cento), apenas um em cada seis é da Motorola (15,3 por cento), e menos de um em cada dez é da Samsung (9,8 por cento). Durante muito tempo, o celular mais vendido foi o Nokia 1100, ultrapassando 250 milhões de unidades até 2013.[2]

Para o mundo, a Nokia, sediada em Espoo, na Finlândia, parece invencível. Infelizmente, a empresa também começa a acreditar que é imbatível. À medida que a gigante atinge o auge do seu poder econômico, novos concorrentes começam a se juntar à briga. Em 2004, quando os primeiros modelos *flip* chegam ao mercado, a Nokia mantém seus designs consagrados. E, em 2007, quando a Apple lança o primeiro smartphone com *touchscreen*, o CEO Olli-Pekka Kallasvuo descreve o iPhone como um "produto de nicho". Em novembro do mesmo ano, a capa da revista *Forbes*, estampando uma foto de Kallasvuo bastante satisfeito, faz a pergunta: "Um bilhão de clientes: será que alguém consegue destronar o rei dos celulares?"

Os desenvolvedores da Nokia continuam a apresentar novas ideias e produtos pioneiros — por exemplo, o primeiro telefone celular com câmera (Nokia 7650) ou o Internet Tablet 770 —, mas a organização responde com lentidão e talvez esteja deslumbrada com os elogios da imprensa. Para piorar a situação, uma disputa irrompe entre os membros do conselho. Será que eles devem acelerar o desenvolvimento de smartphones ou continuar fabricando aparelhos baratos? O antigo diretor de negócios na Alemanha descreve a cena como "o retrato da burocracia: um monte de funcionários com empregos estáveis".[3] No início da crise seguinte, é possível extrair muitas lições sobre a natureza dos problemas ao observarmos como os colaboradores de uma de suas maiores afiliadas europeias usam humor negro para renomear as salas de reunião. "Helsinki, "Berlim" e "Londres" tornam-se "Não Trabalho Aqui", "Nunca Será Aprovado", e "A Global Quer"[4] ("Global" refere-se à sede monolítica da empresa na Finlândia).

Tão rapidamente quanto crescera nos dez anos anteriores, a Nokia caminha para o declínio. Em 2008, a participação de mercado começa a cair e, a partir de 2011, a empresa opera com prejuízo. No mesmo ano, estabelece um acordo de cooperação com a Microsoft.

O sistema operacional da empresa é abandonado, dando lugar ao MS Windows. O restante do mercado olha com desconfiança e faz piada sobre os dois velhos navios de guerra enferrujados que navegam juntos para o pôr do sol. Os produtos da Nokia não correspondem ao iPhone da Apple nem aos telefones Android fabricados pela Samsung, LG e outros fabricantes. Dois anos mais tarde, a Microsoft assume o negócio de telefonia celular da Nokia. A revista *connect* comentou: "O fenômeno dos celulares finlandeses chegou ao fim." A Nokia se posiciona hoje como um grande fornecedor de tecnologia de rede. Desde 1999, a representação em gráfico dos preços de suas ações parece uma cadeia de montanhas, com alturas vertiginosas em torno da virada do milênio e planícies a partir de 2009. Quem comprasse uma ação da Nokia em 2000 teria de pagar mais de sessenta dólares. Em meados de 2019 — e nos cinco anos anteriores — o preço das ações estagnou em cerca de seis dólares.

Aqueles que conhecem a história dos Incas verão muitos paralelos com a história da Nokia. Nos dois casos, uma nação pequena muda o mundo porque é mais inventiva, mais disciplinada e — pelo menos, no início — mais bem-sucedida do que a concorrência. Ambos os exemplos são capazes de agarrar o momento. O catalisador de crescimento da Nokia foi a desregulamentação do mercado de telefonia móvel, combinada com o know-how em telecomunicações sem fio. Para os Incas, foi um período de tempo excepcionalmente frio nos Andes e ao longo da costa do Pacífico, por volta de 1100, que permitiu que seu know-how superior em irrigação e técnicas agrícolas viesse à tona. Enquanto outras tribos abandonaram as montanhas frias, e a seca na costa do Pacífico combinada com chuvas muito fortes em outros lugares levaram à migração e a conflitos, os Incas se mantiveram fiéis ao lema: "Traga ordem ao mundo." Eles escavaram milhares de plataformas em encostas íngremes, construíram sistemas de irrigação e desviaram rios. Só plantaram culturas apropriadas ao clima predominante, cultivando uma variedade de batata que se presta facilmente à liofilização, ou seja, um processo de preservação de alimentos por desidratação, por exemplo. A expansão inca foi, em grande medida, baseada em técnicas que levaram ao sucesso agrícola e, portanto, econômico.

Assim como os finlandeses, que desfrutaram de sucesso mundial com sua tecnologia confiável e acessível, os Incas exportaram seus métodos agrícolas de sucesso para terras vizinhas e assim ganharam mais e mais influência. Sua idade de ouro começou no reinado de Pachacutec Yupanquis (1438-1471), que trouxe grandes ganhos de terra. Mas, assim como os finlandeses, que mal podiam imaginar que a sua corrida de sucesso chegaria ao fim, os Incas ficaram presos a soluções conhecidas e confiáveis quando confrontados com um adversário que seguia um conjunto de regras completamente diferente. A Nokia, com seu amplo leque de produtos acessíveis, não imaginava que perderia a liderança de mercado para a Apple, que apresentava um produto único e caro; da mesma forma, os Incas acharam impossível se adaptar a um adversário que não seria dobrado por sua abordagem, até então bem-sucedida, de escolher entre ser anexado ou ser forçado a se submeter. Os conquistadores espanhóis, liderados por Francisco Pizarro, tinham chegado.

Conflitos internos selaram o destino em ambos os casos. Para os Incas, foi a guerra civil de 1527, quando Huayna Cápac dividiu o império entre seus dois filhos, Atahualpa e Huáscar. Os irmãos invocaram as tribos de suas respectivas mães e outros aliados e lutaram ferozmente um contra o outro. Em 1532, quando Francisco Pizarro chegou, o Império Inca já estava gravemente enfraquecido e, portanto, foi presa fácil para os invasores. A queda da Nokia foi acelerada pelas disputas sobre a estratégia da empresa na diretoria, iniciadas em 2007 sob o comando de Olli-Pekka Kallasvuo. O embate foi entre aqueles que queriam mudar a direção estratégica — substituir os celulares baratos pelos smartphones — e aqueles que eram contra tal mudança. Em ambos os casos, líderes poderosos e aparentemente invencíveis caíram no ostracismo dentro de poucos anos — de um lado, os "Reis dos Andes", e, do outro, os reis do mercado de telefonia móvel. Será que é inevitável que um período contínuo de sucesso leve a um estado de arrogância que contém as sementes da sua eventual destruição? O risco de fracassar é uma parte intrínseca de todo grande triunfo?

Subidas rápidas, quedas dramáticas

Um olhar atento sobre as maiores empresas do mundo, considerando o volume de negócios anual, é uma lição de humildade. Em 1990, a revista americana *Fortune* publicou a primeira lista global Fortune 500, com base nas vendas do ano anterior. Comparando os dez maiores negócios da primeira lista com os dos anos de 2000 e 2017, percebe-se a fragilidade do sucesso, não importa o quanto a empresa se destaque. Apenas cinco dos líderes originais ainda estão entre os dez primeiros (destacados a seguir) dez anos depois. Após dezessete anos, apenas quatro dos líderes de 1990 (também destacados) ainda estão lá:

Os dez melhores da lista Fortune 500 de 1990

Posição	Empresa	País	Volume de negócios 1989 (US$ bilhões)	Setor
1.	General Motors	Estados Unidos	126.974	Automóveis
2.	Ford	Estados Unidos	96.933	Automóveis
3.	Exxon	Estados Unidos	86.656	Petróleo e gás
4.	Royal Dutch Shell	Países Baixos	85.528	Petróleo e gás
5.	IBM	Estados Unidos	63.438	TI
6.	Toyota	Japão	60.444	Automóveis
7.	General Electric	Estados Unidos	55.264	Conglomerado multinacional
8.	Mobil	Estados Unidos	50.976	Petróleo e gás
9.	Hitachi	Japão	50.894	TI
10.	BP	Reino Unido	49.484	Petróleo e gás

Os dez melhores da lista Fortune 500 de 2000

Posição	Empresa	País	Volume de negócios 1999 (US$ bilhões)	Setor
1.	General Motors	Estados Unidos	189.058	Automóveis
2.	Walmart	Estados Unidos	166.809	Varejo
3.	ExxonMobil	Estados Unidos	163.881	Petróleo e gás
4.	Ford	Estados Unidos	162.558	Automóveis
5.	DaimlerChrysler	Alemanha	159.986	Automóveis
6.	Mitsui & Co.	Japão	118.555	Conglomerado multinacional
7.	Mitsubishi Corporation	Japão	117.766	Comércio
8.	Toyota	Japão	115.671	Automóveis
9.	General Electric	Estados Unidos	111.630	Conglomerado multinacional
10.	Itochu	Japão	109.069	Comércio

Os dez melhores da lista Fortune 500 de 2020

Ranking	Companhia	País	Volume de negócios 2019 (US$ bilhões)	Setor
1.	Walmart	Estados Unidos	523.964	Varejo
2.	Sinopec Group	China	407.009	Petróleo e gás
3.	State Grid	China	383.906	Energia
4.	China National Petroleum	China	379.130	Petróleo e gás
5.	Royal Dutch Shell	Países Baixos	352.106	Petróleo e gás
6.	Saudi Aramco	Arábia Saudita	329.784	Petróleo e gás
7.	Volkswagen	Alemanha	282.760	Automóveis
8.	BP	Reino Unido	282.616	Petróleo e gás
9.	Amazon	Estados Unidos	280.522	Internet, serviços e varejo
10.	Toyota Motor	Japão	275.288	Automóveis

A lista reflete a movimentação tectônica da economia global. Em 1990, os Estados Unidos lideraram a lista com seis empresas, seguidos pelo Japão com duas. Até 2019, no entanto, existiam apenas duas empresas americanas e uma japonesa, mas três da China estão em segundo, terceiro e quarto lugares. Nomes bem conhecidos como IBM (a quinta maior empresa do mundo em 1990; classificada em 118º em 2019) ou General Electric não estavam mais entre os dez primeiros. A líder de 1990, General Motors, ocupou o 40º lugar em 2019. Os gigantes do petróleo e gás agora dominam a lista mais do que nunca, ocupando cinco dos dez primeiros lugares. A Amazon entrou na lista pela primeira vez, o que é improvável que mude num futuro próximo.

Durante muito tempo, a General Electric (GE) serviu de modelo para gerações de administradores, classificando-se ano após ano entre os dez melhores da Forbes 500. Como foi possível que esse ícone da indústria americana entrasse em colapso de forma tão repentina e geral? Após um período de declínio contínuo no preço das ações, em 26 de junho de 2018, a GE foi removida do Índice Dow Jones. Tratou-se realmente de um momento amargo, pois a GE era um dos membros originais do Dow Jones desde 1896, ano da criação do índice, que a incluiu continuamente desde 1907. É possível detectar, na história da empresa, os ingredientes típicos da receita de declínio: cultura corporativa desintegradora, megalomania, truques financeiros escancarados e manipulação de balanços contábeis. Em apenas um ano, mais de 125 bilhões de dólares da capitalização de mercado da empresa escorreram pelo ralo.[5]

Uma das máximas do mundo dos negócios é "a única coisa certa é a incerteza", em outras palavras, desempenho passado não é garantia de desempenho futuro. Infelizmente, parece que isso é quase sempre esquecido em tempos prósperos, levando a algumas decisões imprudentes. Em 2000, o fabricante alemão de automóveis Daimler fez uma breve aparição entre os dez primeiros, graças à fusão com a Chrysler. O CEO Jürgen Schrempp descreveu a operação como "um casamento celestial". O ambicioso plano de Schrempp foi a criação de uma "empresa global", ignorando todas as evidências dos problemas advindos de fusões e aquisições, bem como o ceticismo dos próprios revendedores. Infelizmente, eles tinham razão: em 2009, a união terminou em um divórcio de quarenta bilhões de dólares. A saga da DaimlerChrysler é um exemplo perfeito da egolatria desenfreada de um executivo sênior e do fracasso de uma estratégia de fusão. No Capítulo 8 ("Ego maior que a realidade"), discorreremos sobre essas armadilhas e como pode ser difícil evitá-las. Afinal, nenhum gestor confiante e obstinado que tenha chegado ao topo escorregadio é imune a um ego inflado. Então, o desafio é: como ficar do lado certo da linha que separa ambição e egocentrismo, ou pulsão visionária e megalomania? Como não cair na tentação de bancar o Indiana Jones?

Espere um minuto. Você deve estar pensando: o que há de errado em seguir as pegadas heroicas do personagem de cinema? Bem, para ser franco, o arqueólogo Indiana Jones é tudo menos um modelo a seguir. Sim, no fim de cada aventura ele encontrou os tesouros, mas só depois de deixar para trás um rastro de poeira e destruição, incluindo templos e monumentos arruinados. Tal como o personagem interpretado por Harrison Ford, muitos gestores tendem a confundir interesse próprio com o bem maior, muitas vezes prestando um enorme desserviço aos seus negócios; no capítulo final, vamos falar dos nossos próprios momentos de Indiana Jones. Antes, porém, no Capítulo 6, analisaremos mais de perto as outras razões pelas quais as fusões de grandes empresas, como a de Daimler e Chrysler, falham de forma tão espetacular e exploraremos o que os gestores modernos podem aprender com os Incas e sua elaborada abordagem sobre integração.

Mas voltemos à Fortune 500. A indústria automobilística fornece muitos exemplos de fracassos, e qualquer análise sobre eles precisa abordar a questão dos valores corporativos. O tempo dirá como a Volkswagen, classificada em sétimo lugar na Fortune 500 de 2018, vai se sair à luz do escândalo "Dieselgate", que revelou que a empresa se utilizava de técnicas fraudulentas para reduzir as emissões de gases poluentes. Nos Estados Unidos, a receita caiu tremendamente logo após as irregularidades terem sido descobertas, embora a fabricante tenha anunciado na televisão que seus carros a diesel eram superlimpos.[6] Em um anúncio, uma mulher segura um pano branco atrás do escapamento de um carro com o motor ligado, e o pano permanece branco. Aqueles que ultrapassam de forma tão escancarada os limites dos valores corporativos vão pagar — ou estão pagando — o preço (Capítulo 4). Uma vez descrita por uma das principais revistas europeias da atualidade, *Der Spiegel*, como "Coreia do Norte sem os campos de treino militar",[7] a cultura gerencial da Volkswagen é um bom exemplo do porquê os valores da empresa têm que ir além de meros slogans em reuniões governamentais e workshops externos. Na gigante alemã, os funcionários tremiam de medo diante do alto escalão, pois poderiam perder o emprego se não cumprissem as metas e não se mantivessem dentro do orçamento. Consequentemente, eles encobriram problemas, e agora o negócio lida com custos muito mais elevados em decorrência das fraudes. Mesmo depois que o software manipulado foi exposto pela primeira vez, a relação incoerente da empresa com os seus valores continuou inabalável. Na primavera de 2016, enquanto os funcionários temiam perder o emprego e sofrer cortes salariais, os altos executivos queriam receber bônus de sete dígitos, ainda convencidos de que tinham feito tudo certo. Desde então, ficou cada vez mais clara a necessidade de reavaliar a gestão e mais difícil justificar esses bônus de desempenho. E com razão! Em abril de 2019, o escândalo do diesel já havia custado à empresa 29 bilhões de euros; grupos de investidores internacionais faziam fila pedindo indenização por danos; e, mais recentemente, outros 5,4 bilhões de euros tiveram que ser desembolsados pelo CFO. Resta saber se será suficiente.[8] Enquanto isso, mais de setenta processos criminais contra gestores específicos já foram arquivados nos Estados Unidos e na Europa. Na verdade, o ex-CEO Martin Winterkorn e outros nove gestores da Volks e da Audi já não se atrevem a viajar para os Estados Unidos com medo de serem presos.

É claro que muitos outros fatores impactam o sucesso do negócio, e nós os analisaremos no decorrer deste livro. Em que ponto uma visão de negócios emocionalmente carregada começa a ser contraproducente (Capítulo 1)? Como os Incas, durante muitas décadas, foram bem-sucedidos em confiar a liderança aos mais talentosos, uma área em que muitas empresas falham (Capítulo 2)? O que é uma gestão convincente (Capítulo 3)? Como as empresas de hoje podem evitar disputas destrutivas pelo poder como a que quebrou as pernas do Império Inca? E, quando confrontados com os interesses e preconceitos de outras pessoas, como os gestores podem permanecer equilibrados e tomar decisões objetivas? Uma análise cuidadosa da história inca pode fornecer respostas a essas questões. Durante quinhentos anos, a forma como esse povo era visto foi fortemente influenciada pelos seus insaciáveis conquistadores e missionários católicos. Os recém-chegados justificaram sua brutalidade denunciando os Incas como uma cultura "primitiva". Tendo isso em mente, vale a pena perguntar-se: "Quem está me dizendo isso e por quê?" (Capítulo 7).

A lógica do declínio

Há 2.500 anos, o filósofo grego Heráclito de Éfeso salientou que "nada é permanente, exceto a mudança". Na Bíblia, José adverte ao faraó que sete anos de fome se seguirão a sete anos de abundância (Moisés 1:41). Pinturas medievais mostram a deusa Fortuna girando a roda da fortuna sem qualquer emoção. Há uma clara mensagem comum: o destino de quem quer que esteja no topo pode mudar rapidamente. Nada impede a Fortuna de girar com eles, mas é claro que há sempre uma chance de acabarem de volta no topo.

A ideia da inconstância do sucesso é provavelmente tão antiga quanto a humanidade. Para as empresas, isso significa que sucessos impressionantes são sempre possíveis, tanto quanto colapsos catastróficos. E, embora a "tecnologia disruptiva" esteja na moda hoje, essa ideia já era a base da teoria da "destruição criativa" de Joseph Schumpeter, formulada há mais de setenta anos. Segundo essa noção, a força motriz do capitalismo é a inovação; novos e melhores processos e tecnologias desafiam continuamente a ordem, e as regras básicas da produção estão em constante mudança. Nessa perspectiva, o tear mecânico e a máquina a vapor podem ser vistos como agentes de "ruptura" até se tornarem obsoletos com o surgimento da próxima inovação.

Aqueles que querem ficar à frente do jogo devem mudar e adaptar-se constantemente para se manterem relevantes e sobreviverem. Todos conhecemos exemplos de negócios que perderam o bonde do progresso. Alguns continuaram a produzir máquinas de escrever, mesmo quando o computador pessoal passou a dominar. Outros seguiram fabricando lanternas, apesar de todo smartphone incluir essa função. Além dos fatores externos, erros internos podem levar um negócio ao declínio, como vimos nos casos da DaimlerChrysler, GE e Volkswagen. Já em 2004, Gilbert Probst e Sebastian Raisch, da Universidade de Genebra, se perguntavam se poderia haver uma "lógica do declínio". Eles analisaram as cem maiores crises empresariais dos cinco anos anteriores nos Estados Unidos e na Europa, olhando para as cinquenta maiores insolvências e para as cinquenta empresas cuja capitalização de mercado sofrera um decréscimo de no mínimo quarenta por cento no mesmo período.

Os pesquisadores identificaram quatro características do sucesso empresarial consistente e sustentável:

- Cultura empresarial focada em desempenho.[9]
- Forte crescimento.
- Disponibilidade para aceitar mudanças constantes.
- Gestão forte ("visionária").

Curiosamente, setenta por cento das empresas que faliram apresentaram todas essas características — mas em excesso! Essas organizações sofreram muito com um crescimento super-rápido, mudanças precipitadas, CEOs poderosos e teimosos em demasia e uma "cultura de desempenho exagerada".

Cultura de desempenho

Uma cultura de desempenho extrema — altos salários e bônus, por exemplo — promove rivalidade, além de uma atitude mercenária. Funcionários atraídos por tal cultura abandonam rapidamente o barco se o negócio sofrer uma queda em seu valor de mercado, acelerando assim o seu declínio.

Crescimento

É comum que o crescimento rápido seja o resultado de muitas aquisições em um período de tempo muito curto. Isso tanto cria obstáculos à integração dos negócios quanto sobrecarrega a empresa adquirente com uma dívida elevada, o que por sua vez se torna um problema durante os períodos de menor volume de negócios. Bons exemplos disso são os conglomerados norte-americanos Tyco e ABB. Quando a mudança não é devidamente gerida, o resultado é a desorientação em todos os níveis. Na ABB, após sessenta aquisições e inúmeras reestruturações e mudanças de direção, houve momentos em que os funcionários não tinham mais certeza do que o negócio realmente era. O último prego no caixão foi a alta gerência não ter reconhecido a magnitude dos problemas porque estavam satisfeitos com o sucesso passado, deslumbrados com o próprio brilho e alheios aos perigos que enfrentavam. O negócio implode, entra em um estado de insolvência (como foi o caso da Enron, que cresceu dois mil por cento entre 1997 e 2001), ou não aguenta o peso de dívidas exorbitantes (como aconteceu com a British Telecom, a Deutsche Telekom e a France Telecom). Probst e Raisch falam sobre a "síndrome de *burnout*". Exemplos mais recentes incluem a Porsche AG — que foi assimilada ao Grupo Volkswagen após uma tentativa fracassada de aquisição que a deixou muito exposta, a história cheia de reviravoltas da empresa de tecnologia alemã Infineon e o desaparecimento da farmacêutica Valeant, que analisamos no Capítulo 6.

Mudança

O colapso dos negócios de sucesso nem sempre é determinado pelo destino, por eventos externos ou tecnologias disruptivas, mas é frequentemente o resultado de uma série de más decisões gerenciais que, tomadas em conjunto — de acordo com Probst e Raisch — formam a base da "lógica do declínio". Infelizmente, não é verdade que tudo o que uma empresa precisa fazer para se manter em uma base sólida é tirar o pé do acelerador. Os outros trinta por cento das empresas falharam devido à inércia e a uma gestão fraca e indecisa. Um fenômeno chamado "envelhecimento prematuro" acontece quando o volume de negócios entra em estagnação, as inovações são ignoradas, os membros da diretoria bloqueiam reformas e uma cultura empresarial excessivamente benevolente impede reduções essenciais de pessoal. Exemplos que me vêm à mente incluem Eastern Airlines, Kodak, Xerox e Motorola.

Idealmente, uma empresa deve procurar o equilíbrio continuamente, em busca de crescimento saudável e mudança constante, apoiada por uma gestão proativa, o que exige que os colaboradores se ajustem e adaptem sem se sobrecarregarem.

Gestão

Exceto em períodos de crise grave, a gestão autocrática é contraproducente. Organizações bem-sucedidas dependem de intercâmbio mútuo e boa governança desde a base até o topo. Isso fomenta uma "cultura de confiança defensável" na qual o bom desempenho é recompensado e o mau desempenho é sancionado, sem transformar a organização em um tanque de tubarões que devoram os outros ou são devorados.[10] Tudo isso requer uma alta gestão sensata e equilibrada que atue de forma consistente e decisiva.

No entanto, por mais convincentes que esses fatores pareçam ser com o benefício de uma visão *a posteriori*, introduzi-los no dia a dia de um negócio é um grande desafio. Quem pode dizer com algum grau de certeza se estamos em um período de crescimento saudável ou se a temperatura está começando a esquentar demais? Ou se a cultura empresarial ainda suporta mais um grau aceitável de espírito competitivo, em vez de promover atitudes mercenárias?

Além disso, há o dilema fundamental que o visionário da administração Jim Collins destacou em seu livro *Como as gigantes caem*, sobre como um senso de complacência decorrente do sucesso leva os negócios à ruína.[11] Uma empresa (ou sua gestão) deve começar a mudar de rumo antes que seus problemas fiquem claros para que todos vejam. Isso deve acontecer quando tudo ainda parece correr bem. "A Amazon não é grande demais para falhar", disse recentemente Jeff Bezos. "Na verdade, eu prevejo que um dia a Amazon vai falhar. A Amazon vai à falência. Mas o nosso trabalho é postergar isso o máximo possível. Se você olhar para a vida útil de grandes empresas, ela tende a ser de cerca de trinta anos, e não de cem anos."[12]

Probst e Raisch admitem que é psicologicamente desafiador "mudar uma estratégia que, pelo menos superficialmente, parece ser bem-sucedida".[13] Mas não é, ao que parece, impossível, como provam as observações de Bezos, considerando que ele transforma essas observações em ações para evitar o fracasso a que se refere. Certamente é necessária uma enorme humildade, combinada talvez com um medo saudável do fracasso, para fazer tal afirmação ao liderar uma das empresas mais bem sucedidas já vistas neste planeta. No entanto, mais rápido do que qualquer um de nós imaginaria, a crise desencadeada pela Covid-19 está brutalmente demonstrando a fragilidade do sucesso. Há uma certa ironia no fato de que a Amazon é uma das poucas empresas de grande porte a se beneficiar da pandemia; embora muitos não estejam satisfeitos com isso, não deixa de atestar o comportamento cauteloso de Bezos. Dessa forma, seus conhecimentos teriam sido uma orientação útil para os Incas, que poderiam ter começado a desacelerar sua rápida expansão mais cedo, antes que o aumento da resistência tivesse tornado o império extenso demais para ser governado.

A análise de Collins sobre os fatores que levaram à queda das grandes corporações está significativamente ligada ao trabalho de seus colegas em Genebra. Com base na sua análise de seis mil anos de história empresarial, ele destaca as principais razões para o declínio dos negócios: gestores que consideram o sucesso como garantido, ganância por mais poder, maior receita, maior tamanho e a negação de riscos e ameaças. Uma vez que os problemas não podem mais ser ignorados, surgem as frenéticas tentativas de resgate, seguidas em breve pela capitulação. Mas a visão de Collins também é retrospectiva. Na realidade, a questão que se coloca é a seguinte: como nós, executivos responsáveis pela gestão cotidiana dos nossos negócios, reconhecemos os primeiros sinais de alerta? Como podemos quebrar a lógica do declínio nas fases iniciais? Como elevamos o nosso nível de consciência? Como ter insights mais profundos para além do dia a dia empresarial? Os capítulos seguintes abordam essas e outras questões. No fim de cada capítulo, resumimos os pontos mais importantes em "Inca insights". Então, vamos começar!

INCA INSIGHTS

- **O momento de maior força e sucesso é também o de maior vulnerabilidade.**
- **Analise suas fraquezas, especialmente quando você estiver começando a se sentir invencível!**

1. Uma visão empolgante
(ou as armadilhas da ambição?)

> "Tornar-se o número um em tudo o que faz tem que ser o seu principal objetivo. No entanto, ser o número um não significa ser o maior."
>
> **GERD STÜRZ, CHEFE DE CIÊNCIAS DA VIDA (ALEMANHA, ÁUSTRIA, SUÍÇA) NA EMPRESA EY**

O portfólio ou site de uma empresa normalmente inclui um texto sobre sua visão corporativa e, se alguém quiser elogiar um executivo sênior, basta descrevê-lo como "um visionário". Mas, no mundo real, será que a visão *sempre* é um motor para a motivação? Por muitas décadas, esse foi certamente o caso dos Incas — até o ponto em que a ambição os levou a uma dramática mudança de sorte. Ainda hoje, os mapas do império são impressionantes, pois ilustram uma expansão contínua que se deu em apenas seis décadas e se estendeu por cerca de quatro mil quilômetros na costa oeste da América do Sul. No seu auge, o Império Inca incluía partes do Equador, do Peru, da Bolívia, do Chile e da Argentina dos tempos modernos. O que está por trás desse apetite rápido e quase insaciável pela conquista territorial? Os líderes incas puseram em prática sua visão: "traga ordem ao mundo." A expansão do império começou em 1438, durante o reinado de Inca Pachacutec, cujo nome significa "reformador mundial" ou "salvador da Terra". Para a "corporação global" inca, ser grande era ser o melhor, como os *players* globais do Vale do Silício hoje — embora no fim seu enorme império tenha se tornado praticamente ingovernável, então recuar não era uma opção. Quaisquer semelhanças com os grandes negócios de hoje são mais do que mera coincidência. Os Incas consideravam todos os inimigos de uma tribo conquistada como um novo inimigo próprio, o que significava mais campanhas militares e expansão constante. No fim, sua ambiciosa visão transformou-se em um risco que acelerou a queda do império, porque as tribos subjugadas já não podiam ser integradas com rapidez. Muitas dessas tribos uniram forças com os conquistadores espanhóis voluntariamente e acabaram ajudando a derrubar o Império Inca.[1]

Extensão do Império Inca no século XV

Mas claramente, por um longo período de tempo, a ousada visão central dos Incas para trazer ordem ao mundo teve um apelo magnético. Por muitas décadas, ela impulsionou as ações da elite, a exportação de técnicas agrícolas e de irrigação, o uso de recursos e a aplicação das habilidades artesanais dos "assimilados" — sempre com um objetivo em mente: a expansão metódica de sua esfera de influência e a construção de um aparelho estatal eficiente. Ninguém passou fome no Império Inca; não há evidências arqueológicas de qualquer desnutrição, algo que não pode ser dito sobre a Europa no mesmo período. Apesar disso, quase ninguém gozou de qualquer liberdade pessoal no império. Vilarejos inteiros foram reassentados, comerciantes se mudaram para os principais centros populacionais e trabalhos forçados foram impostos. A visão inca de mundo ordenado era ao mesmo tempo apelativa e convincente em uma vasta área geográfica também porque era perfeitamente adequada à época. A partir do século XI, a mudança climática — seca no interior e chuvas devastadoras no litoral — levou à fome e a conflitos contínuos. Após um período de caos, a proposta inca de trazer ordem ao mundo era obviamente tão atraente que muitos dos povos ficaram felizes em aceitar uma oferta de "aquisição amigável", apresentando pouca ou nenhuma resistência.

Muitas grandes empresas são promovidas com uma visão moderna, que orienta e inspira a tomada de decisões estratégicas e ações cotidianas. Esse tipo de visão pode inspirar, lisonjear e motivar. Alguns exemplos bem conhecidos incluem o ambicioso objetivo de Bill Gates de colocar "um computador em cada mesa de trabalho e em cada casa" e o compromisso da Google de "fornecer acesso às informações de todo o mundo com um só clique".[2]

Da mesma forma, podemos citar a visão de Jeff Bezos de fazer da Amazon "a empresa mais focada no cliente do mundo" e a definição tipicamente sucinta de Steve Jobs, "visão é como você vai fazer do mundo um lugar melhor", sem esquecer sua igualmente modesta afirmação sobre deixar uma marca no universo.[3] Nesse tipo de negócio, a proposta inca de trazer ordem ao mundo não parece estar muito fora do lugar. De qualquer modo, Jobs assumiu, tanto pessoalmente como para o seu negócio, o radicalismo ("pense diferente") e o risco de ser altamente concentrado nos próprios projetos em vez de apenas apresentar produtos semelhantes aos de outras empresas.[4] Não é de surpreender, então, que as visões sejam por vezes aclamadas como o caminho ideal para o sucesso. No entanto, como o fim do Império Inca mostra, trata-se de um pensamento perigoso. E, de qualquer forma, quantas dessas visões só foram formuladas após o evento? Então, quando uma visão é necessária, como ela deve ser e quais são os riscos associados para uma organização?

"Nós não precisamos de visão — apenas de uma entrega confiável!"

Mais cedo ou mais tarde, qualquer pessoa que trabalhe para uma grande organização será confrontada com workshops que tratarão de "visão", "missão" ou "valores". No entanto, esses conceitos logo se tornam confusos, então coisas estranhas começam a acontecer. Na nossa opinião, uma visão adequada é um objetivo ambicioso mas realista, que serve para inspirar tanto os atuais quanto os futuros colaboradores e outros stakeholders. O "deixar uma marca no universo" de Steve Jobs pode não ter sido realista, mas foi memorável, e a maioria das pessoas entendeu o que ele quis dizer.

Não perca tempo enquanto Roma pega fogo!

Durante um encontro internacional de uma grande empresa de ciências da vida, Andreas Krebs experimentou em primeira mão uma forma inadequada de propor uma visão.

Entenda a questão: alguns países estavam tendo problemas graves com o fornecimento de um produto fundamental porque certas matérias-primas não estavam sendo entregues a tempo, e havia um alto risco de perder grandes vendas. Os membros do conselho, juntamente aos gestores mais importantes de diferentes países, discutiam o assunto quando o CEO anunciou que o cronograma estava apertado e que precisavam passar para o próximo item da agenda: a Visão das Operações Técnicas (a área responsável pela produção e fornecimento). Apesar dos olhares de estranhamento, a colega desse setor exibiu um filme promocional, cheio de frases de efeito açucaradas sobre querer ser o melhor, depois continuou com uma detalhada apresentação em PowerPoint sobre a nova visão. Ela tinha acabado de passar para o terceiro slide quando o gestor da França, incapaz de se conter, disse: "Ei, pessoal, não precisamos ser os melhores. Receber um fornecimento de forma regular já seria ótimo!" Houve risos por toda parte e alguma empatia pela colega encarregada da tarefa ingrata de apresentar a visão no pior momento possível. E, embora a situação não fosse tão dramática quanto o incêndio em Roma, a funcionária certamente foi para casa naquela noite com prioridades diferentes das que tinha quando chegou.

Propor uma visão em meio a uma crise é um pouco como um capitão reunir a tripulação durante um furacão para exaltar as atrações de um destino aonde eles podem nunca chegar. Mas uma loucura dessas não é assim tão incomum. Por quê? "Acerte a visão e o restante cuidará de si mesmo" seria a conclusão errada a se tirar, embora as empresas de sucesso muitas vezes tenham uma visão inspiradora do seu futuro e do seu valor no mundo. As visões não são apenas o resultado de um processo de destilação que pode ser apressadamente pavimentado. Knut Bleicher, economista e ex-diretor da Faculdade de Negócios da Universidade St. Gallen, na Suíça, diz: "Visões não podem ser criadas em um quadro branco, elas devem se desenvolver naturalmente, como parte de um processo interminável."[5]

Será que desde o início Bezos pretendia se tornar o líder mundial em foco no cliente, como afirma o site da Amazon?[6] Quando desistiu de Harvard, será que Bill Gates realmente sonhava em colocar um computador na mesa de todos? Ou essas visões só surgiram depois dos seus primeiros sucessos? Quanto marketing, quanta construção de imagem está escondida por trás dessas lendas? Quão profundo foi o esforço de olhar para trás, retrospectivamente, e ligar os pontos? Nós não sabemos e só podemos especular. O que sabemos é que, para que realmente inspire e motive, a visão deve ser plausível e provocar uma resposta emocional positiva em todos os envolvidos. Deve ser "vivida" todos os dias, em todos os níveis da empresa. Deve ser intuitiva, consistente e refletir o DNA da empresa, caso contrário, provocará apenas cinismo e ridicularização. Idealmente, uma visão deve comunicar a essência e o propósito central de um negócio, encapsulando-o em um objetivo ambicioso e com apelo emocional de longo prazo. Os colaboradores só acreditarão em uma visão se ela os inspirar para além da sua rotina diária e reverberar nas suas atividades cotidianas. Mesmo os Incas, com sua visão de "ordem", não podiam confiar somente na orientação divina, destacando seus sucessos para ganhar credibilidade com as tribos vizinhas.

Ao contrário de muitas afirmações, você não pode simplesmente extrair objetivos, estratégias e valores a partir de uma visão. É um pouco como uma espiral em que normas, valores, regras, práticas rotineiras, objetivos específicos e uma visão abrangente do negócio se entrelaçam. Ao usar o slogan "O melhor ou nada", a Mercedes-Benz funde o reconhecimento da qualidade com o orgulho pelo negócio. Ainda hoje, não sem razão, os funcionários de Daimler na região de Schwabia, no sudoeste da Alemanha, orgulham-se em dizer que fazem parte da "família Daimler". O fato de a Mercedes-Benz dar continuidade à visão dos fundadores e incorporá-la em campanhas publicitárias aponta para um objetivo bem ancorado no longo prazo, com o qual os colaboradores podem se identificar.[7] As palavras "O melhor ou nada" estão gravadas no teto do antigo pavilhão de jardinagem de Herr Daimler, que pode ser visto no Museu Gottlieb Daimler em Stuttgart.[8] Tais visões, profundamente enraizadas no DNA de um negócio, servem para elevar a moral, dar um sentido de propósito e ajudar a contemplar todos em tempos difíceis. Mas e se você não puder se referir a um slogan lendário cunhado por um fundador da empresa quando estiver procurando uma visão? Na seção seguinte, compartilhamos uma anedota do mundo dos negócios.

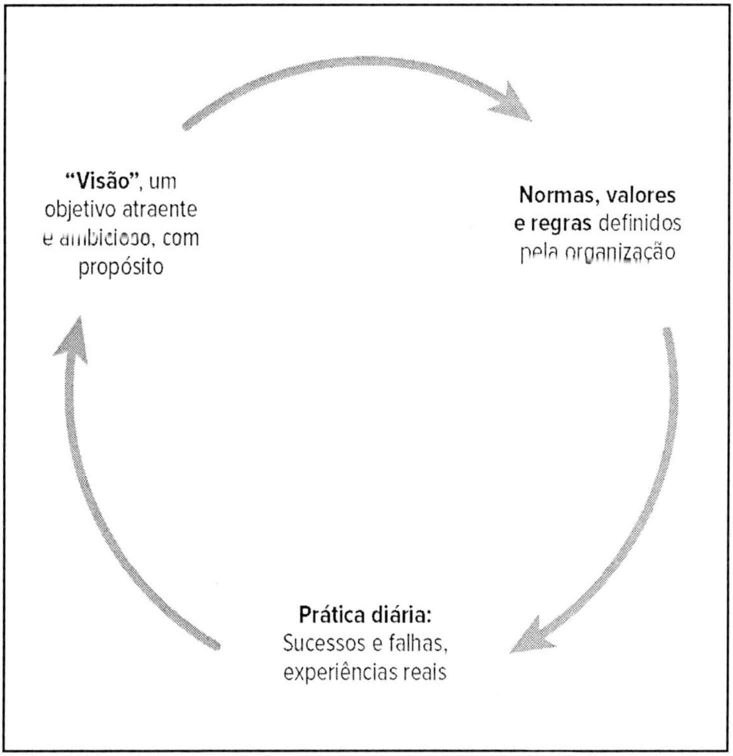

Visões inspiradoras são baseadas na prática diária dos negócios.

Sobre águias atravessando tendas de circo

Se o objetivo é engajar as pessoas emocionalmente, as visões não devem ser impostas a partir do topo, como em: "A visão X entrará em vigor em 1º de janeiro de 20XX!" Psicologicamente e na prática, isso não vai funcionar. Muitas organizações, então, voltam ao princípio educativo básico de envolver ativamente aqueles que serão mais afetados. Fundamentalmente, uma boa prática a fim de construir uma base sólida para uma visão é envolver o maior número possível de funcionários no processo. Em muitas empresas, isso implica uma infinidade de reuniões e workshops em todos os níveis e, infelizmente, o resultado é muitas vezes o temido mínimo múltiplo comum: não faz mal a ninguém, mas também não deixa ninguém particularmente entusiasmado. Bastante ineficaz. Mas receamos que fique pior...

O maravilhoso mundo dos workshops

Uma grande empresa adotou a seguinte visão: ser classificada entre as dez primeiras do setor dentro de quinze anos. Além dos workshops sobre metas e estratégias de longo prazo, foram organizados "workshop de visão" em diferentes níveis (departamento, região, país) para permitir que cada unidade se redefinisse no contexto dessa visão para 2025. Um de seus criadores, um consultor da equipe que coordena os workshops, estava interessado em propor uma dinâmica de "quebra-gelo" envolvendo metáforas no início de cada workshop, em que cada participante deveria descrever a si mesmo no papel. Eles encorajaram a criatividade e a imaginação das pessoas, inclusive no sentido de comparações com o mundo em geral, com animais, vegetais ou minerais. Cada participante tinha que escrever em um cartão como se percebia em sua área específica da empresa, e os resultados mais populares foram: mestre de cerimônias, bobo da corte, sereia, cartomante, abelha-rainha (cercada de zangões inúteis), condor, águia grande, águia pequena, petroleiro, lancha, touro de porcelana, o flautista de Hamelin, general de quatro estrelas, soldado (que só *recebe* ordens), ministro do interior, ministro das relações exteriores, mágico etc.

O alarme deveria ter começado a soar assim que os zangões e os touros de porcelana surgiram. Mas, como já deve ter acontecido com você, quando esse tipo de dinâmica engrena, muitas vezes há uma linha muito tênue entre a inspiração e o absurdo, e ninguém quer ser o desmancha-prazeres.

O próximo passo foi agrupar os termos nos cartões, usando adesivos coloridos para formar uma lista até que se chegasse a um consenso. Algumas imagens maravilhosas surgiram: "Voe, pequena águia, voe!", "A nobre águia atravessa majestosamente a tenda do circo", "Um petroleiro navegando rápido como uma lancha", ou o nosso favorito, "O bobo da corte cavalga sem sela no poderoso condor".

Centenas de "workshops de visão" começaram assim e, para deleite dos consultores, foram aplicados em toda a organização, tanto em nível nacional como mundial. Embora agora possamos olhar para tudo isso com um sorriso irônico, na época foi levado muito a sério pelos envolvidos. Bem, pela maioria deles.

É tão arriscado obter a visão a partir de um brainstorming quanto terceirizar tudo para uma empresa de consultoria externa. Para funcionar bem, a visão tem que refletir a cultura corporativa e se basear em um objetivo de longo prazo, que motivará, servirá de guia no cotidiano dos negócios e incentivará o fator "uau". Se uma empresa quiser ser "O negócio mais focado no cliente do mundo", deve medir as decisões tomadas, em todos os níveis, nos termos dessa visão. Isso se aplica igualmente à forma como a equipe reage às reclamações dos clientes por meio de decisões estratégicas por parte da gestão. Uma boa visão deve melhorar tanto um projeto a ponto de as pessoas dizerem: "Ei, eu quero fazer parte disso!" e motivar ao dar um propósito ao trabalho de cada indivíduo envolvido. Deve ser clara e concisa, para que todos os funcionários a compreendam, o que exclui convenientemente um bordão propagandístico prolixo. Declarações puramente numéricas envolvendo participação de mercado ou metas financeiras também são tabu e podem, de fato, ser bastante perigosas; veremos mais sobre isso em: "Por que aumentar a participação de mercado não é uma visão?"

Antes de tudo, quantas das visões a seguir o conquistariam e convenceriam a dar o melhor de si?

- "Aspiramos ser um banco líder global e universal centrado no cliente. Servimos melhor os acionistas colocando os nossos clientes em primeiro lugar e construindo uma rede global de negócios com capital sólido e ampla liquidez." (Deutsche Bank)
- "Pretendemos ser a empresa química líder mundial para nossos clientes." (BASF)
- "Liderar com as nossas inovações, marcas e tecnologias." (Henkel)
- "Ser a líder mundial em produtos de transporte e serviços relacionados. Ganharemos o entusiasmo de nossos clientes através da melhoria contínua, impulsionada pela integridade, trabalho em equipe e inovação das pessoas da GM." (General Motors)
- "Operar o melhor varejo especializado multicanal dos Estados Unidos, ajudando os nossos clientes e livreiros a alcançar as suas

aspirações, sendo ao mesmo tempo um crédito para as comunidades que servimos." (Barnes & Noble)[9]

Quanto mais longo o slogan, mais ceticismo ele desperta. Tornar-se "O negócio mais focado no cliente do mundo" pode ser bem inspirador, diferentemente de "Aspiramos ser um banco líder global e universal centrado no cliente. Servimos melhor os acionistas...". Da mesma forma, referências a objetivos de desempenho ou metas de participação de mercado não são inspiradores. Que negócio *não* quer "ter sucesso em todos os seus principais mercados" ou "ter desempenho superior"? Esse tipo de formulação esquece que as visões poderosas se alimentam de emoções fortes. Tudo bem que isso é mais fácil para organizações sem fins lucrativos do que para empresas, mas não é impossível.

- "O Unicef promove os direitos e o bem-estar de crianças e adolescentes em tudo o que faz." (Unicef)
- "Um mundo onde cada pessoa goza de todos os direitos humanos consagrados na Declaração Universal dos Direitos Humanos e em outras normas internacionais de direitos humanos." (Anistia Internacional)
- "Usar a inovação para alimentar o mundo." (Syngenta)
- "Organizar as informações do mundo para que sejam universalmente acessíveis e úteis para todos." (Google)
- "Ser a companhia americana com o melhor desempenho em qualidade de atendimento ao consumidor." (Southwest Airlines)[10]

Simon Sinek, o bem-sucedido orador, autor e consultor de gestão do TED, liga isso ao efeito "comece com o porquê".[11] Quase todos sabem *o que* um negócio faz, e algumas pessoas sabem *como*, mas raramente *por quê*. A maioria das visões fica presa a "*o que* fazemos", como mostramos. É por isso que são tão longas e entediantes. As visões focadas no *porquê* inspiram e fornecem uma noção real: uma oportunidade justa para cada criança; melhorar a vida cotidiana; organizar informações para todos; alimentar o mundo. Esse *porquê* é também o grande diferencial da missão, que muitas vezes é confundida com a visão. Lembre-se: a missão descreve *o que* a empresa quer fazer e *como* o fará, enquanto a visão delineia o *porquê* a empresa existe e *onde* quer estar no futuro. O visionário da administração Jim Collins usa o termo "meta audaciosa" (MA) em vez de visão, para dar a ideia de uma meta muito grande, arrojada, extremamente desafiadora, um inspirador Monte Everest que o negócio quer escalar nos próximos dez a trinta anos.[12] As MAs não são apenas papo de marqueteiro, mas impulsionam as coisas com força e eficácia. Assim, o parâmetro é bem elevado, por isso não é de admirar que, apesar de as visões serem excessivas, uma visão realmente inspiradora seja rara.

Por que aumentar a participação de mercado não é uma visão?

Então você gostaria de ser o "número um" na sua indústria? Bem, o que pode parecer uma meta excitante e motivadora é algo que você pode querer repensar um pouco antes de prosseguir. Isso é realmente um objetivo sensato? Tome cuidado se os altos executivos da sua empresa começam a brincar com essa ideia. Talvez a Volkswagen não estaria envolvida em constantes batalhas legais se o ex-CEO Martin Winterkorn não tivesse anunciado que o seu objetivo era tirar da Toyota o título de maior fabricante de automóveis do mundo.[13] Uma boa visão orienta positivamente o comportamento da força de trabalho, enquanto a ambição excessiva pode levá-lo na direção oposta. Será que haveria um escândalo de emissões de gases poluentes causado por um "software manipulado" se a Volkswagen não tivesse expandido seu mercado nos Estados Unidos a fim de atingir suas ambiciosas metas? Será que o Deutsche Bank teria sido sequestrado por banqueiros de investimento com sua mentalidade de "altos e baixos" se, como muitos outros bancos no fim dos anos 1990, não tivesse querido se juntar aos *players* globais a qualquer custo? Será que o Império Inca teria sido capaz de resistir melhor aos espanhóis se tivesse começado mais cedo o período de consolidação interna depois da rápida expansão? O foco em "ser o número um" dá aos colaboradores a impressão de que vale tudo, desde que seja para atingir esse objetivo. Nos casos da Volkswagen, Enron, Arthur Andersen e outros, criou-se uma zona livre de valores, na qual o comportamento já não estava sujeito aos valores aceitos pela empresa ou mesmo pela sociedade em geral.

No Capítulo 4, "Jogo limpo", discutiremos essa questão em mais detalhes. O exemplo seguinte ilustra alguns dos outros perigos de buscar ser o número um.

"Visão 2020" ou "Como provocar investimentos pobres"

Na virada do milênio, uma empresa de engenharia cotada no Euro Stoxx 50 preparava o lançamento da sua "Visão 2020", que previa uma transformação em grande escala, criando milhares de postos de trabalho e gerando bilhões em faturamento. A ideia era que, nos vinte anos seguintes, uma das suas principais unidades, mais uma vez, figurasse entre as cinco primeiras do mundo. Nos dez anos anteriores, o negócio deixou de estar entre os cinco primeiros, caindo para o 16º lugar, por isso a visão parecia fazer sentido e ser estrategicamente sólida. A proposta foi comunicada em todo o mundo por meio de um grande número de reuniões e workshops, e foram estabelecidas metas ambiciosas. Então, por que a iniciativa falhou, a despeito de todo o investimento na nova abordagem empresarial e da adesão entusiasmada de tantos funcionários? Aqui estão quatro razões, todas elas aplicáveis a outros negócios.

1. Não teve o apoio total do conselho

O objetivo de voltar ao "top cinco" só poderia ser alcançado por meio da aquisição de pelo menos um de seus maiores concorrentes. No entanto, a direção não estava preparada para apoiar uma tarefa tão ambiciosa, o que, por sua vez, levou à frustração dos altos executivos da unidade de negócios operacionais, que fizeram várias tentativas de iniciar negociações com os candidatos à aquisição. Todas essas iniciativas foram vetadas pela diretoria em alguma etapa do processo de avaliação, e inúmeras horas e força de trabalho da gerência intermediária foram desperdiçadas. O ceticismo com que o presidente do conselho rejeitou a visão da unidade de negócios era tangível e, embora a visão tivesse sido formalmente aprovada pelo conselho, o presidente desprezou abertamente os seus colegas da unidade de negócios em reuniões e em eventos da empresa.

2. O objetivo geral era demasiado ambicioso

Em muitos casos, colaboradores e gestores foram impulsionados pelo objetivo extremamente ambicioso de embarcar no que era realmente uma ação inadequada, embora consistente com a visão, pois presumiam que qualquer atividade que aumentasse o crescimento e a participação de mercado se justificava. Isso levou, entre outras coisas, a algumas situações absurdas em que atividades menos essenciais de fusão e aquisição (F&A) em mercados emergentes foram aprovadas com entusiasmo. Assim, por exemplo, uma empresa filipina foi adquirida sem uma estratégia de integração global ou mesmo regional, e uma quantia semelhante foi gasta na Colômbia na aquisição de participação em uma empresa de distribuição recém-fundada. Nosso parceiro de entrevista, na época um gerente júnior, estava diretamente envolvido e teve que lidar com discussões críticas com outras divisões de negócios e funções corporativas que se seguiram. Eles duvidavam fortemente da sensatez daquelas atividades, o que, olhando retrospectivamente, parece bem fundamentado. Casos semelhantes aconteceram em outros mercados.

3. Discussões sobre a visão se focaram demais em fatores impalpáveis

Os workshops de visão se focaram demais nos valores, no trabalho em equipe e em como as pessoas interagiam umas com as outras. Trata-se, é evidente, de aspectos extremamente importantes, mas nesse caso os fatores mais mensuráveis e difíceis, como a rentabilidade e a entrega prática, não foram considerados suficientes. Muitos funcionários entenderam mal essa abordagem, ao que parecia, pouco palpável, e trataram-na como um convite aberto para fazer o que quisessem (ver ponto 2).

4. A responsabilidade de comunicar a visão foi delegada às bases

Os gestores juniores foram nomeados "coaches da visão" e receberam o trabalho de transmiti-la a departamentos e divisões individuais. Isso teve o efeito negativo de diluir a responsabilidade, de modo que muitos gestores intermediários não se sentiram mais responsáveis por abraçar a visão e todas as mudanças que a acompanhavam, o que prejudicou a aceitação de todo o projeto.

Desse exemplo, podemos inferir algumas regras sobre como lidar com a visão de negócios:

1. Evite expressar a visão em números concretos. Uma meta numérica corre o risco de permitir má conduta (técnica, legal, moral), porque os colaboradores, sob o jugo de um número fixo, já não fazem o que é melhor ou correto, mas o que é necessário para atingir o objetivo.
2. Não propague mensagens ou lemas a que os executivos seniores não tenham aderido.
3. Quando você está formulando uma visão, examine criticamente suas implicações, pois elas são como um guia para ações cotidianas, e discuta objetivamente as consequências. O que significa sentir-se compelido a adotar essa visão?
4. Certifique-se de que a visão é realmente aceita no negócio e não apenas percebida como uma boa opção. Isso inclui todos: gerentes seniores, chefes de departamento e de equipe, bem como funcionários de alto escalão.
5. Esteja aberto a críticas e ajuste a visão caso surjam erros ou comportamentos indesejáveis, em vez de teimar em seguir o caminho original (ao contrário dos Incas, que eram incapazes de mudar de rumo depois que a direção original — permeada de significado religioso — estava definida).
6. Considere o impacto que a sua visão pode ter nos vários stakeholders.

Um dos nossos parceiros de entrevista nos mostra por que essas regras são importantes. Gerd Stürz contou-nos a sua experiência negativa de se concentrar apenas em metas de crescimento. Comentando sobre uma empresa de consultoria internacional que estabeleceu "crescimento de primeira linha" como objetivo oficial, ele disse:

De repente, o foco principal já não era a qualidade, mas o crescimento. Mais tarde, perceberam que esse foi o último prego a ser martelado no caixão da organização, que perdeu toda a credibilidade perante um escândalo envolvendo a insolvência de um dos seus clientes. Isso ocorreu devido à percepção externa de que a estratégia de negócio mal-orientada, centrada unicamente no crescimento, foi um fator importante na queda do cliente.

Qualquer coisa é melhor do que o *bullshit bingo**

Se elaborar a visão é tão difícil, então por que fazê-lo? Segundo a nossa experiência, ela é importante porque responde à questão colocada por colaboradores e outros stakeholders: "O que ganho com isso?" A visão os encoraja a se identificar com o negócio. Se você pode ganhar dinheiro em qualquer lugar, então por que gostaria de trabalhar para esta empresa? Em uma época em que, para muitas pessoas, o trabalho é mais do que um ganha-pão, uma visão empolgante pode ser um convite para participar de um projeto interessante. Identificar-se com algo que parece importante é uma das chaves para a motivação, pois também é algo altamente emocional. Não é por acaso que todos os anos o Instituto Gallup, em sua conhecida pesquisa de engajamento, mede o nível de "apego emocional" dos funcionários para com os empregadores.[14] Quando as pessoas sentem que são uma parte importante de algo maior, elas se envolvem de uma maneira diferente daquelas que se veem como engrenagens de uma máquina. A mesma mensagem é transmitida pela anedota dos três pedreiros que trabalhavam na Catedral de Colônia. Alguém lhes pergunta o que estão fazendo, então um deles responde, amuado: "Estou cinzelando uma pedra." Outro diz: "Estou trabalhando para alimentar a minha família." Por fim, o terceiro explica, com brilho nos olhos: "Estou construindo uma catedral!"

* *Bullshit bingo* é um jogo no estilo bingo, no qual os participantes preparam cartões de bingo com palavras ou expressões clichês e marcam quando são pronunciados durante um evento, como uma reunião ou discurso.

A visão cria não só identidade, mas também solidariedade — uma conexão entre os funcionários que, em alguns casos, pode se estender a todos os continentes. Às vezes, isso transparece no próprio jargão da empresa, como quando os colaboradores da Google se referem a si mesmos, no mundo todo, como "googlers". Quanto maior é um negócio, mais útil é ter algo visionário que o una. Idealmente, promove-se um senso de comunidade, mesmo que as interações cara a cara só ocorram raramente ou nunca. Outro tema que apareceu em uma de nossas entrevistas foi a necessidade de um senso de comunidade para desfrutar de sucesso mútuo.

O dr. Christoph Straub, CEO da Barmer, um dos maiores planos de saúde da Europa, falou-nos do seu trabalho como CEO de um grupo de hospitais:

> Fui contratado para integrar um portfólio de várias clínicas independentes e fundi-las em um único prestador de cuidados hospitalares. Deveria ter sido possível. Afinal, outros já conseguiram fazer isso. No entanto, falhamos porque nunca trabalhamos a identidade comum. É muito difícil criar uma identidade se o único princípio do negócio for "cada um por si" e se a estrutura organizacional funcionar de cima para baixo, para que as pessoas tenham que lutar umas contra as outras. A imagem que retratamos, para o mundo exterior, de que as clínicas são uma unidade forte não foi refletida internamente, nem em termos de cultura empresarial nem de estrutura organizacional. Quando confrontados com problemas financeiros, não conseguimos encontrar ideias inovadoras sobre como melhorar a situação. Poderíamos ter resolvido esses problemas, mas encontrar uma solução comum não fazia parte do DNA do negócio.

Esse relato, baseado na experiência direta, é interessante por duas razões: em primeiro lugar, porque a referência a uma identidade partilhada aumenta a importância de uma visão unificadora. E, em segundo, porque Christoph Straub também deixa claro que as palavras por si só são inócuas se as ações da administração e da cultura empresarial estiverem mais inclinadas a dividir do que a unir. Uma visão que mais parece uma carta de intenções comportamentais serve como um convite oficial para os funcionários, cuja credibilidade vai definir sua aceitação, de acordo com o cotidiano empresarial: "Está falando sério?", "Isso tem a ver com os nossos valores?" (ver Capítulo 4) e "Isso é realista?". Tanto o nível macro (visão) como o micro (interações diárias) têm que funcionar e ser complementares.

Isso também significa que, se a visão da empresa ainda não estiver pronta para ser publicada, muito ainda pode ser melhorado no nível micro para garantir o engajamento e a cooperação da força de trabalho. O que pode ajudar são as questões centrais que o Instituto Gallup utiliza para medir o apego emocional e a lealdade dos funcionários a um negócio. A quantas das seguintes perguntas os seus colegas ou subordinados diriam "sim"? Quanto mais perguntas forem respondidas afirmativamente, maior serão a motivação e o engajamento dos interessados. Um olhar mais atento aos doze critérios utilizados pelo Gallup revela uma combinação de estilo de gestão que mostra reconhecimento, organização eficiente, oportunidades de desenvolvimento e um ambiente justo e positivo. Não é física quântica, certo?

Os doze elementos da boa gestão — as perguntas do Instituto Gallup[15]

1. Você sabe o que se espera de você no trabalho?
2. Você tem os materiais e equipamentos necessários para o seu trabalho?
3. Você tem a oportunidade de fazer o que faz de melhor todos os dias?
4. Nos últimos sete dias, você recebeu reconhecimento ou elogios por fazer um bom trabalho?
5. Seu supervisor, ou alguém no trabalho, parece gostar de você como pessoa?
6. Alguém encoraja o seu desenvolvimento?
7. Suas opiniões são levadas em consideração?

8. A missão/propósito da empresa faz você sentir que o seu trabalho é importante?

9. Seus associados (colegas de trabalho) estão empenhados em fazer um trabalho de qualidade?

10. Você tem um melhor amigo no trabalho?

11. Nos últimos seis meses, alguém no trabalho falou com você sobre o seu progresso?

12. No último ano, você teve oportunidades de aprender e crescer?

Antes de uma empresa usar declarações vazias, lugares-comuns ou apenas palavras óbvias para criar uma visão — enfim, antes que ela se entregue ao *bullshit bingo* — seria melhor renunciar a todas as chamadas declarações visionárias. E isso também se aplica a startups. Por mais bem-sucedidas que sejam as visões de Jeff Bezos, Mark Zuckerberg, Larry Page e Sergey Brin, nenhuma delas foi a primeira a ser lançada, e nenhum deles começou como um visionário dotado de uma grande e inédita ideia. Na revista *Brand eins*, Thomas Range foi contundente ao afirmar: "O fundador da Amazon, Jeff Bezos, não inventou o varejo on-line. Os fundadores do Ebay não inventaram o leilão on-line. Os fundadores do Google, Larry Page e Sergey Brin, não inventaram a ferramenta de busca. Mark Zuckerberg não inventou as redes sociais com o Facebook. E os fundadores da Airbnb não inventaram a oferta de aluguel de imóveis ou quartos on-line."[16] O que é comum entre esses e outros empresários de sucesso é o sentido do que o mercado procura e o desenvolvimento e a implementação sistemática e disciplinada do modelo de negócio. Se você é cliente da Amazon há mais de dez anos, deve ter testemunhado em primeira mão a constante expansão do leque de produtos e serviços digitais oferecidos.

Conclusão: são necessários muitos pequenos passos para montar um negócio e mantê-lo estável na longa jornada para o sucesso. O melhor momento para usar uma visão apelativa a fim de acelerar esse processo, tanto para os clientes quanto para a força de trabalho, provavelmente não é durante a primeira fase de tentativas, mas quando o negócio já está bem encaminhado e os sinais de que "temos algo especial" se multiplicam. É esse algo especial que fornece o insumo para uma visão inspiradora mas realista. E só então uma visão se torna um motor do progresso e uma motivação para as pessoas, em vez de ser apenas ingênua, com o potencial de ser embaraçosa e, o pior de tudo, dar a ilusão de grandeza.

Um teste de estresse para a sua visão

Quem é realmente o responsável pela "visão" de um negócio? Para os Incas, era óbvio. O próprio Inca, ungido pelo Deus Sol, determinava o caminho. E nas organizações modernas não é assim tão diferente. Uma visão só pode ser eficaz se a equipe de liderança estiver engajada e todos comprarem a ideia. Além disso, é a alta gerência que deve ter a coragem de adotar a "meta audaciosa" de Collins e, assim, criar uma visão sustentável com uma equipe competente. Não só as grandes empresas se beneficiam de objetivos de longo prazo bem documentados e ambiciosos, mas também as pequenas empresas e empresas familiares, organizações sem fins lucrativos, clubes, departamentos, equipes e cada um de nós, à medida que descobrimos o que queremos alcançar na vida. Refletir sobre "para onde estamos realmente indo?" geralmente leva a um maior sucesso e satisfação, desde que a visão encarne o conceito de caminho motivador e significativo descrito neste capítulo. Vamos descobrir.

Teste sua visão

1. Agora é um bom momento para uma (nova) visão. (Tempos desfavoráveis são, por exemplo, durante uma crise grave ou a fase inicial da empresa). ☐
2. A visão pode ser capturada em uma frase. É autoexplicativa e clara para todos dentro e fora do negócio. ☐
3. A visão é distinta e única; não poderia se aplicar a nenhuma outra organização. ☐

4. A visão é emocionalmente empolgante. Vai além de metas ou marcos puramente econômicos. ☐

5. A visão reflete plenamente a cultura e os valores da organização. ☐

6. A visão desencadeia os efeitos comportamentais desejados. ☐

7. A visão é relevante e significativa para todos. ☐

8. A visão responde à pergunta: por que o mundo precisa deste negócio/organização? ☐

9. A visão reforça uma imagem positiva da organização (percepção externa). ☐

10. A visão é simultaneamente ambiciosa e crível (traz um objetivo realista de longo prazo). ☐

NCA INSIGHTS

- **Estabeleça grandes objetivos.**
- **Conquiste os corações e as mentes de todos na organização.**
- **Fique atento para perceber se a sua visão ainda o leva para onde você quer ir.**

2. Mais talento do que tempo de casa

(ou o perigo da mediocridade?)

"Não se pode ensinar alguém a ser inteligente. Isso é algo que vem com a pessoa!"

DR. TIMM VOLMER, CEO DA EMPRESA DE CONSULTORIA SMARTSTEP

O sucesso de uma empresa depende das habilidades de seu pessoal. Então, seja honesto: Quantos dos seus colegas de equipe você reempregaria? Quantos deles são medianos e quantos você atura porque acha que não tem escolha? Afinal, um empregado incompetente pode prejudicar o seu empregador, ao passo que um empregado desonesto pode arruinar o negócio. Considerando o risco, é notável como algumas empresas são displicentes ao contratar novas pessoas. Os Incas provavelmente ficariam surpresos com essas perguntas. Os líderes da elite eram submetidos a um treinamento rigoroso em escolas especiais chamadas *Yachaywasi*, e acredita-se que Machu Picchu abrigava uma dessas "escolas de negócios", onde filhos da nobreza inca e chefes tribais dos territórios conquistados eram educados.[1] Cronistas do século XVII descreveram o currículo em detalhes: história, religião e poesia, bem como aritmética, contabilidade, estatística, questões estatutárias, direito, procedimentos médicos e, é claro, arte de guerra, armamento e combate corpo a corpo. No geral, era algo como o cruzamento entre as academias militares modernas e as universidades de ponta. Além disso, o currículo incluía tópicos como disciplina, autocontrole e resistência à dor. O treinamento terminava com um estágio de um mês sob a supervisão de um dirigente inca, e, se você passasse, tornava-se elegível para postos administrativos e militares.

Os filhos dos príncipes incas também tinham que se destacar na escola de elite e conquistar o seu espaço na nobreza inca, assim como o potencial herdeiro do trono, que tinha que passar por alguns testes particularmente rigorosos. "Com base nesses méritos, ele conquistava [...] o direito de governar, e isso era um fator muito mais importante do que ser o primogênito de seu pai", escreve Garcilaso de la Vega em 1609.[2] Sim, o novo governante era selecionado entre os filhos do Inca, mas, muitas vezes, esse círculo de candidatos era bastante amplo, e, por lei, a sucessão era determinada pela maior aptidão ao cargo. Além disso, para que a sucessão fosse decretada, o Inca era assistido por um conselho composto por vinte parentes. Tudo isso parece bem pensado. Sucessão automática e decisões equivocadas em relação à equipe raramente são abençoadas com boa sorte, e a escolha de confiar na "segunda opção" muitas vezes volta para assombrar. Mas até mesmo nós não caímos nessas armadilhas mais vezes do que gostaríamos?

Mais uma vez, os Incas são capazes de realmente abalar nossa convicção de que vivemos em uma era mais avançada — às vezes o século XXI é surpreendentemente arcaico. As leis sucessórias sob as quais uma fazenda passa automaticamente para o filho mais velho ainda se mantêm em partes da Europa. Os irmãos, especialmente as irmãs, são "herdeiros secundários", o que é uma forma educada de dizer que não têm direitos de herança. Em muitas empresas familiares é assim que funciona. Uma pesquisa realizada pelo Instituto de Pesquisa para Empresas Familiares, em Bonn, Alemanha, revelou que mais de dois terços dos proprietários de empresas de médio porte com mais de 250 empregados gostariam que a sucessão da gerência ficasse na família. Acima de tudo, os filhos homens têm preferência (57,6 por cento), não muito diferentemente de séculos atrás, e não há qualquer menção a seleções rigorosas ou períodos probatórios em que os candidatos têm que provar que são dignos do cargo.[3] Nesse sentido, os Incas estavam surpreendentemente à frente do seu tempo.

O que acontece quando o príncipe automaticamente se torna o rei?

Otto von Bismarck observou uma vez em tom de zombaria: "A primeira geração cria a riqueza, a segunda a administra, a terceira estuda história da arte e a quarta acaba com tudo." Embora o chanceler e um dos mais famosos líderes políticos alemães falasse da economia oitocentista, é inegável: ainda hoje, inúmeras empresas geridas pelos proprietários têm dificuldade em arranjar um sucessor qualificado. De fato, quase três quartos de todas essas empresas — que desempenham um papel importante na Europa, representando até setenta por cento do produto interno bruto (PIB) em alguns países — não dispõem de um planejamento sucessório em vigor. Claramente, esses empresários vivem em um mundo sem acidentes de trânsito, doenças ou outros acasos do destino. A ilusão da invencibilidade é poderosa, mesmo entre homens de negócios prudentes e que não são considerados invencíveis.[4]

Ao passo que um valor elevado é investido em inovações tecnológicas, software e marketing, quando se trata de outro fator fundamental para o sucesso — a liderança —, muitas vezes a esperança é o princípio orientador. Tal como há centenas de anos, mães e pais querem acreditar que o seu legado está seguro nas mãos dos filhos. Do ponto de vista humano, isso é compreensível, por mais arriscado que seja do ponto de vista empresarial. Raramente as possíveis consequências de tal abordagem são tão abertamente expostas como no exemplo a seguir.

"O melhor homem precisa de ajuda"

Essa foi a manchete que o jornal alemão *taz* colocou acima de uma foto de Konstantin Neven DuMont em outubro de 2010. Ele era o herdeiro da quarta maior editora de jornais da Alemanha e, na época, membro da diretoria do grupo de mídia M. DuMont Schauberg.[5]

O negócio estava sob o controle da família desde o início do século XIX e, no que dizia respeito ao atual patriarca, Alfred Neven DuMont, continuaria assim, de modo que ele colocou o seu filho Konstantin Neven DuMont na alta gerência. Alguns estavam um pouco céticos quanto às capacidades do sucessor, mas o novato estava, ainda assim, contente em dar aos jornalistas uma declaração mais do que confiante: "Tenho as qualificações e já provei que posso fazer o trabalho como qualquer pessoa do setor financeiro ou como os diretores executivos de outras editoras."[6]

Uma disputa sobre estratégia de negócios entre pai e filho — claro, sobre como lidar com os desafios da digitalização — foi interrompida e agravada por uma entrevista que Konstantin Neven DuMont deu ao jornal *Bild*, o maior concorrente do tabloide da família, o *Express*. Essa entrevista não fora discutida com os outros membros da alta gerência, que dificilmente teriam ficado satisfeitos com isso. Houve consequências, pois o concorrente, muito naturalmente, aproveitou a situação ao máximo.

Em novembro de 2010, Alfred Neven DuMont dispensou o filho de todas as suas funções. No fim de 2012, Konstantin Neven DuMont transferiu as suas ações de volta para os pais e, entre 2013 e 2017, foi progressivamente abandonando o negócio.

A família aprendeu com os seus erros. Seus representantes, Christian DuMont Schütte e Isabella Neven DuMont, exercem agora o controle como conselheiros de supervisão, enquanto um gestor externo administra os negócios.

Se você estiver achando essa história curiosa, reflita sobre isso. Vamos encarar os fatos: mesmo em famílias "normais", questões simples do dia a dia podem gerar brigas acaloradas. Então imagine como deve ser difícil chegar a um consenso entre pais, irmãos, primos e parentes mais distantes em questões de estratégia empresarial, divisão de responsabilidades e de riqueza? A herdeira de uma grande dinastia familiar descreveu o desafio muito apropriadamente: "De alguma forma, é preciso considerar os números e fatos da vida real em um ambiente altamente subjetivo para tomar decisões empresariais sensatas."[7]

Qualquer um que consiga manter a compostura nesse campo minado emocional, merece o nosso respeito. É um dos instintos humanos mais enraizados ver os filhos através de lentes favoráveis. Igualmente humano é o comportamento excessivamente crítico de muitos patriarcas, cujo medo de perder poder e status impede-os de passar o bastão a um sucessor mais jovem, ou a crença de muitos fundadores em sua própria invencibilidade, o que pode sufocar a próxima geração. E tudo isso em uma era cada vez mais dinâmica e global que clama, mais alto do que nunca, por uma liderança inteligente.

"No século XXI, transmitir a mentalidade e aptidão empreendedora à próxima geração será muito mais importante do que entregar bens materiais", diz Peter May, um dos maiores especialistas europeus em empresas familiares.[8]

Os Incas também viveram em uma era de mudanças e novos desafios. Eles provavelmente também estavam familiarizados com disputas por poder, ciúme, inveja e rixas familiares, o que torna ainda mais admirável a sua abordagem disciplinada em relação ao desenvolvimento de liderança, uma abordagem que limitava a preferência pessoal por meio de um treinamento obrigatório seguido de testes e avaliações realizados por uma diretoria central. De fato, é digno de nota que a queda dos Incas foi acelerada, pelo menos em parte, quando essa abordagem tornou-se menos rígida, dando lugar a uma política de sucessão pouco clara e a um subsequente enfraquecimento do império (ver Capítulo 5, "Enfrentando o verdadeiro oponente"). Mas não são apenas as empresas familiares que cometem erros ao recrutar os seus gestores seniores. Christine Wolff, gerente de negócios experiente e membra não executiva de vários conselhos, considera que as "decisões erradas no gerenciamento de pessoal" foram os erros mais graves que cometeu na sua carreira. Segundo ela:

> Há quatro erros típicos na área de gestão de pessoal, todos eles cometidos por mim mesma:
>
> 1. Manter gestores ruins ou medianos por tempo demais.
>
> 2. Promover as pessoas erradas, seja porque você está sob a pressão do tempo ou porque não focou nas verdadeiras qualificações delas.
>
> 3. Dar o cargo a quem falar mais alto, só para reduzir a pressão naquele momento.

4. Promover ou transferir alguém a outro departamento para tirá-lo do caminho.

E o que aprendi com isso? Se possível, tente evitar a pressão do tempo, porque todos cometem erros em situações de estresse. Você deve adotar uma abordagem bem estruturada, analisar as qualificações de cada candidato com calma e começar desde cedo a desenvolver ativamente o talento de pessoas com potencial, algo que muitas vezes é negligenciado.

Você já cometeu um (ou mais) desses erros? Nós já. Uma coisa é certa: se o custo real (em dólares e centavos) das más decisões de gerenciamento de pessoal fosse incluído nos orçamentos como o investimento em tecnologia ou marketing, os métodos de recrutamento e seleção seriam muito diferentes. Vamos fazer as contas e somar o salário, o bônus e as contribuições do empregador para a Previdência Social, o custo do anúncio da vaga, os honorários do caçador de talentos, bem como os salários e o tempo das pessoas internas envolvidas no processo de seleção, sem mencionar o tempo necessário para receber de forma profissional o novo funcionário. Mesmo para cargos relativamente inferiores, não é difícil chegar a um valor de seis dígitos, que pode ser triplicado quando se toma uma má decisão, não só porque é preciso recomeçar todo o processo do zero, mas também porque a pessoa errada no lugar errado pode representar um sério impacto financeiro devido a, entre outras coisas, perda de demandas, perda de receita, problemas de insubordinação e demissões de colegas frustrados. Este último efeito refere-se a casos em que pessoas se reportam ao novo funcionário inapropriado, pois ter um chefe incompetente é uma razão válida para deixar um emprego. Não temos dúvidas de que, se houvesse um escrutínio financeiro mais amplo e robusto nos processos de RH, praticamente desapareceria a tentação de tomar decisões equivocadas ou seguir o caminho mais fácil em termos de recrutamento ou desenvolvimento de carreira.

Para que um negócio continue sendo bem-sucedido, deve-se ter muito cuidado na forma como se faz recrutamentos e seleções. No entanto, muitas vezes as coisas não acontecem assim. Em suas palestras, Andreas Krebs gosta particularmente do momento em que convida os ouvintes a participar de um pequeno exercício. "Pense nas dez pessoas mais importantes da sua empresa. Imagine poder refazer o recrutamento do zero. Quem você manteria na equipe?" Na mesma hora, é possível ver nas expressões dos gestores reunidos o processo de triagem mental dos principais nomes de suas empresas. "Ela? Sim, sem dúvida! E ele? Nem daqui a um milhão de anos!" Em apenas alguns minutos, pelo menos em teoria, a maioria das equipes encolheu drasticamente. Em uma ocasião, um gestor claramente frustrado respondeu à pergunta gritando alto: "Nenhum deles!" A maioria não manteria mais da metade dos seus colegas, e o restante deles não seria recontratado. E o que isso significa? Será que trabalhamos com pessoas em quem não confiamos? E não estamos falando de defeitos graves que poderiam justificar a demissão de pessoas, mas apenas da frustração cotidiana dos membros da equipe com desempenhos medianos, ordinários e pouco animadores. Mas de quem é a culpa, em última análise? Dos próprios empregados? Ou talvez daqueles que fazem contratações descuidadas e se cercam dos medíocres, para então se queixarem da falta de inspiração e de boas ideias?

E, se você estiver pensando: "Bem, não tive escolha", porque herdou a sua equipe, então faça a si mesmo a seguinte pergunta: qual é o seu plano para ter a certeza de manter esses colegas — mais ainda, de que eles são essenciais para o negócio?

Diletantismo, desinteresse e delegação

Este exercício aparentemente simples ("Qual dos meus colegas eu contrataria de novo?") é um teste ácido para qualquer líder. Se você prefere ver a maioria de sua equipe parta para outra, deve se perguntar por que essas pessoas foram contratadas ou por que permitiu que continuassem trabalhando sem fazer nada a esse respeito. O que aconteceu? Onde foram cometidos erros? Gestores que estão há muito tempo em sua empresa, função ou setor de atividade muitas vezes seguem a intuição quando se trata da avaliação de candidatos. Não queremos diminuir a importância da experiência de vida ou da percepção da natureza humana adquirida ao longo dos anos. A questão é se você pode confiar nessa intuição no calor do momento, se ela é igualmente relevante para diferentes funções e grupos etários, e se é realmente tão boa quanto gostaríamos de acreditar. Um dos nossos entrevistados, Alexander von Preen, CEO da rede de lojas de artigos esportivos Intersport, um líder altamente experiente e perito em recursos humanos, fez com que refletíssemos sobre a seguinte fala:

> Eu não acho que a primeira impressão confiável dos candidatos seja a que fica. Quanto maior seu tempo de experiência em uma posição de autoridade (digamos, a partir de dez anos), mais falha se torna essa intuição. Você começa a tomar decisões ruins. As suas antenas ficam enferrujadas e desatualizadas. A sociedade muda muito, as pessoas mudam de uma geração para outra, as condições de vida mudam, a educação muda, os valores mudam etc. Vejo isso se repetir diversas vezes, inclusive entre os gestores seniores. A intuição em relação às pessoas pode se deteriorar com o tempo e você tem que estar ciente disso.

Sábias palavras. E vamos ser francos: será que é possível realmente "conhecer" uma pessoa? Se a resposta for sim, certamente é um processo que leva vários anos. E um colega que se destaca em um emprego pode falhar com a mesma facilidade no próximo. Todos nós conhecemos o exemplo clássico do bom funcionário que foi transferido para o cargo errado pelas razões erradas — o melhor vendedor que é promovido a chefe como recompensa e falha miseravelmente. A mudança é prejudicial para a empresa e muito dura para o indivíduo, mas acontece repetidas vezes.

Christine Wolff conta sua experiência:

> Venho do setor de engenharia e trabalho principalmente com engenheiros, cientistas etc., pessoas tecnicamente de primeira linha. E eu

> cometi o erro básico de não ser cuidadosa ao colocar técnicos muito bons em cargos de gestão. É um erro presumir que todo bom técnico é também um bom gestor. Alguns são, mas outros não, e nem sequer querem ser. Esse é um erro que tem o potencial de causar danos ao negócio.
>
> No meu caso, foi diferente. Sou uma cientista mediana, meu forte são as habilidades de liderança. Com menos de uma semana no emprego eu já tinha formado a minha primeira equipe e trabalhado em grupo para alcançar bons resultados. Eu não teria ajudado muito a empresa se tivesse continuado na parte técnica. Outros podem fazer isso melhor.

Esse é um exemplo simples e claro do princípio de priorizar o talento e não o tempo de casa. Infelizmente, muitas vezes a ideia é distorcida quando grandes especialistas são recompensados com cargos de gestão. A lealdade da empresa e o bom desempenho durante um longo período de tempo em uma posição específica são recompensados, em vez de se considerar o que uma pessoa pode fazer melhor e se isso é o que realmente importa no papel futuro. Alguém que monitore de perto quando e onde os colegas podem desenvolver seu potencial está em boa posição para evitar tais erros. A fim de colocar as pessoas certas para ocupar cargos de liderança (aquelas com melhores chances de sucesso, ver adiante), deve-se afastar a ideia de que a progressão de carreira é definida apenas pelo número de pessoas que se reportam a você ou pelo tamanho do orçamento que você controla. Será que nós damos o devido valor a habilidades especializadas? Os Incas costumavam levar artesãos renomados para a corte. Como podemos valorizar os colegas que são "apenas" especialistas, mas cuja experiência é fundamental para o sucesso da empresa? Quem entende de motivação sabe que não é uma questão apenas de dinheiro, mas que tem a ver com ser reconhecido, valorizado e ter o status certo na organização.

Voltando ao tema da avaliação dos colegas, há muito se sabe que a percepção e o julgamento humano são pouco confiáveis e subjetivos. Mas quantos de nós caem na armadilha de acreditar que essas fragilidades só se aplicam aos outros? Talvez valha a pena refletir sobre as sete causas mais comuns de mau julgamento:

1. Nossa percepção é altamente seletiva. Somos incapazes de processar todas as informações que nossos sentidos captam. Essa é a razão pela qual a polícia costuma ser cética em relação a testemunhas oculares, pois cinco transeuntes no local de um crime podem ter visto cinco carros de cores diferentes. Preto, azul, ou talvez cinza? Será que você realmente vê os membros da sua equipe em ação? Você realmente sabe o que eles fazem bem ou no que eles não são tão bons? E em quem você foca sua atenção durante as reuniões de equipe?
2. Percepções e julgamentos são guiados pelas nossas expectativas; vemos o que queremos ver, e isso pode levar a profecias autorrealizadas. Os psicólogos americanos Robert Rosenthal e Lenore F. Jacobson conduziram um famoso experimento em meados da década de 1960. Eles levaram alguns professores primários a acreditar que, de acordo com testes científicos, vinte por cento dos seus alunos tinham maior potencial de desenvolvimento. Embora as crianças tivessem sido escolhidas ao acaso, no fim do ano escolar esse grupo havia, de fato, superado os colegas, presumivelmente porque haviam recebido mais atenção e incentivo por parte dos professores.[9] Então, será que isso significa, por exemplo, que os funcionários considerados "uma promessa" são a nossa tábua de salvação porque são realmente melhores? Ou será que é porque esperamos que eles sejam os melhores?
3. Nós nos cegamos por uma característica ou um atributo que se destaca e ofusca todos os outros; é o "efeito auréola" — por exemplo, altura acima da média sugerindo assertividade, boa aparência sugerindo inteligência, ou autoconfiança sugerindo uma maior prontidão para o trabalho e comprometimento. Você sabia que há uma correlação entre altura e renda? Ou que a maioria dos CEOs das empresas da Fortune 500 e a maioria dos presidentes dos Estados Unidos (cerca de noventa por cento) são mais altos do que a média?[10] Lá se vão os valores intrínsecos.

4. Preferimos pessoas que são como nós, é o "efeito semelhante". Se vemos alguém com um passado parecido, talvez até alguém que frequentou a mesma escola de negócios, pensamos: "Bem, ela *deve* ser boa!" Os psicólogos dizem que a empatia é essencialmente percebida como similaridade. Quem se recusaria a dar uma promoção a um colega gente boa? O sociólogo das elites Michael Hartmann vai mais longe. Falando sobre como os melhores empregos na economia e na sociedade em geral são preenchidos, ele afirma que a origem social e a aparência são mais importantes do que as habilidades e o desempenho.[11] Além disso, em um ambiente de trabalho cada vez mais global, a conscientização sobre o preconceito étnico está se tornando cada vez mais importante.
5. Procuramos sempre a confirmação das primeiras impressões, as quais são feitas de forma subconsciente e imediata. Como as nossas percepções são seletivas (ver ponto 1), é muito fácil confirmar as nossas expectativas. Veja quanto tempo levou para descobrirmos quem Bernard Madoff, um dos maiores fraudadores de investimentos de todos os tempos, realmente era. Embora houvesse muitos sinais ao longo dos anos, ninguém queria acreditar que o ex-presidente da Nasdaq e membro do Conselho de Diretores da Associação Nacional de Corretores de Seguros (Nasd) fosse capaz de tal desonestidade. Devido ao seu jeito extremamente confiante e convincente e às suas numerosas doações a instituições culturais e de caridade (incluindo cargos de diretoria em teatros, fundações e escolas), muitas organizações filantrópicas confiaram-lhe o seu dinheiro; só depois que foi ficando cada vez mais claro que ele havia desviado mais de sessenta bilhões de dólares e arruinado cerca de 4.800 investidores, foi que a extensão total da sua duplicidade se tornou visível. Em 2009, Madoff foi condenado a 150 anos de prisão.
6. Uma série de coisas pode influenciar a forma como avaliamos as pessoas — crenças gerais, experiência anterior, psicologia barata — e às vezes isso dá para o gasto, mas nem sempre. Na verdade, muitas vezes tiramos conclusões que são, para sermos francos,

desprovidas de qualquer lógica: "Se alguém demonstrar que realmente quer o emprego durante a fase da entrevista, então com certeza vai se esforçar muito no cargo também", ou "Alguém que vem de uma família de empresários tem muito mais probabilidade de ser motivado e ambicioso do que um filho de servidor público", e assim por diante.

7. Generalizamos a nossa visão de mundo e a projetamos nos outros. Portanto, alguém que assumiu com entusiasmo a responsabilidade de ser um líder pode cair na armadilha de acreditar que esse também é o sonho de todo colega ou candidato. Ou alguém que gosta de ser elogiado em público pode não imaginar que um colega considera essa experiência desagradável e embaraçosa.

Em suma, tendemos a superestimar nossa objetividade ao avaliar os outros, algo que os psicólogos chamam de "ilusão do bom julgamento".[12] Mesmo assim, as entrevistas de emprego continuam a ser consideradas a ferramenta mais importante na decisão de contratar alguém. Afinal, quem quer passar dias longos e intensos em um centro de avaliação? Sabe-se que é possível aprender muito sobre uma pessoa no decurso de uma entrevista bem preparada e devidamente estruturada, ainda mais se as perguntas forem bem pensadas e resultarem de uma descrição clara da vaga a ser preenchida. Mas será que as coisas costumam ser desse jeito? Ou será que são mais ou menos assim: a sua assistente dá uma batidinha na porta e lembra que o seu encontro com o fulano ou a fulana será dentro de alguns minutos. Você pega o arquivo, dá uma olhada rápida no currículo do candidato e vai conhecê-lo. Todo o restante se resume à "intuição", a como você se sente no dia e, com alguma sorte, ao colega do RH que está participando da entrevista. Paul Williams foi gerente sênior de RH por muitos anos e conhece bem esse problema. Com base em sua experiência executando centenas de entrevistas ao lado de gerentes de primeira linha, ele elaborou a seguinte lista de "regras":

Regras de procedimento para entrevistas de emprego

A quantidade de tempo que um gestor de recrutamento gasta falando (sobre si mesmo) durante uma entrevista é diretamente proporcional ao seu nível na hierarquia da organização.

A capacidade de um gestor ouvir atentamente um candidato durante uma entrevista é inversamente proporcional ao seu nível na hierarquia da organização.

Quanto mais sênior for um gestor, maior será a probabilidade de ele responder à pergunta que acabou de fazer *a si mesmo*, em vez de esperar que o candidato fale.

Quanto mais um gestor falar de si mesmo durante a entrevista, melhor será a sua impressão sobre o candidato.

Embora tenhamos discutido as questões relativas à percepção e intuição humanas e abordado os perigos de uma má preparação para a entrevista, há outra questão, igualmente séria e problemática: o chefe de departamento autocentrado que — realidade chocante — nem sempre corresponde aos melhores interesses do negócio. "A contrata A, B contrata C" é um fenômeno bem conhecido; um chefe ruim raramente está interessado em trazer concorrência desnecessária para sua área de responsabilidade e, em geral, prefere funcionários medíocres, pois pode controlá-los mais facilmente. E, se por acaso um ótimo colaborador aterrissar no seu departamento, é pouco provável que fique muito tempo. Ainda assim, parece que muitas organizações ficam simplesmente à deriva. Já se demonstrou que uma cultura empresarial orientada para o desempenho é uma das pedras angulares do sucesso empresarial sustentável (ver Probst e Raisch, *The Logic of Business Failure*, 2004).[13] A questão não é se nós "ficamos à deriva" ou não, mas sim: "Quão melhores poderíamos ser se tivéssemos as pessoas certas nos cargos mais importantes?" Infelizmente (ou talvez felizmente), pode levar algum tempo, ainda mais nas grandes empresas, para que o impacto das más decisões de pessoal se reflita nas bases. E, igualmente, muitas vezes os gestores demoram a corrigir erros. Não subestimemos quantos negócios podem ser perdidos quando se mantém a pessoa errada em um cargo importante por muito tempo.

Então, o que pode ser uma alternativa à tradicional entrevista de emprego? Bem, por um lado, certamente é não seguir a tendência popular de terceirizar todo o processo para consultores externos, mesmo que seja uma proposta atraente poder culpá-los quando as coisas não funcionarem. Não há dúvida de que o conjunto padrão de técnicas — testes de personalidade e estilo de interação, avaliações e entrevistas estruturadas — tem o seu lugar. Mas esses recursos só funcionam bem se todos os envolvidos, tanto o pessoal interno quando os consultores externos, estiverem de acordo por meio de um *briefing* detalhado do cargo a ser preenchido e tiverem o apoio total dos gestores seniores. Quando se trata de recrutamento e desenvolvimento na empresa, especialmente para cargos essenciais e para a seleção dos gestores da próxima geração, é aconselhável recorrer a avaliações internas, ferramentas de avaliação 360 graus e experiências adquiridas com interações pessoais ao longo de muitos anos, em favor de auditorias de gestão realizadas por consultores externos. E a alta gerência é negligente quando se afasta de decisões importantes em relação ao pessoal, pensando que é melhor deixá-las para o departamento de RH e os gestores envolvidos. Um CEO experiente com quem trabalhamos há muitos anos disse uma vez: "A decisão mais importante que tomamos como empresa é quem contratamos e depois desenvolvemos sistematicamente." Nós concordamos em gênero, número e grau!

Você é um consumidor ou um produtor de talentos?

Uma grande corporação americana introduziu um sistema especial de remuneração para os membros do seu conselho. Vinte por cento da renda variável estava ligada ao saldo de "talentos" de cada diretor. Essa divisão foi capaz de fornecer talentos para os duzentos cargos da alta gestão, ou tiveram que recrutar externamente para preencher vagas cruciais ou mesmo recorrer a talentos de outras divisões? A questão fundamental era: "Você é um produtor ou um consumidor de talentos?"

Esse processo provou ser muito eficaz, não só em termos de remuneração, mas também porque ajudou a estabelecer o desenvolvimento consistente de talentos como um elemento central da filosofia empresarial da corporação. Como tantas vezes acontece: "O que se mede é o que se recebe!"

Um dos nossos entrevistados descreve elegantemente como um alto gestor pode nutrir talentos e se beneficiar desse processo. O que ele diz nos lembra o método de recrutamento utilizado pelos dirigentes incas. Eles destacariam para as várias regiões os graduados das academias de elite *Yachaywasi* que tinham sido selecionados entre os estudantes da sua própria classe ou da classe alta da região. Alexander von Preen, CEO da Intersport, afirma:

> Para mim, o desenvolvimento do funcionário júnior é uma parte muito estimulante e crucial do meu trabalho. Eu implementei um esquema no qual recruto cinco jovens todos os anos como assistentes e gestores de projeto. Eles se reportam diretamente a mim e aprendem sobre minhas habilidades de gerenciamento, minhas competências e expectativas específicas e pessoais. Deixo-os entrar no meu círculo interno, convido-os para eventos privados e trato-os como parte da família. Aos poucos, atribuo a eles muitas responsabilidades e os envolvo em questões confidenciais, como planejamento estratégico. Após dezoito meses, eu coloco essas pessoas na organização mais ampla, e elas se tornam meus principais pilares de contato na empresa, meus colegas mais confiáveis em toda a rede.

Pessoas talentosas estão à nossa volta e não apenas na nossa área de responsabilidade. O que importa é estar verdadeiramente interessado nas pessoas e ter a vontade de dar uma oportunidade a algumas delas, tal como neste exemplo:

De ascensorista a vendedor sênior

Em economias emergentes, há muitas pessoas que começaram em carreiras improváveis. Um desses exemplos é o ascensorista que cumprimentava Andreas Krebs todos os dias a caminho do décimo andar do seu edifício na Cidade da Guatemala: o sujeito era inteligente, prestativo e amigável, provavelmente com vinte e poucos anos. Na época, estavam procurando pessoas para se juntar à equipe de promoções do supermercado, e Andreas deu uma dica para o gerente de vendas responsável. Ele falou com o ascensorista, e então começaram os desafios de uma nova vida. O homem ganhava cerca de oitenta dólares por mês trabalhando no elevador, menos que o salário mínimo, o que não é incomum nos países em desenvolvimento. Ele precisava ter uma *scooter* para o novo emprego, então toda a sua família se reuniu e arranjou o dinheiro. Em vez de oitenta dólares, ele passou a ganhar 280, o mínimo para um trabalho desse tipo na filial guatemalteca de uma empresa listada no Euro Stoxx.

Mas ele não deixou isso subir à cabeça, pelo contrário. Em seguida, veio a escola noturna e muito estudo, e ele passou de promotor de vendas para vendedor, de vendedor para vendedor sênior, e assim por diante. É o que se pode chamar de conto de fadas, mas a graça da história é que é verdadeira e que contém duas mensagens simples mas importantes: em primeiro lugar, se você trabalha duro, é ambicioso e realmente quer ter sucesso, tudo o que você precisa é de uma chance. E, em segundo lugar, os líderes são recompensados quando ficam de olho naqueles que ganham uma chance dessas.

Regra número 1: não comprometa a contratação!

Se tivéssemos que dar apenas um conselho quando se trata de escolher novos funcionários, seria este: não comprometa a contratação! Não é nem "É, pode dar certo" nem "É o que tem para hoje" nem "Precisamos resolver isso logo". Quando se considera o impacto negativo e os danos colaterais de se contratar a pessoa errada para um cargo fundamental, esse desleixo é, no mínimo, pouco visionário. Rolf Hoffmann, um dos nossos parceiros de entrevista, descreveu essa questão de forma muito sucinta: "Fazer uma contratação errada é o barato que sai caro!" Você sabia, por exemplo, que, quando gestores são transferidos para um novo departamento, eles levam consigo, involuntariamente, a mesma média de dias de atestado médico registrada em seu antigo departamento para o novo? Isso foi constatado em um estudo realizado em uma grande empresa europeia no qual gestores com elevada taxa de abstenções por problemas de saúde foram colocados a cargo de departamentos com poucos atestados médicos registrados. Após um ano, os níveis de licença por doença no novo departamento tinham subido para os mesmos níveis do departamento anterior, e o estudo mostrou que esse fenômeno também funciona na direção oposta.[14]

Um dos maiores obstáculos ao sucesso em preencher vagas é lidar com os chamados "bloqueadores": especialistas ou gestores que atingiram o seu pico de desempenho, mas que estão bloqueando postos operacionais ou estratégicos importantes na organização. A maioria deles está na segunda metade da carreira, mas ainda muito longe da aposentadoria, e é muito caro demiti-los. Mas qual é o preço de manter alguém em uma posição fundamental sendo apenas moderadamente eficiente? Quanto valor poderia ser agregado ao negócio com a pessoa certa naquela função? Se não houver alternativas, uma oferta de transferência quase sempre vale a pena, permitindo que o cargo se torne vago para melhores candidatos com senso de liderança e uma perspectiva de desenvolvimento mais promissora. Você está um pouco desconfortável com o uso do pouco lisonjeiro termo "bloqueador"? É verdade, não é um termo particularmente agradável, mas não é raro no mundo do RH. E a situação pode se tornar mais difícil porque essas pessoas são muitas vezes bons colaboradores, e não parece justo transferi-los. No entanto, eles ainda podem criar valor para o negócio em cargos menos proeminentes, ao mesmo tempo em que dão lugar a pessoas mais adequadas para a tarefa em questão.

Jim Collins, um visionário da gestão, acompanha as estratégias de empresas bem-sucedidas há anos e criou a fórmula instantânea: "Primeiro quem, depois o quê; coloque as pessoas certas no ônibus."

Você só precisa da equipe certa para ter sucesso comercial sustentável. Afirmações como essa parecem simplificar demais o tema, mas, se é tão simples, por que achamos tão difícil pôr em prática? Por que tantos gestores dizem que não recontratariam metade do seu departamento? No processo de recrutamento, Collins fala sobre o rigor dos gestores e sua atuação.

No capítulo "Como ser rigoroso", ele recomenda o seguinte:

- Disciplina prática #1: se estiver em dúvida, não contrate, continue procurando.
- Disciplina prática #2: quando souber que precisa fazer uma mudança de pessoal, faça.
- Disciplina prática #3: coloque os melhores funcionários nas melhores oportunidades, não nos maiores problemas.[15]

Quantas vezes os gestores procrastinam quando confrontados com decisões complicadas no que se refere a recursos humanos porque têm medo de conflitos? Quantas vezes as pessoas capazes se desgastam em departamentos imersos em crise, embora possam ser muito melhores em outros lugares? Durante o fiasco da Daimler-Chrysler, vozes críticas foram rápidas em apontar que a própria gerência da Daimler corria o risco de se esgotar ao enviar pessoas demais para os Estados Unidos.

Tudo se resume às pessoas

Colin Powell, ex-general e ex-secretário de Estado dos Estados Unidos, resumiu seus mais importantes princípios de liderança em *My American Journey* [Minha jornada americana]. Nesse livro, ele nos lembra de algumas verdades rudimentares:

"A organização não realiza nada. Planos também não realizam nada. A teoria da administração não importa muito. Os empreendimentos são bem ou malsucedidos por causa das pessoas envolvidas. Só atraindo as melhores pessoas é que se conseguirá grandes coisas."[16]

Não comprometer a contratação também significa fugir da ideia de que você pode "desenvolver" subordinados quando quiser e moldá-los de acordo com seu pensamento, como se estivesse montando uma máquina. Claro que as pessoas podem aprender, claro que podem se desenvolver ainda mais, mas dentro de limites. Um técnico introvertido, muito provavelmente, nunca será um vendedor convincente ou um gestor empático. Em primeiro lugar, as pessoas precisam querer mudar; segundo, as condições devem ser adequadas para permitir a aprendizagem e o desenvolvimento; e, terceiro, elas devem ter certas habilidades essenciais e traços de personalidade que correspondam àqueles exigidos para a nova direção de carreira. O ponto de atrito é muitas vezes o primeiro.

Fator F — cuidado com os atalhos no processo de seleção

Durante vários anos, Paul Williams foi responsável pelo programa de recrutamento de *trainees* internacionais de uma empresa do Euro Stoxx. Era preciso avaliar um grande número de universitários quanto à sua aptidão para uma carreira de liderança, por isso todos os anos o foco recaía sobre quatro a seis escolas de negócios internacionais e os currículos dos candidatos eram pré-avaliados com base em critérios como estudos no exterior, línguas estrangeiras e atividades extracurriculares interessantes. O número de candidatos se reduzia ainda mais em "entrevistas rápidas" de meia hora para decidir quem seria convidado para um centro de avaliação. A questão-chave foi: que critérios deveriam ser usados nas entrevistas? Meia hora não era suficiente para uma entrevista aprofundada sobre o comportamento do candidato, por isso tinha que ser algo curto e leve.

"Nós criamos o 'fator F', ou 'fator fascínio'. A ideia era que aqueles que irão liderar pessoas no futuro deveriam ser capazes de se conectar com elas, entusiasmá-las e captar sua imaginação. O fator F foi definido da seguinte forma: o candidato desperta meu interesse e me cativa em um curto espaço de tempo? Ele fala sobre o tópico X com bastante entusiasmo? Estou realmente fisgado ou é apenas um monólogo seco?"

Diversos estagiários talentosos que se tornaram muito bem-sucedidos foram identificados por essa técnica. Mas também foram cometidos alguns erros. Por exemplo, em um currículo, no item "passatempos", o candidato escreveu "araras". O rapaz tinha cuidado de duas araras na América do

Sul. Paul Williams, biólogo e amante de animais, ficou tão intrigado que os dois passaram cerca de vinte minutos da entrevista falando dessas aves. Ouvir o candidato discorrer sobre o assunto com entusiasmo foi fascinante. Mas será que isso tem a ver com capacidade de liderança e aptidão para uma carreira de gestão? O candidato chegou ao centro de avaliação e foi admitido na empresa, mas logo ficou claro que não daria certo e saiu do emprego.

Naturalmente, Paul teve uma lição a aprender tanto em termos pessoais quanto em relação à metodologia de seleção. Liderança é mais do que contar uma história fascinante, e essa não foi a primeira nem a última vez que uma carreira começou com o impulso de uma apresentação potente. Boas habilidades de comunicação e o "fator F" *podem* ser um indicativo de sucesso, mas, para chegar a uma decisão sólida quanto a um prognóstico positivo para uma carreira de liderança, é preciso que o processo de seleção seja muito mais amplo e profundo do que foi demonstrado aqui.

Diante do complexo desafio de fazer uma avaliação ponderada de um colega ou candidato, há a enorme tentação de se refugiar em critérios aparentemente significativos mas irrelevantes. O fato é que nem estudar na universidade X nem ter morado no país Y é uma garantia de sucesso, como mostra o estudo seguinte:

O que define um ceo de sucesso?

Em maio de 2017, a *Harvard Business Review* publicou um artigo sobre um projeto incrível. Durante dez anos, o Projeto Genoma do CEO coletou dados sobre mais de dezessete mil altos executivos, dos quais dois mil eram CEOs. Os dados foram acrescidos de entrevistas de quatro a cinco horas de duração, bem como entrevistas com colegas, superiores, stakeholders etc. O estudo abrangeu quesitos como histórico profissional, desempenho no trabalho e, acima de tudo, padrões de comportamento.

O principal objetivo da pesquisa era descobrir por que essas pessoas viraram chefes e o que as tinha ajudado a ter sucesso durante um longo período. Os participantes vieram de todos os setores e de organizações de todos os tamanhos — desde pequenos negócios a empresas da Fortune 100. Embora o estudo se concentrasse nos americanos, os resultados poderiam ser aplicados a países e culturas semelhantes. As conclusões mais importantes foram:

- Embora os candidatos carismáticos e autoconfiantes costumem ser os preferidos para ocupar as posições mais elevadas, são os candidatos introvertidos e analíticos que, em última análise, são mais bem-sucedidos.
- Quarenta e cinco por cento de todos os CEOs cometeram pelo menos um erro grave na sua carreira que lhes custou o emprego e muito dinheiro à empresa. Sete por cento desse grupo imediatamente se candidatou a CEO em outra empresa.
- Não há correlação entre formação, qualificação e garantia de sucesso. Apenas sete por cento dos CEOs de "alto desempenho" frequentaram as melhores universidades, e oito por cento não tinham nenhuma qualificação superior.
- Quatro características decisivas dos líderes bem-sucedidos se destacaram entre as trinta competências principais listadas. Mais de cinquenta por cento dos candidatos tinham pelo menos duas das seguintes características:

  - Tomar decisões com rapidez e convicção.
  - Saber se preparar para impactos.
  - Ser proativo para se adaptar.
  - Ter um desempenho confiável.[17]

Mesmo que pareçam um pouco vagas, essas competências centrais fornecem uma ideia clara em relação aos desafios atuais e futuros da liderança:

- Tomar decisões com rapidez e convicção: é melhor tomar decisões do que não decidir nada. No mundo VUCA (acrônimo em inglês para volatilidade, incerteza, complexidade e ambiguidade), o tempo de fazer análises e considerações é limitado; ações rápidas e eficazes estão se tornando cada vez mais importantes.
- Saber se preparar para impactos: uma boa gestão dos stakeholders e network com os parceiros de negócios mais importantes proporcionam uma vantagem informativa e, portanto, maior certeza na tomada de decisões. Essa também é uma questão-chave para o sucesso (ver Capítulo 7, "Julgamento correto?").
- Ser proativo para se adaptar: os executivos mais bem-sucedidos gastam mais da metade do seu tempo refletindo sobre metas, desafios e riscos de longo prazo (ver Capítulo 5, "Enfrentando o verdadeiro

oponente" e, principalmente, a seção sobre gestão de riscos). Os gestores bem-sucedidos consideram a gestão de crises parte do seu trabalho, preparando-se, assim, muito melhor para mudanças de direção e contratempos.

- Ter um desempenho confiável: mais uma vez, isso não é uma surpresa. O sucesso duradouro e perceptível fortalece os líderes e gera ainda mais sucesso. Segundo o estudo: "Os conselhos e os investidores adoram uma mão firme."

Mesmo que você não esteja sempre procurando pelo próximo CEO, vale a pena fazer as "perguntas comportamentais" do projeto, que se concentram nas características mais relevantes no que diz respeito ao sucesso, e usá-las para avaliar um gestor em potencial. Esse tipo de pergunta revela como o candidato resolve um problema específico, e isso pode dizer muito sobre como ele lidaria com uma situação semelhante no futuro. Por exemplo, você pode fazer perguntas específicas sobre evidências contextuais ou situacionais sobre quando e onde o candidato demonstrou certo comportamento. O candidato estará pronto para responder a essas perguntas se elas realçarem seus pontos fortes e características pessoais, como "Sou bom em trabalho de equipe" ou "Sou assertivo e resolvo as coisas". As seguintes perguntas são úteis para um entrevistador nesse contexto:

- Como você mostrou que sabe resolver as coisas? Quais eram as circunstâncias?
- Qual era a tarefa?
- O que exatamente *você* fez?
- Qual foi o resultado?

Um acrônimo útil para esta abordagem é "STAR" (situação, tarefa, ação e resultado).

Mais informações podem ser extraídas a partir de outras perguntas situacionais que avaliem as opções comportamentais e relacionem os resultados alcançados com as características pessoais. Essas perguntas são eficazes em entrevistas de qualquer tipo, não apenas para cargos de liderança. Por exemplo, você pode perguntar sobre:

- Tarefas em que os pontos fortes do candidato eram ideais e aquelas para as quais ele se sentia menos capaz ou até mesmo incapaz.
- O que o candidato valorizava ou não valorizava em ex-chefes.
- O maior desafio que um candidato já superou na carreira, e como o fez.
- Uma experiência recente ou mais influente que o candidato teve e que serviu de aprendizado, onde e como ele viu um impacto positivo no seu desenvolvimento pessoal.
- Um grande sucesso e de onde ele veio.
- Sugestões e ideias para resolver uma situação complicada no novo trabalho.

Ao fazer isso, você está ancorando a conversa na rotina diária do negócio. Para completar, gostaríamos de acrescentar a isso uma metodologia que aprofunde essa ancoragem e, assim, conduza a uma melhor tomada de decisões, especialmente nas nomeações internas. Ao mesmo tempo em que dá a oportunidade de nos distanciarmos do conceito de "potencial", utilizado em excesso.

Prognóstico, não potencial

Há vinte anos, o McKinsey Global Institute declarou o início da "guerra pelo talento". Desde então, muito se fala sobre os profissionais com "potencial elevado" que uma empresa deve atrair para continuar a ter sucesso. No entanto, considerando que as organizações brigam pelas melhores pessoas em todos os níveis — não apenas na gestão —, levanta-se a questão de saber se o conceito de "potencial" não está nos levando para um beco sem saída. Nós vimos, em primeira mão, todo um conjunto de pessoas "com potencial" de repente deixar de tê-lo, simplesmente porque houve uma mudança na alta gerência da empresa. Por mais bizarro que pareça à primeira vista, pode haver muitas razões para isso. A lista de pessoas com "potencial" talvez não seja mais convincente, por exemplo, porque foi elaborada por uma administração ruim. Ou as pessoas de "maior potencial" foram vistas como ameaças pelos novos tomadores de decisão e, depois, construíram grandes carreiras fora da empresa. O nosso ceticismo é confirmado por um experiente profissional de RH e ex-treinador olímpico de esgrima. Johannes Thoennessen, psicólogo e consultor, pontua:

> Eu acho o conceito de "potencial" muito vago. Só posso medir o potencial se souber exatamente o que se espera da pessoa. Por exemplo, posso dizer se um atleta tem potencial para, em algum momento no futuro, correr cem metros em dez segundos ou se nunca chegará à marca de quinze segundos. Em contraste, os desafios que um líder enfrenta são tão variados que é quase impossível medir o potencial nesse contexto. Todo o conceito de liderança é complicado demais. E, até hoje, ninguém foi capaz de responder à pergunta: "O que é preciso para ser um gestor ou líder de sucesso?" Várias pessoas com habilidades totalmente diferentes podem ser líderes bem-sucedidos. Só isso mostra que é impossível definir um conceito generalizado de potencial.

Outro grande problema do conceito de potencial é que alguém ou tem "potencial" ou não tem. Nessa perspectiva, se uma pessoa é ou não bem-sucedida depende exclusivamente dela, de modo que fatores sistêmicos, como uma mudança nos tomadores de decisão que tenham um entendimento diferente de liderança, são ignorados, ao mesmo tempo em que se cria "uma possibilidade extremamente elevada de desmotivação", como sublinhado por Johannes Thoennessen. Se menos de dez por cento de uma organização for considerada "de potencial elevado", então a maior parte dos noventa por cento vai ficar frustrada. Ironicamente, o relatório do McKinsey de 1998, que deu início à onda do "potencial elevado", não conseguiu identificar quais características tornam alguns funcionários mais bem-sucedidos do que outros.[18] Quanto mais se debruça sobre o tema, mais o "potencial" se torna um rótulo sem sentido. Ainda mais confusas são as baterias de testes e análises que dizem medir o potencial, muitas vezes sem qualquer referência ao contexto ou às circunstâncias específicas do negócio em questão.

Seria mais justo, mais relevante e, sobretudo, mais condizente com a realidade, perguntar se o candidato X, nas condições Y (cultura da empresa, visão de liderança, setor empresarial, colegas, exigências dos clientes ou do mercado), tem o que é preciso para ser bem-sucedido e, em seguida, perguntar se as experiências anteriores podem corroborar isso. Tal prognóstico não se concentra exclusivamente nos traços de personalidade, mas também na situação como um todo, em uma abordagem sistêmica. Ao mesmo tempo, esse "prognóstico" já leva em conta diferentes pontos de vista e possíveis erros. Afinal, uma bem fundamentada previsão do tempo ou do preço das ações pretende ser precisa, mas pode, no fim, não se materializar. Também assim é com o "prognóstico", que é mais sutil, mais diverso e, em última análise, menos dogmático do que "potencial".

Resta ainda a questão de como obter uma visão confiável do prognóstico dos colaboradores. Uma ferramenta prática, DECIDE®, ajuda a prever a probabilidade de sucesso com base no desempenho passado.[19] No coração da ferramenta está o princípio: "O melhor preditor do comportamento futuro é o comportamento passado." Antes de uma possível promoção, reestruturação ou nova nomeação, entre cinco e oito assessores que já trabalharam com o candidato em uma ampla gama de situações são solicitados a fornecer uma avaliação estruturada. São apresentados, a eles, vários cenários em que aparecem os desafios típicos enfrentados diariamente pelo cargo pretendido. Por exemplo, liderar uma equipe exigente, fazer uma apresentação para um cliente importante ou negociar com um fornecedor importante. Os avaliadores decidem quais dessas tarefas confiariam pessoalmente ao candidato e quais não confiariam, em seguida, justificam as respostas. O resultado é uma lista diferenciada dos pontos fortes e fracos do candidato. Para os amantes de estatísticas, o resumo final também mostra quantos dos avaliadores responderam sim ou não para cada categoria. Dessa forma, o DECIDE® combina as vantagens da abordagem de feedback 360 graus com as de um centro de avaliação. O processo faz uso inteligente da capacidade das pessoas de olhar para o futuro e imaginar como alguém se comportaria em situações desafiadoras ou mesmo críticas. Baseia-se na intuição e na percepção geral, ao mesmo tempo em que minimiza os erros de julgamento individuais ao envolver uma série de avaliadores e, muito importante, concentra a atenção de todos em situações reais de trabalho.

Nossa experiência sugere que essa abordagem é mais confiável do que as listas de competência amplamente utilizadas, que, embora sejam atribuídas a cargos individuais, costumam ser curtas demais — portanto não nos dizem muito — ou complicadas demais, porque é quase impossível formular e validar listas abrangentes para cada função importante na empresa. O conceito de questionamento estruturado entre os pares também funciona bem ao testar candidatos externos quanto à sua aptidão para um cargo. Aqui recorremos a Johannes Thoennessen, mais uma vez, para comentar o assunto.

> Quando você reúne os tomadores de decisão e lhes dá a oportunidade de conhecer melhor um candidato e descobrir o que ele fez no passado, eles automaticamente fazem comparações a partir de suas percepções do que é um bom gestor em sua área de responsabilidade e podem concluir: "Ele se comporta como o colega X e isso poderia funcionar bem para nós também." É claro que você não pode afirmar isso com precisão matemática, mas pode fazer uma boa previsão com algum grau de certeza. Muitas vezes é problemático quando há apenas uma pessoa convidada e, consequentemente, um único ponto de vista. Se, por outro lado, você reunir a visão de várias pessoas, a previsão será muito mais confiável.

Para citar mais uma vez Colin Powell, são as pessoas, não as organizações, que fazem as coisas acontecerem, e aqueles de nós que levam isso a sério nunca mais cairão na armadilha de tomar decisões de pessoal de forma despreocupada. De fato, seria louvável se o mundo empresarial moderno pudesse, nesse aspecto, imitar os Incas, que valorizavam as habilidades dos diferentes povos do império e encorajavam e promoviam os talentos de seus pedreiros, oleiros e especialistas em *quipu*. Os Incas prestavam muita atenção às habilidades de cada pessoa e submetiam os futuros líderes a testes rigorosos. Podemos afirmar que hoje fazemos o mesmo de forma consistente?

Aqui está um trecho da nossa entrevista com Doris Day, dermatologista e empresária, sobre a realidade por trás do autodesenvolvimento e de como ajudar os outros a se desenvolver — presumindo que estejam preparados para ouvir.

Seja paciente com o impaciente

"No início da minha carreira, eu tinha muitos empregos enquanto construía a minha própria clínica. Eu atendia de madrugada em uma prisão, tinha um cargo de tempo integral em um hospital e trabalhava em um centro de saúde de estudantes universitários, e tudo isso fez de mim uma empresária melhor e mais forte. Já me sentei em todas as cadeiras, já desempenhei todas as funções na minha clínica: atendi telefone, equipei salas, fiz o inventário e retirei o lixo. Até hoje faço a folha de pagamento e controlo os pagamentos e pedidos. Eu basicamente entendo cada função de cada colaborador e o quanto são importantes as posições de base, e, infelizmente, a isso muitas vezes não é dado o devido valor. Muitas pessoas já querem começar no topo, com um consultório cheio de pacientes e tudo organizado, mas há mérito em batalhar para chegar lá.

"Essa questão mexe comigo como líder e desenvolvedora do meu negócio, e tenho um grande respeito pelas pessoas que dedicaram o tempo necessário para trabalhar e construir o próprio consultório. Por outro lado, tenho que tentar ser paciente com pessoas impacientes, porque pode ser um pouco decepcionante quando vejo alguém que chega e quer se colocar no meu lugar sem ter dado todos os passos necessários para chegar aonde estou. E, como vivemos em uma era de gratificação imediata, em que as redes sociais funcionam conforme algum algoritmo em vez de serem autênticas e verdadeiras, corre-se o risco de achar que é simples e fácil estar onde estou.

"Fico feliz em ajudar qualquer um que queira ser ajudado. Ainda estou aprendendo muito, tanto sobre o meu ofício quanto sobre as minhas práticas empresariais, e sei que nunca me sinto confortável ou satisfeita, mas estou feliz em compartilhar tudo o que sei com qualquer pessoa que queira aprender com a minha experiência, meus erros e meu sucesso. Alguns ficam felizes em aproveitar a minha oferta. No entanto, a maioria quer simplesmente a resposta e o resultado final, não quer ouvir o que é preciso para chegar lá. É absolutamente normal ser impaciente e exigente com os outros — tenho certeza de que eu mesma já fui. Mas o desafio é encontrar o equilíbrio certo para todos os envolvidos."

Michael von Truchsess, um colega de longa data e membro de conselho, deu-nos um exemplo muito interessante de como ter rigor na seleção e no desenvolvimento de pessoas da sua empresa. Ele nos contou sobre uma questão em particular que se mostrava especialmente útil durante as reuniões anuais de gestão de desempenho: "Quem na organização o ajudou a alcançar os seus objetivos nos últimos doze meses?" Ele e seus colegas mais antigos tinham que listar cinco nomes, independentemente de posição, função, hierarquia ou localização. Todos os anos, os queixos caíam quando a avaliação era lida. Muitos nomes conhecidos que ocupam os cargos mais elevados da organização e muitos funcionários com "potencial" nunca apareciam nas listas, enquanto outros colegas aparentemente menos visíveis e menos proeminentes eram claramente muito importantes e apoiavam e exerciam um impacto muito maior no desempenho da empresa. Como nosso colega então acrescentou, em tom um pouco seco, era preciso ter conversas sérias com colegas cujos nomes não constavam da lista depois de dois ou três anos seguidos, acompanhadas da simples pergunta: "Para que estamos pagando um salário a essas pessoas?"

Jack Welch, lendário ex-CEO da GE, tinha uma forma interessante e incomum de avaliar as pessoas, como lembrou outro dos nossos parceiros de entrevista, Gerd Stürz:

> Jack Welch usava uma matriz. No eixo x, dividia as pessoas entre quem tinha valores e quem não tinha, e, no eixo y, colocava quem tinha ambição e quem não tinha. Então, ele tinha quatro caixas,

onde classificava cada pessoa que conhecia, fosse profissional ou pessoalmente. Um ótimo gestor me apresentou esse sistema no início da minha carreira e eu também comecei a usá-lo. É incrivelmente útil. Funciona da seguinte forma:

As pessoas com ambição e valores são as estrelas. Você não só deve conhecê-las, mas também deve trabalhar com elas, desenvolvê-las e promovê-las.

A seguir, temos as pessoas sem ambição e sem valores. Elas normalmente não causam nenhum dano, mas também não conquistam nada.

O terceiro grupo é formado por pessoas com valores, mas sem ambição aparente. Elas são interessantes porque podem ser desenvolvidas, mas você precisa investir tempo para descobrir se isso é possível.

E, finalmente, há pessoas com ambição e sem valores. Você deve identificá-las rapidamente e mantê-las o mais longe possível — longe do seu negócio, da sua família, do seu parceiro, de tudo. Essas pessoas são muito perigosas.

Um teste de estresse para aspectos fundamentais da sua política de recursos humanos

O pré-requisito para fazer uma boa seleção e desenvolver pessoas é dar a atenção e o tempo que elas merecem e investir os cuidados e recursos financeiros necessários. É isso que acontece na sua organização? E os seus funcionários são realmente vistos e tratados como o seu bem mais precioso?

Teste de estresse

As pessoas são realmente o coração da sua empresa? Vamos descobrir. Sim ou não?

1. A alta gerência está estreitamente envolvida com a seleção e o recrutamento de gestores. ☐

☐

2. Você pode descrever em poucas palavras por que o seu negócio é mais atraente para candidatos ambiciosos do que o do seu maior concorrente.

3. Sua visão empresarial não é só uma frase de efeito espalhafatosa, igual a qualquer outra visão, e sim uma declaração atraente e particular sobre a sua empresa. ☐

4. Seu departamento de RH não é um repositório de funcionários que estão sem lugar, e sim uma equipe altamente respeitada e profissional que está familiarizada com as atividades principais do negócio. ☐

5. O procedimento de seleção da sua empresa foi comprovadamente bem estruturado para preencher as vagas. ☐

6. Na sua empresa, não tem lugar para práticas como transferir pessoas problemáticas para outros departamentos, promover amigos ou selecionar pessoas só porque elas parecem ser fáceis de gerenciar. ☐

7. As más decisões de pessoal não são toleradas no longo prazo, mas prontamente corrigidas. ☐

8. Você tem uma cultura de desempenho baseada na justiça, que combina reconhecimento respeitoso com metas transparentes e ambiciosas. ☐

9. Quando se trata de promoções, o que importa é quem é mais qualificado para o trabalho, não quem está no cargo há mais tempo. ☐

10. Fazer parte da sua organização é visto como algo positivo, bom para o currículo, não uma marca negativa. ☐

NCA INSIGHTS

- **No que diz respeito a decisões de pessoal: sem nepotismo, sem favores, sem concessões!**
- **Escolha pessoas que tenham provado seu valor em situações relevantes e que tenham um prognóstico positivo para o sucesso futuro.**
- **Ao contratar um funcionário, seja cuidadoso como quem escolhe um cônjuge: em caso de dúvida, diga não!**

3. Alcançando resultados através dos outros

(ou o caso do falso líder?)

> "Quando o general Foster vinha e falava com você, você tinha a sensação de, naquele momento, estar no centro do universo. Ele sabia quem você era e o que fazia, apesar de chefiar centenas de oficiais."
>
> **DR. DAVID EBSWORTH, CEO EXPERIENTE, PRESIDENTE E MEMBRO DE CONSELHO**

Nem todos os negócios podem ser salvos por bons líderes, mas uma má liderança pode levar qualquer empresa para o buraco. Então, como um líder pode obter o melhor de sua equipe e impulsionar a organização? A elite inca foi muito bem-sucedida nisso durante várias décadas, e sem dúvida a crença de que eram o povo escolhido pelo Deus Sol foi bastante útil. Não sabemos exatamente qual era o estilo de gestão deles, mas é um palpite justo dizer que deve ter sido o mais próximo do que hoje chamaríamos de "muito diretivo". O que sabemos é que a administração e a infraestrutura do império eram extremamente bem-organizadas, tanto na construção de estradas, nos sistemas de irrigação, nas técnicas de plantio ou armazenamento de alimentos, quanto na cobrança de taxas ou nas campanhas militares. A sofisticada divisão de poderes entre a sede em Cuzco e as sucursais em várias províncias garantiu que as decisões executivas fossem implementadas rápida e eficientemente. E, ao fazer isso, os Incas não eram, de forma alguma, complacentes. Aldeias inteiras eram reassentadas, e comunidades, desfeitas. Eles ditavam onde viver e que trabalho fazer. Exerciam um poder absoluto, não diferentemente do direito divino dos reis medievais na Europa, com um senso melhor de organização, mas ainda assim um sistema que ninguém gostaria que estivesse em voga novamente.

Com esse sistema, porém, os Incas garantiam que o povo sobrevivesse e prosperasse. Certificavam-se de que ninguém passasse fome e providenciavam abrigo, roupas, ferramentas de trabalho e serviços de saúde. Também apoiavam as famílias dos soldados mortos em batalha e outros necessitados. Muitos pesquisadores e especialistas veem isso como "um exemplo precoce do estado socialista moderno".[1] Hoje em dia, chamaríamos de reciprocidade, de toma lá, dá cá. Quando você analisa de perto, percebe que a liderança inca buscou legitimidade não só do deus Sol, mas também da implementação de infraestrutura e investimento na prosperidade de todo o império. E isso se aplica à liderança na era moderna. Como você transfere valores aos seus colegas e à sua empresa? Como sua equipe se beneficia de tê-lo como chefe?

Estilo de liderança versus instrumentos de liderança

É importante distinguir entre estilo de liderança e ferramentas ou instrumentos de liderança. Como mencionamos, o estilo de liderança dos Incas é considerado altamente autocrático, diretivo, firme, cuja autoridade é muito centrada no próprio Inca. Longe de nós recomendar essa abordagem, que, afinal, acabou contribuindo para a queda do império.

Em contraste, os instrumentos de liderança desenvolvidos e utilizados por esse povo andino, tais como uma visão clara a ser oferecida à população e aos povos que seriam anexados, a seleção focada no mérito dos sucessores ao cargo de imperador, a definição clara de valores e a aplicação de sanções quando esses valores não eram seguidos, bem como os sistemas de comunicação altamente desenvolvidos em todo o império, são, acreditamos, fontes legítimas de inspiração para nossa época.

Frederico II da Prússia, também conhecido como Frederico, o Grande, deu a si mesmo o título de "primeiro servidor do Estado". Na época, isso foi revolucionário: um líder que se definiu pelo valor agregado ao reino. Para além da sua compreensão sobre governança autoritária, esse conceito de liderança continua a ser relevante nos dias de hoje. A eficácia de um líder é julgada, antes de tudo, pelos resultados obtidos com os colegas e por meio deles. Será que são capazes de segurar as pontas durante uma crise? De se manter no caminho do sucesso em tempos de vacas gordas? De antecipar os próximos desafios? Em um mundo cheio de individualistas bem formados, seus colegas só terão sucesso se convencerem seus subordinados. Isso pode acontecer de várias maneiras, mas há alguns aspectos fundamentais que se relacionam entre si, e é disso que trata este capítulo.

Sobre mulheres no rock'n'roll e potes de mel

Já estamos acostumados a ver, todos os anos, o Instituto Gallup divulgando os mesmos números sobre engajamento e motivação dos funcionários. Embora haja diferença em um ou outro ponto percentual, o resultado é sempre o mesmo: cerca de um sexto da força de trabalho está altamente motivado; outro sexto é como se já tivesse se demitido, pois faz muito pouco ou até mesmo prejudica o negócio; e dois terços só fazem o estritamente necessário. Na prática, isso significa que a maioria dos empregados faz apenas o suficiente para cumprir seu contrato de trabalho e depois se concentra em ir para casa o mais cedo possível.[2] O que passa pela sua cabeça quando você olha para o seu departamento com esses números em mente? Ou será que a sua empresa é a exceção que comprova a regra? E, seja como for, como averiguar isso? Como ter certeza de que você está cercado por colegas de alto desempenho, ativos e, mais importante, proativos?

Aqui está uma ideia fácil de implementar e sem dúvida eficiente: faça a si mesmo as perguntas: "Quando foi a última vez que um membro da sua equipe o surpreendeu positivamente?", "Quando foi a última vez que aconteceu algo no trabalho e você reagiu dizendo 'Uau!'?". Isto é, aquela sensação maravilhosa de olhar para uma obra ou um trabalho bem-feito e pensar: "Sim! Foi *exatamente* assim que eu imaginei! Na mosca. Simplesmente perfeito!" E depois a situação fica ainda melhor, quando o colega diz: "E nesta parte pensei em uma abordagem diferente, e aqui acrescentei algo novo, e pensei que a sequência final ficaria ainda melhor se fosse trabalhada um pouco mais, por isso fiz assim." E o resultado final é muito melhor do que a ideia inicial. Não seria bom ter essa sensação maravilhosa mais vezes?

Infelizmente, a realidade é um pouco diferente. Em suas palestras sobre liderança, Andreas Krebs sempre questiona as pessoas sobre o último momento "Uau!" que tiveram. Certa vez, em Nova Jersey, com um público formado por empresários e políticos, a resposta foi típica. Apenas alguns afirmaram que os episódios surpreendentes aconteciam cerca de uma vez por semana, enquanto cerca de metade dos ouvintes respondeu "de vez em quando", e o terço restante disse "nunca!".

Por que as coisas são assim? Desde a publicação do best-seller *The Myth of Motivation* [O mito da motivação], de Reinhard K. Sprenger, pouco tem sido acrescentado ao nosso conhecimento sobre a motivação e os meios de alcançá-la. Gerações de futuros líderes, incluindo nós, participamos de workshops de liderança e vemos em algum slide a pirâmide de necessidades de Maslow (de 1943!), com a autorrealização no topo e as necessidades fisiológicas básicas e a segurança na base. E sabemos que a motivação desencadeada por um aumento de salário notoriamente dura pouco. Quinze anos depois, Frederick Herzberg confirmou isso de uma maneira diferente, descrevendo fatores que garantem que as pessoas não estejam "descontentes", como condições de trabalho aceitáveis, um salário razoável e um emprego seguro, os quais chamou de "fatores de higiene". Seu modelo também descreve os fatores que inspiram as pessoas a "ir além", o que traz motivação, como oportunidades de autodesenvolvimento, a chance de ter sucesso e reconhecimento.[3] Três décadas depois (e agora em sua vigésima edição), o livro de Sprenger mostrou não só que a arte da motivação reside, acima de tudo, em não desmotivar as pessoas, mas também que algumas das chamadas ferramentas de motivação mais utilizadas, como bônus e outros incentivos financeiros, são vistas, na melhor das hipóteses, como parte do pacote, ou, na pior das hipóteses, como compensações legítimas por toda a dor suportada.[4] Mas, se muitos sabem disso, por que quase nada muda na prática?

A resposta é simples. Podemos ser gigantes do know-how, mas somos minúsculos quando se trata de implementação. Nós sabemos o que devemos fazer, mas não o fazemos. Se os especialistas em motivação estiverem corretos, o nível de motivação de uma equipe está diretamente ligado à personalidade do gestor e à forma como ele vê seus funcionários. Não se obtém motivação a partir de metas ou programas de incentivo de longo prazo. Tampouco ela pode ser delegada à secretária do chefe, conhecida pela capacidade única e bem-humorada de traduzir as mensagens obscuras dele para o português. Qualquer gestor que deseja ter funcionários engajados e entusiasmados deve permitir que eles experimentem sucessos, que se interessem genuinamente pelo que fazem e que sejam recompensados com reconhecimento real e personalizado. Só isso! É fácil falar, mas nem tanto fazer, infelizmente. E, a propósito, isso não se aplica apenas aos "outros"; aplica-se a quase todos os gestores, inclusive a nós, sem dúvida.

"Continuem o bom trabalho!": desinteresse disfarçado de elogio

Quando era coordenador dos negócios na Ásia, Andreas Krebs tinha um chefe que não estava muito preocupado com os desafios e as soluções específicos daqueles países. Essa pessoa estava mais familiarizada com a cultura do sul da Europa, sem qualquer interesse particular nos chamados "mercados emergentes". Além disso, os números eram bons e tudo parecia bem, por isso a sua "liderança" era limitada a assinar onde precisava assinar e aprovar o que precisava aprovar, mas sempre com um obrigatório "Muito bem! Continuem o bom trabalho!". No entanto, apesar da carta branca que Andreas tinha recebido, havia um gosto amargo: a sensação de que seu chefe não se importava com o que ele estava fazendo. Nesse ponto, alguns podem argumentar que os líderes têm que ser capazes de motivar a si próprios. Isso pode ser verdade, e, de fato, o negócio ia bem na Ásia, mas a abordagem ainda deixou Andreas com a sensação de estar perdendo oportunidades e pensando no que poderia ser diferente se seu chefe fizesse um esforço maior para se envolver com as especificidades dos desafios, sucessos e fracassos na região. Por ser um colega experiente com uma perspectiva diferente, ele poderia ter melhorado a postura da empresa em relação à região ou, com um reconhecimento genuíno, encorajado esforços ainda maiores.

Há uma linha muito tênue entre o laissez-faire e o desinteresse. E o verdadeiro empoderamento é bem diferente, baseado em trocas encorajadoras, criando novas e bem pensadas oportunidades de crescimento para pessoas e produtos, e não apenas aceitando as coisas com um indiferente: "Claro, continue assim..."

P.S.: Em muitos aspectos, o sucessor desse chefe era exatamente o oposto: era meticuloso, desconfiado, envolvia-se em tudo, um clássico microgestor. Não supreendeu que as pessoas logo passassem a ansiar pelo regresso do antecessor desinteressado... ou, melhor ainda, por ter alguém que combinasse as duas abordagens e soubesse quando aplicá-las!

Se realmente se espera que os líderes saibam motivar a si mesmos, por que um dos nossos parceiros de entrevista ainda fala com tanto entusiasmo, depois de tantos anos, de quando seu chefe apareceu para parabenizá-lo pelo grande sucesso e agradecer-lhe pessoalmente? Por que um CEO experiente como David Ebsworth, citado no início deste capítulo, ainda se lembra, décadas depois, do general nos tempos do exército que foi capaz de fazê-lo sentir-se valorizado e respeitado com apenas algumas palavras bem colocadas? Ninguém acredita que um bônus ou aumento salarial pago há vinte anos e acompanhado de algumas frases secas e padronizadas em um e-mail teria o mesmo impacto no longo prazo. As pessoas anseiam por reconhecimento, e a psique humana não muda automaticamente só porque você subiu alguns degraus na escada da carreira. Às vezes é bom se lembrar disso e pensar na sua própria necessidade de ter reconhecimento e atenção ao decidir como fazer o mesmo pelos outros. Apreciação é algo que se expressa em pé de igualdade, é crível e concreto, não é algo generalizado e dado de cima para baixo, como tantos elogios bem intencionados. Um bom slogan pode nem sempre ter o efeito desejado. "Se eu posso sonhar, você pode executar." era uma das frases favoritas de um dos nossos ex-chefes. Parecia inteligente e divertida no início, e sua intenção era, sem dúvida, motivacional, mas, quando se parava para pensar, ela corria o risco de causar mais transpiração do que inspiração.

Isso nos leva de volta à forma como vemos as outras pessoas. Sprenger está convencido de que todo ser humano é motivado e está disposto a trabalhar. Não há nada de novo nisso. Em 1960, em seu livro *O lado humano da empresa*, Douglas McGregor contrastou a "teoria X" com a "teoria Y" da humanidade. A teoria X afirma que os seres humanos são naturalmente desmotivados e se esquivam de assumir responsabilidades, exigindo gestão próxima e acompanhamento constante. Segundo a teoria Y, no lado oposto, as pessoas estão essencialmente aptas a trabalhar duro e querem se desenvolver e assumir responsabilidades. Qualquer que seja a teoria que você adote, é provável que, mais cedo ou mais tarde, as evidências confirmem a sua escolha. Se você controlar sua equipe, supervisioná-los de perto e atacar cada erro cometido, a maioria dos funcionários vai começar a encontrar soluções alternativas, escondendo erros de você e fazendo apenas o mínimo necessário. Afinal, quem faz pouco, erra pouco. Além disso, se a sua abordagem é querer que os colaboradores apenas façam o que você diz, pode ter certeza de que é exatamente o que farão. E qual é o resultado dessa estratégia de liderança? Bem, exatamente o que você esperava! Você não pode confiar na equipe e tem que pressioná-la o tempo todo para obter qualquer resultado. Ou pode tentar a abordagem contrária. Deixe claro para sua equipe que você confia neles, dê a liberdade de organizar as coisas da maneira que lhes convém, atribua responsabilidades, apoie-os e encoraje-os. A maioria das pessoas se sentirá motivada nessas condições e validará a sua abordagem.

A esta altura, você deve estar se perguntando o que mulheres do rock'n'roll e potes de mel têm a ver com tudo isso. Bem, achamos que a história a seguir mostra que a maioria das pessoas possui uma motivação natural para demonstrar paixão e excelência em algum aspecto da vida. O único problema é que nem sempre o que acende a chama desse desejo é a pilha de problemas na mesa de trabalho.

O apiário de Thomas e a tímida substituta

Uma das histórias favoritas de Andreas Krebs é sobre seu chefe de marketing na Ásia que, estando baseado na Alemanha, não queria fazer nenhuma viagem de negócios entre abril e outubro. Isso era incomum, pois normalmente as pessoas têm muito interesse em viajar para a Ásia. Thomas sempre arranjou uma desculpa para não ir, apesar de um grande número de reuniões e conferências ser realizado nesse período do ano. E, a propósito, há duas questões de liderança muito interessantes nesta história.

Andreas continua:

> Um dia, quando já chefiava o departamento durante cerca de um ano e meio, uma colega que carregava um saquinho com dois potes de mel se sentou à minha frente. Perguntei-lhe sobre o mel e ela respondeu: "Ah, são do apiário do Thomas!" Fiquei um pouco surpreso, o que ela deve ter notado, pois continuou: "Não sabia? Todos nós compramos o mel que o nosso apicultor amador particular produz." Ela saiu da sala, e, alguns minutos depois, fui até a sala de Thomas L. do outro lado do corredor e lhe pedi para me mostrar o mel que produzia. Ele caminhou em direção a um grande gaveteiro de alumínio cinza, do tipo que era padrão na época, quando notei pela primeira vez que ele tinha dois desses. (Todos os outros, incluindo eu, tínhamos apenas um!) Ele abriu as gavetas e revelou o conteúdo. O gaveteiro estava repleto de cima a baixo com mel. Havia mel de trevo, mel de lavanda, mel de orquídea; tudo maravilhosamente organizado por tipo de flor e características como cremoso ou líquido, claro ou escuro; e havia pequenas etiquetas de preço em cada frasco e folhetos informativos sobre o trabalho dos apicultores amadores.
>
> Thomas L. estava, compreensivelmente, bastante inseguro sobre como reagir, então, para quebrar o gelo, pedi para me contar sobre o seu hobby como gestor de quatro colmeias. Quando ele começou a falar sobre as abelhas, vi toda sua linguagem corporal mudar, os olhos brilharem com a paixão, o entusiasmo e a identificação que ele sentia pelo hobby; entendi imediatamente o que estava acontecendo.

E a segunda pergunta de liderança? Bem, claro que, a rigor, não é permitido manter um estoque de mel na empresa, mesmo que seja apenas um hobby e por mais encantador que pareça. Mas será que eu queria fechar o pequeno "negócio"? Você deve estar, com razão, pensando: "Onde tudo terminaria se todos fizessem algo assim?", e posso não ter agido de acordo com a lei, mas tentei ser pragmático e sensível. Se você quer ser o cara chato, então vá em frente e feche a loja bonitinha onde todos compram mel!

No fim, fizemos um acordo. Se Thomas L. desse um jeito de poder fazer viagens de negócios o ano todo, eu não tomaria nenhuma medida em relação ao estoque de mel. Então, ele encontrou um companheiro apicultor para cuidar das colmeias quando tivesse que viajar e, como efeito colateral positivo dessa abordagem, cimentei minha amizade com Paul Williams, que na época era meu sócio de RH, pois só contei a ele sobre essa história toda alguns anos depois. Ele é grato por isso até hoje!

Da mesma forma, uma colega competente, embora um pouco reticente no controle financeiro, solicitou férias bem no meio do período de fazer o orçamento, o que era no mínimo muito incomum. Quando lhe indaguei sobre isso, ela explicou que iria sair em tour com a sua banda. Descobri que essa senhora, uma boa, mas muito reservada, integrante da equipe, tocava acordeão em uma conhecida banda de rock irlandês local. Enquanto no palco ela era uma verdadeira roqueira, no escritório era a tímida substituta do chefe, que chegava às oito horas da manhã, fazia seu trabalho e saía às 16h45 para pegar seu ônibus.

Eis o cerne de todo o tema da motivação. Todo funcionário pode ser inspirado, e todo membro da sua equipe tem uma paixão. A chave é capturar e canalizar parte dessa emoção e desse engajamento para o bem da empresa. A melhor maneira de começar a fazer isso é dar às pessoas a sensação de que sua contribuição é importante e estar genuinamente interessado nelas. Quando se sentem reconhecidas e valorizadas, as pessoas estão mais propensas a retribuir. E esse interesse genuíno pode muito bem incluir mostrar apreço por apicultores e cantores de rock amadores, desde que façam bem o trabalho. Portanto, se você oferecer aos seus funcionários objetivos inspiradores e a chance de mostrar o que podem fazer, bem como a oportunidade de compartilharem o sucesso, nunca terá que se preocupar com motivação. A maioria de nós adora ter sucesso e, ainda mais, ser parte de algo maior. Isso é o que impulsiona o fascínio de empresas como Google, Porsche ou Adidas.[5] Parte do seu trabalho como gestor é comunicar claramente a história que você e sua equipe estão escrevendo juntos. O que o inspira no seu negócio? Esperamos que você seja capaz de responder a essa pergunta, pois um líder desmotivado sempre terá dificuldade em motivar seus funcionários.

É fácil verificar se você está no caminho certo quando se trata de mostrar apreço e interesse. Imagine que são 19h45 e você tem alguma razão importante para ligar para um colega próximo ou um membro da sua equipe que está em casa. Você seria capaz de manter uma conversa com o parceiro da pessoa por dois ou três minutos? Aliás, você sabe se o seu colega mora com alguém, se tem filhos e, se sim, se o filho ainda está na escola ou talvez na universidade? Seu colega tem algum passatempo? Ele está passando por algum problema? Claro, alguns dirão: "Será que eu quero saber? Preciso mesmo saber?" Claro que não. Estamos falando apenas do seu recurso mais valioso! Muitas empresas, talvez a sua também, afirmam, na sua visão ou missão, algo como "As pessoas são o coração da nossa empresa". Então, como se traduz na prática?

Timm Volmer compartilha sua experiência:

> Foi um momento muito importante para mim. Eu tinha acabado de terminar um grande projeto quando o CEO chegou na reunião com uma garrafa de champanhe para agradecer pessoalmente. Pensando retrospectivamente, isso me causou uma impressão tão profunda porque percebi, de repente, que eu realmente estava trabalhando para seres humanos. Essa percepção permaneceu comigo e a dimensão humana é um dos aspectos do meu trabalho de que mais gosto.

Foi apenas um pequeno gesto, mas causou uma impressão duradoura em um dos melhores economistas de saúde da Europa. Um ótimo exemplo de pequenas ações que têm um grande impacto.

Gestos humanos não substituem prêmios monetários, mas tendem a ser consideravelmente mais memoráveis para quem os recebe. Um bom gestor de pessoas deve realmente *gostar* de pessoas. Isso não é adoçar demais o assunto, por mais piegas que essas afirmações pareçam. Gostar de pessoas não é incompatível com as exigências estratégicas da liderança, tais como estabelecer diretrizes claras, delegar responsabilidades, acompanhar os resultados e agir de forma decisiva se alguém quebrar as regras. E, se a situação exigir, despedir pessoas. Nada disso altera o fato de que a "liderança", em essência, é baseada em uma relação pessoal. Oswald Neuberger, conhecido especialista no assunto, salienta que a liderança requer duas pessoas: uma que lidere e outra que consinta em ser liderada.[6]

Com exceção do que ocorre no serviço militar, hoje em dia ser liderado é algo voluntário. Somente se os membros da equipe estiverem convencidos de segui-lo (o que pressupõe confiança mútua, respeito e, idealmente, empatia) é que aplicarão todo o seu know-how, habilidades e criatividade. Basta se lembrar de alguns bancos respeitados para ver o que acontece quando os funcionários trabalham por bônus e não por pessoas. Ou da Volkswagen, em que o medo parece reinar, em vez de respeito e confiança. Testemunhamos na Samsung as consequências de uma cultura autocrática na tomada de decisões, pois o novo smartphone Galaxy Note 7 foi alvo de *recall* porque muitas baterias simplesmente pegavam fogo. De estilo tradicional confucionista, o patriarca da firma, Lee Kun-hee, governou a Samsung com punho de ferro durante décadas: "Até pequenos erros são punidos com a demissão dos gestores responsáveis."[7] No fim do dia, tratar cada funcionário de uma organização com respeito é uma questão de dignidade humana básica.

Uma questão de confiança: quem dobra o paraquedas?

Há um exercício muito eficaz que você pode fazer para descobrir o quanto confia nos membros de sua equipe e nos seus pares, assim como o quanto eles confiam em você. Quando falamos disso em apresentações, pedimos que cada pessoa imagine que está em uma escola de paraquedismo, mas ainda não é capaz de dobrar os paraquedas. Os outros participantes do curso podem incluir membros da sua equipe, colegas, chefe, cônjuge ou parceiro — quem a pessoa quiser —, e todos já aprenderam a dobrar paraquedas. O exercício começa de forma inofensiva com a pergunta: "Você pegaria o paraquedas de quem?" Do seu patrão? De qual dos seus colegas? De qual dos membros da sua equipe? Do seu cônjuge? Até este ponto, o público ainda está gostando do exercício. As coisas começam a ficar mais tensas quando a seguinte questão é colocada: "Quem pegaria o seu paraquedas?" Os seus colegas se apressariam em escolher um dos paraquedas que você dobrou? Ou o seu seria o último a ser escolhido, como o nerd da turma na escolha dos times durante as aulas de educação física?

Você pode realizar esse exercício também durante um workshop, em duas variações. A versão menos ameaçadora é pedir para todos escreverem de quem seria o paraquedas que eles pegariam, e no fim todos recebem os resultados de forma confidencial. A abordagem mais difícil é fazê-lo abertamente, de modo que todos podem ver quem escolheria os paraquedas de quem, revelando quem goza do mais alto nível de confiança e quem, se houver alguém, não tem a confiança de ninguém. Devemos salientar que esse exercício pode ser muito desafiador para qualquer equipe ou grupo de colegas e deve ser tratado com cuidado. Então, o que acha? Quantos se apressariam em pegar o seu paraquedas?

Como ilustrado nesse exercício, a confiança tem que ser conquistada, não se pode exigir ou forçar alguém a confiar em você. Além disso, um dos aspectos mais fascinantes e desafiadores para muitos gestores é depositar confiança nos outros antes de esperar que eles confiem em você. Em outras palavras, você tem que pagar para ver. Uma das formas mais eficazes de pagar a conta da confiança é se mostrar vulnerável de alguma maneira, confiando nos outros para ajudá-lo. Esse é um pensamento difícil para a maioria de nós, gestores, que mantemos o pensamento e a expectativa organizacional de que estamos no controle da situação, seja ela qual for. Um dos nossos parceiros de entrevista, Rolf Hoffmann, gerente-geral e executivo em vários países de 1994 a 2016, contou como ganhou a confiança da sua equipe com uma história que nos deu arrepios. Decidimos chamá-la de "Correndo pela minha vida".

> A empresa para a qual eu trabalhava me transferiu para a África do Sul em 1995 para dirigir o negócio. Nelson Mandela tinha acabado de chegar ao poder, a seleção de rúgbi havia acabado de ganhar a Copa do Mundo, então aquele era, resumindo, um período muito interessante na história do país.
>
> Eu herdei uma equipe de gestão cujos membros eram todos brancos e, como era comum na época, havia uma enorme distância, em todos os sentidos, entre os funcionários brancos e os negros. Os colegas negros trabalhavam na produção e nenhum deles jamais havia colocado os pés no prédio administrativo. Entretanto, para tentar ajudar a transição para uma sociedade verdadeiramente livre do apartheid, o governo tinha começado a aplicar cotas para que os negros fossem empregados em outros cargos além do chão de fábrica. Quando discutimos esse tópico em uma das primeiras reuniões de diretoria, minha equipe de gestão disse não estar satisfeita com as cotas, mas deixei claro que seguiria a diretriz. Mas era mais fácil falar do que fazer, pois eu sabia que não tinha a confiança dos funcionários negros e percebi que precisava encontrar outras formas de quebrar as décadas de discriminação e suspeita se quisesse fazer qualquer coisa na empresa.
>
> Notei que algumas das pessoas da produção se reuniam às cinco horas em frente à fábrica, duas vezes por semana, e iam correr. Então, um dia, aproximei-me do supervisor e tivemos um diálogo interessante:
>
> "Reparei que vocês saem para correr e queria perguntar se eu poderia ir também?"
>
> Ele olhou para mim como se eu tivesse três cabeças. "Mas corremos por vários bairros da cidade e não seria seguro", respondeu ele.
>
> Olhei nos olhos dele e disse: "Bem, então acho que teria que contar com vocês para me proteger."

Ele hesitou, então disse com alguma relutância: "Deixa eu verificar com os rapazes e lhe aviso."

Ele me procurou alguns dias depois e disse que minha ideia tinha causado surpresa e estranhamento na equipe, mas que tudo bem, eu poderia ir junto.

Então, uma semana depois, lá estávamos nós, um motor a vapor alemão trotando com um monte de impalas e gazelas africanas. Eles me mantinham no meio do grupo e assim corremos sem incidentes, mês após mês, por alguns dos bairros mais perigosos de Joanesburgo, durante todo o tempo em que estive lá. É claro que fizemos outras coisas para fazer a empresa avançar em uma época de grandes mudanças no país, mas foi assim que quebrei o gelo e ganhei a confiança dos membros negros da equipe, porque literalmente coloquei a minha vida nas mãos deles. Se eles me tivessem deixado sozinho em alguns bairros, eu não teria conseguido sair de lá inteiro.

Responsabilidade pessoal: a última mesa

Em teoria, a maioria dos gestores procura colaboradores que pensam de forma independente e assumem a responsabilidade por suas ações. A realidade é diferente. Neutralizamos o senso de responsabilidade com procedimentos detalhados de tomada de decisão e aprovação, regras e regulamentos. Grandes empresas, em particular, são tomadas por enormes burocracias em que as pessoas se comportam como se estivessem jogando pega-vareta: quem encostar em uma vareta primeiro perde o "jogo" e faz o trabalho. Empresas familiares tradicionais, com um patriarca da velha guarda como chefe, da mesma forma, raramente são um modelo de democracia. E as startups, muitas vezes, por serem organizações em rápido crescimento, ainda são um grupo unido de fundadores que toma as decisões, e aqueles que chegam depois são reduzidos a papéis subsidiários em um círculo externo. No entanto, a ideia seguinte também se aplica: é preciso duas pessoas para acabar com a responsabilidade pessoal, uma que imponha restrições e outra que consinta em ser restringida. Esse também pode ser um método bastante conveniente de minimizar iniciativas individuais, seguindo a mentalidade "manda quem pode, obedece quem tem juízo".

"Não há nada que possamos fazer!"

Realizamos um workshop de vários dias com um negócio que opera internacionalmente. O modelo organizacional da empresa era extremamente complicado, do tipo "matriz dupla, hélice tripla". A maioria das pessoas dessa equipe em particular se sentia presa a pelo menos uma matriz e tinha três ou mais chefes a quem se reportar, ou colegas com quem tinha que se reunir o tempo todo para fazer alinhamentos constantes. Como resultado, a responsabilidade era distribuída por toda a organização. Assim, no fim das contas, ninguém realmente pagava o pato: condições ideais para jogadores medianos e um pesadelo para jogadores de alto desempenho.

Os participantes do workshop eram uma equipe de gestores seniores que foram responsáveis por cuidar e desenvolver um produto-chave. Logo ficou claro que a maioria deles estava muito frustrada porque "não podia fazer nada"; eles se viam como reféns da complexidade da estrutura empresarial. Então, ousamos fazer algo que, aparentemente, ninguém tinha feito em bastante tempo. Sugerimos que pensassem nos princípios de liderança da empresa, e eis que ali estava, em preto e branco, exatamente o que os participantes procuravam: declarações maravilhosas como "Depure a organização e organize redes de forma eficaz enquanto vive os valores". A equipe não tinha exigido que isso fosse implementado ou, pior ainda, muitos não estavam nada familiarizados com esses princípios. E assim o tema central do workshop passou a ser levar a sério essa declaração de intenções e usá-las para descobrir como se libertar do tormento autoinfligido da matriz.

Encontramos esse tipo de autolimitação com bastante frequência quando trabalhamos com empresas. A solução está lá, mas todos estão tão acostumados a olhar o sol por entre as grades da janela que não enxergam que a porta da cela está aberta.

Uma vez que os funcionários tenham sido dispensados de assumir responsabilidades pessoalmente — e tomar iniciativas individuais —, não é fácil fazer o caminho contrário. Constranger ou punir publicamente aqueles que cometem erros é garantia de matar qualquer chance de conseguir isso. Por incrível que pareça, há líderes que acreditam que você deve "usar alguém como boi de piranha", a fim de colocar todos os outros na linha. Essas pessoas têm que saber lidar com piranhas, pois tratar de questões complexas com uma equipe intimidada pode ser uma grande loteria. Seja como for, quando uma nova gerência assume um negócio, não pode simplesmente ligar um interruptor e recomeçar do zero uma cultura empresarial que está profundamente arraigada.

Christoph Straub nos dá uma boa ideia sobre isso:

> Um dos meus maiores erros foi tentar lançar um novo produto em cima da hora, após anos de retração. A ideia era conseguir financiamento para serviços adicionais, de modo que nós, provedores de planos de saúde, pudéssemos oferecer mais serviços pelo mesmo preço — uma proposta mais atrativa para os clientes atuais e futuros. Não funcionou. Algumas pessoas dentro da organização alertaram: "Esta empresa está programada para operar com decisões preto no branco há vinte anos, tanto na esfera operacional quanto na de gestão. Nós não somos capazes de sustentar que os funcionários assumam responsabilidade pessoal pelas decisões operacionais, usem o próprio julgamento em casos difíceis, nem podemos permitir que as pessoas cometam erros para depois corrigi-los." E eles estavam certos. Os resultados naquele ano foram fracos, causados principalmente pela introdução desse serviço extra. Nós simplesmente fomos de "não" para "sim" e acabamos tendo que reverter a maioria das mudanças. Criar uma cultura de responsabilidade pessoal envolve muito mais do que enviar os gestores para fazer cursos de treinamento sobre "como se responsabilizar", "como tomar decisões responsáveis" ou "como colocar sua equipe do seu lado".

Claramente, é melhor nunca chegar ao ponto em que os seus colaboradores se sintam compelidos a não se envolver por iniciativa própria. A responsabilidade pessoal cresce a partir da autoconfiança, está enraizada na liberdade pessoal e é alimentada com encorajamento. Quem assume responsabilidades sempre corre o risco de cometer erros, mas quem mostra iniciativa deve poder cometê-los. Aqueles que estão dispostos a assumir a responsabilidade por suas ações estão dando a cara a tapa, estão tomando uma posição, não se escondendo atrás de outros "que querem que as coisas sejam feitas dessa ou daquela maneira". Eles merecem respeito e confiança. E, com isso, completamos o círculo da motivação. Responsabilidade pessoal, incluindo a oportunidade de desenvolvimento pessoal e de desfrutar do sucesso, por um lado, e motivação, por outro, são, para muitos — se não para todos —, duas faces da mesma moeda. Muitos estudos comprovam isso. Quem gosta de só fazer o trabalho e cumprir as ordens? Não é surpresa que muitos empregados acabem preferindo encontrar realização pessoal no tempo livre.

Portanto, se a responsabilidade pessoal é construída sobre confiança, então os gestores devem expressá-la: "Eu confio em você." É natural que se corra o risco de ter uma decepção, mas isso também faz parte da equação da confiança. E onde não há risco, não há necessidade de confiança. A situação ideal é quando surge uma cultura da "última mesa". Essa metáfora nasceu de uma experiência inesquecível que Andreas Krebs teve como novo membro da diretoria de uma corporação norte-americana.

"A última mesa" ou Nós somos a empresa!

Onde começa e onde termina a responsabilidade? Quantas vezes na nossa carreira cada um de nós disse: "A firma deveria..." ou "Alguém deveria..."? Independentemente da nossa posição na hierarquia, frases como essas fazem parte da linguagem cotidiana, não só nas empresas, mas também, naturalmente, na administração pública, nas ONGs e em qualquer organização. Para mim (Andreas Krebs), essa abordagem teve um fim inesperado e abrupto. Na primeira reunião de diretoria de que participei nos Estados Unidos, fui direcionado ao meu lugar à mesa, onde meu antecessor costumava se sentar, me acomodei e observei os procedimentos. Eu deveria me sentir bem-vindo, mas mantive um perfil discreto, pois era minha primeira reunião.

Na segunda reunião, havia uma lista de tópicos internacionais que eram minha área de responsabilidade. Fui convidado pelo CEO, Bernard Poussot, a oferecer o meu ponto de vista e comecei a contribuir. A maior parte das minhas declarações se iniciava com "A empresa deveria..." ou "Seria bom que a empresa..." mas, pouco depois, Bernard me interrompeu e perguntou: "Andreas, o que você quer dizer com 'a empresa'?" e se virou para trás antes de continuar: "Não há mais ninguém aqui! O que você vê aqui, estas dez pessoas sentadas ao redor da mesa, é 'a empresa'. Esta é a última mesa! E mais importante: agora você é a empresa!" Todos começaram a rir e Bernard disse: "Sim, isso já aconteceu com todos nós. Mas é aqui que o dinheiro para e de agora em diante você também é 'a empresa', e tenho certeza de que sabe o que isso significa!"

E, de fato, eu compreendi. A partir daí, nunca mais esqueci a diferença entre responsabilidade, que pode ser delegada, e prestação de contas, que não pode. Eu fiquei grato pela lição, que me foi dada de forma respeitosa, mas inesquecível. Gostaria que esse episódio tivesse acontecido mais cedo na minha carreira. Com que frequência na nossa vida diária agimos como se estivéssemos sentados na "última mesa"?

Claro que nem todos nós ocupamos um lugar na última mesa, mas muitas vezes temos mais liberdade do que pensamos. Qualquer pessoa no seu local de trabalho que tente implementar o que pensa ser o melhor e mais sensato curso de ação para o negócio ou a organização é capaz de assumir a responsabilidade por essas ações. O caixa do supermercado que conversa com um colega na presença dos clientes e elogia as grandes ofertas no mercado ao lado, onde "a experiência de compra é muito melhor", não entendeu essa lição tanto quanto o alto gestor que não toma uma posição clara sobre questões críticas e age em conformidade. Você dá um bom exemplo aos seus funcionários quando se trata de sentar na última mesa? Esse exemplo começa ao ser simples, abolir discussões intermináveis e parar de adiar a resolução de problemas de uma vez por todas. Isso continua quando se cria o hábito, em todas as reuniões de equipe, de fazer as perguntas: "A solução está aqui na sala? Quem vai assumir o comando? Já podemos tomar uma decisão? Se sim, qual?"

Agora, gostaríamos de propor uma forma de introduzir o conceito de responsabilidade pessoal na cultura da sua organização.

Para além de delegar: a liderança do empurrãozinho

Às vezes você precisa de um empurrãozinho para sair da zona de conforto, para desfrutar de desenvolvimento pessoal e de disposição para assumir responsabilidades. Andreas Krebs descobriu isso de uma forma incomum e inesquecível! Ele era chefe de negócios na Alemanha quando um novo membro do conselho da sede dos Estados Unidos foi nomeado. Seu novo chefe era responsável pela Europa e outras partes do mundo, sendo que os principais mercados nacionais, incluindo a Alemanha, reportavam-se diretamente a ele.

O chefe começou sua primeira conversa pessoal com Andreas, seguindo as seguintes linhas: "Você está fazendo um ótimo trabalho. Está no caminho certo. É um verdadeiro sucesso." Seguiram-se mais palavras de apreço. Andreas começou a relaxar e pensou: "Até agora, tudo bem." Então seu novo chefe disse: "Por favor, use os próximos três meses para se preparar para dedicar de trinta a quarenta por cento do seu tempo para trabalhar comigo e com uma pequena equipe de estratégia. Vamos criar valor agregado na EMEA em termos regionais.[8] Você estará envolvido em projetos internacionais, liderará alguns deles e em outros será membro da equipe de estratégia. Ao mesmo tempo, vamos trabalhar para definir uma nova direção para todo o grupo (25 bilhões de dólares em receitas, cerca de cinquenta mil funcionários). Você vai me ajudar a tornar o meu trabalho ainda melhor."

Isso sinalizou o fim do momento de relaxamento de Andreas. Então, como é que isso deveria funcionar? Mas o novo chefe ainda não tinha terminado. "O que eu não quero que você faça é adicionar isso à sua carga de trabalho atual. Se na Alemanha você não tiver as pessoas certas (volume de negócios de um bilhão de dólares), capazes de assumir algumas de suas responsabilidades, então tem que encontrar pessoas melhores. E você não deve apenas delegar, mas construir e desenvolver pessoas, no caso gestores locais de primeira linha que podem criar valor agregado para você e torná-lo ainda melhor!"

Andreas ficou impressionado. Aquele sujeito estava fazendo o oposto do que costumava acontecer! Normalmente, direcionamos nosso foco de liderança e gestão "de cima para baixo", corrigindo e ajustando, naquele caso, não houve correções, e sim a oportunidade de agregar valor em níveis mais altos na organização. O membro da diretoria estava abrindo para Andreas oportunidades de nível internacional que não podiam ser perdidas. Essa abordagem foi um notável empurrãozinho. O desempenho do negócio melhorou drasticamente, com um efeito em cascata até os patamares inferiores da organização. Os melhores funcionários de Andreas assumiram algumas das responsabilidades de nível nacional, de modo a reforçar as suas funções e responsabilidades. Eles tiveram que se "atualizar", algo que a maioria deles estava muito feliz em fazer, e seus currículos também foram melhorados. Todos adotaram uma abordagem mais estratégica, e o trabalho em geral se tornou mais empolgante e interessante.

O gestor sênior provocou uma mudança radical na cultura empresarial local — na época, foi chamada de "Como alcançar resultados pelos outros". Neste livro, chamamos de "Para além de delegar: a liderança do empurrãozinho" porque isso tem muito pouco a ver com a noção clássica de delegação e monitoramento de resultados, é importante ressaltar. Trata-se muito mais de atribuir tarefas e áreas de responsabilidade, estabelecer metas ambiciosas, demonstrar um alto nível de confiança e permitir que os outros cresçam e façam parte de uma história maior de sucesso. Essa forma de liderança eleva o conceito de "mais responsabilidade pessoal" ao estatuto de princípio fundamental. E, à medida que os desafios que enfrentamos se tornam mais dinâmicos, complexos e exigentes, as empresas terão que confiar mais na capacidade das pessoas de lidar com o poder, sob a forma de liberdade autorreguladora e *autonomia responsável*. Caso contrário, eles serão confrontados com o fato de estarem à deriva como navios sem leme em um mar tempestuoso.

O efeito de atração do "Para além de delegar" tem um impacto significativo no desenvolvimento do pessoal, bem como no lado operacional do negócio, geralmente trazendo o melhor das pessoas. Dessa forma, o potencial de uma organização pode verdadeiramente chegar a um novo patamar. É preciso dizer, porém, que essa abordagem requer uma liderança consistente e, às vezes, mais dura para, por exemplo, tomar a decisão de substituir pessoas boas — que essencialmente não fizeram nada de errado — por pessoas ainda melhores, se ficar evidente que a equipe titular está sobrecarregada com a nova abordagem. A liderança do empurrãozinho deve ser bem pensada e implementada para evitar novos problemas na organização. Os princípios fundamentais aqui descritos não são necessariamente novos, mas é raro que sejam aplicados na prática com o rigor que esse método exige.

Fundamentalmente, a liderança do empurrãozinho atrai pessoas para novas áreas de atividade e desempenho. Às vezes isso é literal e implica um novo cargo, às vezes o impacto inicial é mais na atitude e conceitual, pois o indivíduo se dá conta de que há novas tarefas a serem cumpridas com um aumento significativo da responsabilidade pessoal na posição que já ocupa. Às vezes, as duas coisas acontecem ao mesmo tempo. De qualquer forma, como gestor dessas pessoas, é vital monitorá-las e apoiá-las, pois elas podem enfrentar tanto desafios técnicos quanto pessoais. Há dois modelos simples e conhecidos que podem ajudar você, como líder, a acompanhar os membros da equipe durante esse processo:

1. O modelo das zonas de aprendizagem

Você deve estar familiarizado com a diferença entre zona de conforto, zona de aprendizagem e zona de pânico. Na nossa zona de conforto, sentimo-nos seguros, podemos realizar bem as tarefas que nos são atribuídas e temos o controle da maior parte do que fazemos. Na zona de aprendizagem, estamos menos seguros, pois temos novos desafios, mas, se eles forem dosados de forma sensata, podem ser emocionantes e motivadores. Finalmente, na zona de pânico, sentimo-nos impotentes e corremos o risco de ficar paralisados, mais perdidos que cego em tiroteio, e, se esse estado se tornar a norma, podemos desenvolver sobrecarga física ou mental e problemas de saúde potencialmente graves. Isso significa que o desenvolvimento pessoal construtivo e positivo tem lugar na zona de aprendizagem. Apenas alguém que esteja disposto e, até certo ponto, seja corajoso para entrar nessa zona será capaz de assumir novas tarefas, aprender a dominá-las e, ao fazê-lo, ser parte ativa da nova cultura. Se elas não estiverem preparadas, isso pode se tornar um problema.

Há um teste simples que você pode fazer para descobrir se, quando confrontado com a liderança do empurrãozinho, fará parte da solução ou do problema. Pense nos últimos meses por um momento. Se você não se sentiu um pouco nervoso ou mesmo ansioso no seu trabalho, então provavelmente não saiu da zona de conforto. E a propósito, nunca sair da zona de conforto tem o infeliz efeito colateral de ela começar a encolher depois de um tempo; ficar parado na verdade é ir para trás. O sucesso da liderança do empurrãozinho tem tudo a ver com persuadir e encorajar os colegas a saírem da zona de conforto. E a parte boa disso é que pode tornar-se um hábito para todos os envolvidos, tanto quanto se acomodar no caminho confortável de sempre. Seu trabalho como líder é avaliar constantemente se cada pessoa está equilibrada em sua área de responsabilidade. As novas tarefas e desafios não devem fazer os indivíduos, ou mesmo equipes inteiras, se sentirem na zona de pânico o tempo todo, sujeitos a níveis de estresse inaceitavelmente elevados. Isso é contraproducente e, em alguns casos, pode levar ao esgotamento ou a outros sinais de sobrecarga física e/ou psicológica crônica.

2. O modelo de liderança situacional

Um segundo conceito útil que pode acompanhar este processo é o conhecido modelo de liderança situacional de Hersey e Blanchard. Dependendo da “maturidade” de um funcionário, o método dá orientações muito claras sobre como variar o estilo de liderança com essa pessoa ao longo do tempo e, dependendo da tarefa, indica se é mais apropriada uma abordagem de "dirigir" ou de "apoiar". Nesse contexto, a maturidade é considerada uma combinação das habilidades técnicas e do engajamento (autoconfiança e motivação) de um membro da equipe.[9] Dificilmente esse modelo deixa de ser mencionado em um workshop de liderança. Além disso, ele chama a atenção para o fato de que confiança e encorajamento são instrumentos de liderança muito importantes e são particularmente eficazes quando se trata de colaboradores mais "maduros" (pessoas tecnicamente competentes com uma elevada capacidade de automotivação).

Ao implementar a liderança do empurrãozinho, você depende muito mais da confiança do que antes, pois o escopo do trabalho e as responsabilidades das pessoas são expandidas, ao mesmo tempo em que as rédeas da delegação são ainda mais afrouxadas. Visto dessa forma, pode-se dizer que a liderança do empurrãozinho acrescenta um quinto estilo aos quatro estilos de liderança identificados por Hersey e Blanchard — dirigir, treinar, apoiar e delegar — que proporíamos chamar de "apresentar novas oportunidades". Nesse sentido, é importante que um empregado esteja consciente de que não está sozinho e que quaisquer preocupações ou receios decorrentes dos novos desafios serão ouvidos e levados a sério. Ao trabalhar com esse processo, um líder deve conhecer muito bem a sua equipe e incentivar uma troca de pontos de vista tanto em reuniões quanto em conversas individuais. Introduzir a liderança do empurrãozinho é um esforço para todo mundo e, particularmente na fase inicial de transição, o líder terá que estar atento às pessoas-chave e cuidar bem delas. Os benefícios de longo prazo, tanto para o desempenho da organização como para todos os envolvidos, valem a pena.

Mas atenção: a liderança do empurrãozinho também expõe claramente quando e em quais aspectos as pessoas não são capazes de acompanhar, seja em termos de mentalidade, porque lhes falta a atitude certa e a vontade de tentar algo novo, seja por razões técnicas ou intelectuais. Quando as coisas correm mal, os líderes são chamados a enfrentar as consequências e a agir depressa. Alguns colegas serão muito rápidos em perceber as vantagens da liderança do empurrãozinho, e os realmente bons irão implementá-la e surpreendê-lo com a sua capacidade de adaptação e crescimento. Se tudo correr bem, todos se beneficiam. Nesse método, os funcionários avançam individualmente, atualizam as suas competências com vistas a uma maior progressão na carreira e toda a organização se beneficia.

Mesmo o imperador Inca não podia controlar tudo o que estava acontecendo nos rincões de seus domínios e tinha que confiar na sua estratégia de liderança. Isso significava conceder privilégios aos chefes locais e permitir-lhes continuar a ser responsáveis pelas suas regiões. Ao mesmo tempo, os príncipes provinciais eram obrigados a apresentar bons resultados, apoiados por um sistema eficiente de administração. Alianças através do casamento e da educação dos filhos dos chefes nas "academias de elite" incas (interpretada por alguns pesquisadores como um disfarce para fazer reféns disfarçados) compunham o restante do quadro. Do ponto de vista atual, parece ser um sistema bem pensado que foi extremamente eficaz nessa situação que envolvia longas distâncias. É evidente que não podemos copiar a abordagem inca em todos os aspectos, mas sua abordagem básica e seu modelo de liderança claramente pensados são admiráveis. De qualquer maneira, naquela época ou agora, o desenvolvimento desse modelo, ou pelo menos a sua prática, é uma questão para a alta gerência.

Liderança absoluta: mais do que uma questão de estilo

Normalmente, uma série de estilos de liderança é delineada durante seminários de gestão e, quando o estilo de liderança cooperativa é mencionado, todos concordam. Mas isso já se provou ineficaz. Em vez de fazer uma exposição teórica sobre estilos, seria muito melhor examinar os traços individuais de personalidade que têm um impacto muito maior no comportamento de liderança — pelo menos em tempos de estresse e alta pressão. Não foi diferente para os Incas.

Durante a sangrenta guerra civil, que acabou por levar à queda do império, todas as virtudes de liderança deram lugar à ambição pura. Por si só, os modelos de liderança são de pouca utilidade se as pessoas certas não estiverem disponíveis para executá-los. O comportamento de um líder é o resultado da personalidade, do ambiente e da experiência prática (natureza e educação). Se um estilo de liderança se revela confiável e eficaz na prática, isso tem mais a ver com o indivíduo do que com qualquer outra coisa. Como isso se aplica às abordagens mais conhecidas de liderança?

Liderança carismática: Esse modelo se baseia no profundo e extraordinário impacto que uma personalidade pode ter sobre outras pessoas. Nomes como Martin Luther King, Florence Nightingale, Gandhi, Eva Perón, Winston Churchill, Nelson Mandela ou Greta Thunberg nos vêm à mente. Claro, só carisma não basta. Todas essas pessoas tinham algo que queriam dizer e fazer e estavam dispostas a correr riscos para consegui-lo. E, talvez o mais importante de tudo, tomaram medidas concretas para transformar sua visão em realidade. Por outro lado, o carisma pode ser uma faca de dois gumes, como mostra o exemplo de Bernard Madoff no Capítulo 2. Um exemplo mais positivo pode ser encontrado nas memórias de um antigo percussionista da Filarmônica de Viena — agradecemos a um dos nossos entrevistados por ter contado a seguinte história.

Normalmente, os timpanistas só entram em ação vez ou outra durante um concerto, então eles tendem a ler um livro ou ouvir música quando não estão tocando. Uma vez, durante um ensaio com um maestro convidado, o som geral da orquestra mudou de repente e tudo parecia estar em perfeita sintonia. O que tinha acontecido? O timpanista olhou para cima e viu que o lendário maestro Wilhelm Furtwängler tinha entrado na sala de concertos, pois estava interessado em ouvir no que estavam trabalhando. Em um instante, tudo mudou: a orquestra se tornou uma unidade, e a própria música se tornou ao mesmo tempo cativante e edificante. "Furtwängler só precisou entrar na sala para começarmos todos a dar o nosso melhor!", disse o timpanista. O maestro tinha o poder da personalidade. "E nós gostávamos de tocar para ele porque era justo, tratava as pessoas com respeito e era muito carismático."

Liderança baseada em valores: É quase o oposto de uma liderança carismática. Em vez de encabeçarem, os líderes ficam atrás da organização e lideram a partir daí. Na frente estão as visões, os valores e os objetivos do negócio. Essas coisas são tão atraentes e proporcionam uma orientação tão forte que os funcionários podem identificar-se e alinhar-se com elas. Um bom exemplo é a história de sucesso da Southwest Airlines.[10] Herb Kelleher fundou-a em 1971, em meio à crise que então envolvia a indústria aérea americana, e foi capaz de construir uma das companhias mais bem-sucedidas do país. Desde 1972, registrou 45 anos consecutivos de rentabilidade.[11] Aqui estão alguns trechos da sua filosofia:

- "Uma empresa é mais forte se estiver conectada pelo amor do que pelo medo."
- "Se os empregados vêm primeiro, eles ficam felizes... Um funcionário motivado trata bem o cliente. O cliente fica feliz e por isso continua voltando, o que agrada os acionistas. Não é o maior mistério de todos os tempos, mas é assim que funciona."

Citamos essas declarações muitas vezes em palestras sobre liderança, e o que as torna ainda mais atraentes é que são fáceis de ilustrar com exemplos reais. Por exemplo, como você gostaria que um membro da sua equipe saísse da sua sala depois de uma conversa difícil? Com um punho cerrado escondido no bolso, xingando a sua mãe? Isso acontece com demasiada frequência em organizações por todo canto. Ou você preferiria que a pessoa pensasse: "Tá, a conversa não foi boa, mas as colocações foram justas; ele me ouviu e muito do que disse estava certo. Agora, vou mostrar que consigo fazer o trabalho!" É nessa direção que você conduz a conversa? E, a propósito, não estamos fingindo que ter essa conversa é fácil. É necessária uma boa preparação para alcançar o duplo objetivo de deixar claro o seu ponto de vista e manter o funcionário suficientemente motivado para querer se esforçar mais e não apenas pendurar as chuteiras.

Liderança participativa: Do nosso ponto de vista, esse é o estilo de liderança com maior probabilidade de proporcionar sucesso operacional sustentável em tempos complexos e dinâmicos, porque envolve ativamente as habilidades e ideias dos funcionários e pode ser combinado com a liderança do empurrãozinho. Isso exige um líder reflexivo, que não sucumbe à ilusão da própria invencibilidade, mas que entende que seu sucesso depende em grande parte da criatividade e do apoio da equipe. Para isso, você precisa de gestores que prosperem na interação diária com relatórios diretos, assim como de outros stakeholders em todos os níveis da organização. Você é acessível? Ou prega a proverbial política de "portas abertas", mas protegida por toda uma comitiva de assistentes, secretários e outras barreiras variadas, humanas ou não? Você faz contato e conversa com os funcionários de base? Você, por exemplo, promove reuniões regulares com colegas de todos os cantos e setores da organização para que eles possam lhe perguntar o que quiserem e esperar uma resposta clara? E os funcionários comparecem a essas reuniões? Como o exercício do paraquedas, este também é um bom teste do quanto as pessoas confiam em quem você é e no que você diz e faz. Ou você se restringe a ter conversas íntimas com os colaboradores de "alto potencial", de preferência na presença de membros seniores do departamento de RH e outros colegas do conselho? Estamos tentados a dizer: esqueça! Você pode até conseguir alguma coisa, mas a maioria dessas reuniões são fachadas e, no fim das contas, ninguém ganha muito com elas. É muito melhor manter conversas diretas com os funcionários, que não sejam filtradas e diluídas pelo pessoal de apoio, permitindo-lhe ficar perto do seu pessoal e do mercado.

Foi o Jack que falou!

Jack Welch, lendário CEO da General Electric (GE), é frequentemente citado, e com razão, pois foi sem dúvida responsável pela identificação e implementação de alguns importantes conceitos e ideias sobre liderança. Welch passava cerca de um terço do seu tempo na Academia GE, ministrando workshops tanto para os gestores de base (líder de grupo, chefe de turno da fábrica, chefe de pequenos departamentos) quanto para o primeiro escalão. Ele sempre ficava durante uma ou duas horas, fazia um pequeno discurso e/ou respondia a perguntas dos funcionários, e tudo sem combinados prévios — nada era filtrado, tudo era direto e claro. Por que o CEO de uma empresa tão grande passava tanto tempo em seminários internos? Para Jack Welch, a resposta era simples: era ali que ele mais conseguia transmitir as suas mensagens. Assim, ele ganhava acesso direto a todos os níveis da organização sem ter que passar por cima daqueles no meio da hierarquia e sem arriscar que sua mensagem fosse diluída por eles. As pessoas voltavam aos seus departamentos, aos seus países, aos seus cantos da organização, e diziam: "Foi o Jack que falou!"

Liderança diretiva: Você deve estar se perguntando por que vamos falar do estilo autoritário de liderança em que os gestores essencialmente dão ordens e esperam que elas sejam cumpridas sem questionamento. No entanto, isso continua muito presente na prática empresarial do mundo todo. É verdade que, no Ocidente, ela se restringe principalmente às forças armadas, à polícia e a empresas familiares. Mas, para os nossos colegas do Oriente Médio e da Ásia, ainda é muito prevalecente e é pouco provável que mude de uma hora para outra, de modo que os gestores mais habituados a uma cultura norte-americana ou europeia precisam se manter flexíveis. Também na política, esse estilo de liderança está inesperadamente voltando. Estamos certos de que o leitor não terá dificuldade em trazer à mente exemplos proeminentes de uma classe política nova, autoritária, egocêntrica e surpreendentemente popular em todo o mundo.

Quando o papo reto liberta o entusiasmo inesperado!

Estávamos dando um curso de formação sobre "Comportamento de alta performance" com um grupo de gestores internacionais em Londres quando os participantes foram confrontados com um cenário clássico: "O negócio não está indo bem, a empresa está sob forte pressão, o mercado e o ambiente competitivo são muito desafiadores. Vocês são a nova equipe de gestão e, dentro de uma hora, devem apresentar, e justificar medidas de recuperação."

Após dois dias de treinamento, ficou claro para todos que somente um esforço de equipe interdisciplinar poderia atingir esse objetivo, com um plano coordenado, intensamente debatido e participativo para trazer todos a bordo, combinado com o desenvolvimento de objetivos comuns a serem adotados por todos etc.

Para um dos quatro grupos de trabalho, tudo isso parecia muito simplificado e *mainstream*, por isso, só por diversão, eles optaram por uma abordagem ligeiramente diferente. Foram o último grupo a se apresentar e, ao contrário das três equipes anteriores, propuseram o seguinte:

- "Vivemos tempos difíceis, e tempos difíceis exigem medidas difíceis. Vamos delineá-las aqui e elas serão implementadas imediatamente."

- "Com um furacão atingindo o mercado, não há tempo para discussões longas, mesas-redondas e workshops."

- "Se não gostar, fale agora."

- "Alguma pergunta? Não? Ótimo, é assim que vai ser a nova direção e, depois desta reunião, vamos começar de imediato. Esperamos o melhor desempenho, sem desculpas, de todos!"

Isso foi apresentado por Detlef Britzke, do alto de seus dois metros de altura, com incrível convicção. Silêncio desconfortável. Nós nos entreolhamos sem saber o que fazer. Inacreditável. Aquele grupo obviamente não tinha compreendido uma única palavra do que tinha sido dito nos dois dias anteriores. Os asiáticos, por outro lado, que tinham acabado de chegar a uma solução para obter consenso com o outro grupo (em uma concessão aos europeus, talvez?), reagiram de forma bastante diferente. Depois de uma breve pausa, eles não conseguiram mais se conter e abriram as comportas:

- A senhora de Cingapura: "Sim, essa é absolutamente a coisa certa a fazer!"

- O filipino: "Era exatamente assim que teríamos feito em Manila!"

- O indiano: "É o único caminho a seguir!"

- O chinês: "Bom senso, finalmente!"

Em qual dessas variantes o líder passou vergonha, então? Talvez, quando se trata de uma organização global, temos que aceitar que existem diferentes maneiras de alcançar o mesmo objetivo. Um líder confiante deve decidir até onde vai (ou deve) sua expectativa em relação à liderança em diferentes ambientes.

Liderança transformacional: O último estilo de liderança que temos a oferecer neste resumo foi delineado pela primeira vez pelo americano Bernard Bass em 1985. Também depende muito do carisma do líder e envolve conversas, conexão emocional com os funcionários e a captura de sua imaginação com uma visão abrangente. Além disso, incentiva-os a questionar os procedimentos existentes e a promover a inovação ("estímulo intelectual"), levando em conta as necessidades individuais e os pontos fortes das pessoas. A partir dessa plataforma fértil — pelo menos essa é a expectativa — o potencial dos funcionários está livre para florescer, e eles estão mais aptos a enfrentar novos desafios. O negócio pode responder com maior flexibilidade e inovação, de modo que não é surpreendente que a liderança transformacional tenha se tornado o estilo de gestão mais adotado no mundo VUCA, onde novos riscos surgem em um cenário caracterizado por "volatilidade, incerteza, complexidade e ambiguidade".[12] Em última análise, a liderança transformacional trata, por definição, de flexibilidade e mudança. Dito isso, seu defeito é ignorar as dúvidas legítimas sobre se o carisma é uma competência central valiosa quando se discute uma boa liderança. O chefe da Enron, Jeff Skilling, e o fraudador de investimentos Bernard Madoff também eram carismáticos. Além disso, colocar em prática a teoria da liderança transformacional não é tão simples como se esperava quando foi formulada.[13]

Antes de submeter um negócio a mudanças transformacionais, seria uma boa ideia que os gestores — especialmente nas grandes empresas — ficassem atentos aos funcionários realmente capazes e dispostos a impulsionar a inovação, desde que lhes seja dado mais espaço para atuar. Não soa tão atraente, mas é mais eficaz.

No que nos diz respeito, se existe algo como um ideal de estilo de liderança, acreditamos que a personificação disso é aquele líder que começa com ele mesmo: tem uma compreensão clara de seus pontos fortes e fracos, sabe contrabalançar os pontos fracos se cercando de colegas "complementares" e tem a capacidade de ajustar seu estilo dependendo do contexto geral, da situação, da personalidade e das habilidades dos liderados. E, por último, mas não menos importante, ele mantém em mente que sua visão do mundo é tão subjetiva quanto a do outro. Bem, nós nunca dissemos que era fácil! Haverá sempre aqueles que querem objetivos claros e estão desacostumados com um estilo emocional e interativo, assim como há aqueles que prosperam se tiverem mais espaço, menos regras e a oportunidade de trazer o cãozinho para o trabalho. Assim, independentemente do estilo, aqui está uma lista de traços de personalidade desejáveis para uma liderança de sucesso, sem pretender abranger todos:

- Ambição e força de vontade para atingir um objetivo e transformar uma visão em realidade.
- Coragem e otimismo para superar crises e manter os funcionários a bordo.
- Integridade e abertura para conquistar e manter confiança.
- Ponderação e capacidade de observar e controlar o próprio ego (e não, por exemplo, cercar-se de quem só lhe diz sim).
- Resiliência ao estresse e independência (capacidade de suportar ventos contrários e tomar decisões impopulares).
- Resistência e determinação.

Ser líder é algo emocionante e, ao mesmo tempo, muito desafiador. Se todos gostam de você, isso é provavelmente um sinal de mediocridade. Um líder se coloca no centro das atenções, renuncia à proteção do grupo e é capaz de manter certa distância em relação ao restante da equipe. É claro que ser líder em todos os aspectos nem sempre é fácil, especialmente quando você é novo no cargo e não tem uma resposta pronta para cada problema. Ouvimos muitos executivos seniores dizerem abertamente: "Eu também não sei a resposta." Você pode achar que isso o humaniza. A verdade é que essa afirmação pode fazer você perder muito respeito e aumentar a incerteza, pois as pessoas podem concluir: "Bem, se ele não sabe, quem é que sabe?" É melhor descrever uma fase de incerteza de forma mais confiante: "Não temos uma solução hoje, mas vamos trabalhar nisso (juntos) e mantê-los informados sobre o progresso." E, claro, se você diz isso, então é sua responsabilidade garantir que aconteça. Chefes novos no cargo ou colegas que "têm muito a aprender" são particularmente cansativos. No primeiro dia, deixam claro que estão perdidos. Por mais que seja verdade, isso é inútil e, no contexto de uma liderança empresarial de sucesso, desastroso. Você pode ser honesto e humilde e aberto sem parecer desamparado e sem ir ao outro extremo de se superestimar e agir como se soubesse de tudo.

1:10 ou 1:10.000? liderança ≠ liderança

É inútil perguntar se alguém "pode liderar". Isso só perpetua o mito do líder nato que pode lidar com qualquer situação. Faz mais sentido perguntar se alguém é adequado para determinada função de liderança ou para determinado nível de gestão. Afinal, há uma enorme variedade de papéis de liderança em cada organização, e até mesmo gestores experientes têm que se adaptar a um novo papel. O que importa é avaliar e compreender as competências necessárias na nova posição e em que medida diferem da anterior. Além disso, é da maior importância compreender "o poder e a autoridade do cargo" que vêm com o novo papel e exercê-los de forma ponderada e responsável. As exigências estratégicas vão mudar, assim como as tarefas diárias, a percepção externa e as circunstâncias. Mesmo com quinze ou vinte anos de experiência em posições de liderança, esse ajuste não vem automaticamente. Notamos que esse tópico era particularmente sensível para os nossos parceiros de entrevista, quase todos executivos muito experientes. Grandes empresas de consultoria, por exemplo, com progressão de carreira do tipo "promoção ou rua", são particularmente rigorosas em questionar se um colega será capaz de assumir o próximo passo.

Para Gerd Stürz:

> Não há ninguém aqui que ainda seja um consultor júnior após dez anos, nem que permaneça sendo um gestor após vinte anos. Aqui, ou você avança na carreira ou parte para outra. Não temos que despedir ninguém. Muitos vão para a indústria e fazem um bom trabalho lá. Desde o início, acompanhamos esse processo. A cada promoção, questionamos se o colega será capaz de estar no próximo degrau da escada. Então, quando alguém vai ser promovido para consultor sênior, também nos questionamos se chegará a ser gestor. E, se acharmos que ele não vai dar conta, já dizemos logo: "Olha, há algumas coisas aqui que você precisa saber, caso contrário, vamos ter um problema daqui a uns anos." Parece duro, mas acho que é muito justo.

Nós mesmos já vivemos isso. Nem todos podem administrar um departamento em que a margem de controle vá além de 1:10. Alguns, porém, podem liderar muito bem através de outros líderes. E há aqueles que lideram grandes organizações sem perder a capacidade de lidar com situações individuais em todos os níveis, desde a alta gerência até o funcionário de chão de fábrica. Os grandes líderes podem fazer tudo o que foi dito: liderar dezenas de milhares e ao mesmo tempo dar a um indivíduo a sensação de que, por alguns momentos, ele é tudo o que importa, assim como o general Foster na citação do início deste capítulo. Ser capaz de mudar do grande para o pequeno e voltar para o grande é realmente uma parte fundamental da liderança absoluta!

O modelo "*pipeline* de liderança", de Charam, Drotter e Noel (2011), centra-se na ideia de que a liderança vem com uma grande variedade de disfarces e que, se você deseja progredir, não se pode dar ao luxo de parar de aprender. Os autores, eles próprios gestores experientes, formularam a teoria com base em inúmeros exemplos do mundo empresarial. E afirmam que cada nível de liderança exige estabelecer novas prioridades e habilidades, assim como ajustar valores, tomados como critério para julgar o sucesso na próxima posição. Charam e seus colegas descrevem sete níveis de gestão para empresas multinacionais e cinco níveis para empresas familiares tradicionais, com o diretor no topo.

Nível 7 Gestor da empresa
Nível 6 Gestor do grupo
Nível 5 Gestor de negócios (diretor administrativo)
Nível 4 Gestor funcional
Nível 3 Gestor de gestores
Nível 2 Gestor de outros
Nível 1 Gestor de si mesmo

O que é importante são as transições entre os níveis, referidas pelos autores como "passagens de liderança", e cada uma delas requer um novo ciclo de investimento no desenvolvimento pessoal do indivíduo escolhido. Surpreendente e lamentavelmente, na maioria das organizações isso não acontece, embora esse processo aumente as chances de tais movimentos serem bem-sucedidos e, como resultado, liberem mais potencial na organização.

Empresas perspicazes se asseguram de treinar sistematicamente aqueles com potencial de liderança, desde o líder de equipe até o topo da organização, proporcionando uma sucessão de pessoas capacitadas para garantir o sucesso do negócio em longo prazo. Em termos gerais, à medida que se avança na carreira, a responsabilidade funcional diminui conforme aumentam as tarefas estratégicas e, mais tarde, representativas. Portanto, a liderança não pode, em nossa opinião, ser considerada apenas um conceito único, mas um conjunto de desafios de liderança diversos e multifatoriais, que mudam ao longo do tempo.

Um teste de estresse para a liderança

Qualquer pessoa que queira ser bem-sucedida no mais alto nível precisa ter um bom network nos círculos empresariais e políticos; ser sensível aos interesses dos vários stakeholders, visando a perspectiva global; ser estrategicamente inteligente, um bom comunicador e resiliente em tempos de crise. Uma pitada de carisma pode ajudar e, mais importante do que qualquer outra coisa, uma dose sólida de autogestão honesta, integridade pessoal e empatia.

Bom líder ou falso líder? Vamos descobrir!

1. Sua empresa tem um programa de liderança que identifica as pessoas adequadas e fornece apoio individual e direcionado. ☐
2. Aqueles que são adequados para a liderança sobem ao topo, não aqueles que têm os contatos certos. ☐
3. A má conduta de gestão (por exemplo, bullying, assédio) é ativamente abordada e punida. ☐
4. Pessoas com personalidade instável ou que fazem bullying não se tornam líderes na sua organização. ☐
5. Nenhum departamento se destaca no número de funcionários doentes ou esgotados. ☐
6. A empresa incentiva uma cultura de responsabilidade pessoal e desenvolvimento dos funcionários. ☐
7. A alta gerência não perdeu o contato com o chão de fábrica. ☐
8. Todos os níveis da organização confiam na alta gerência. ☐
9. As pessoas são o coração da empresa e as declarações que reforçam isso não são simplesmente um exercício de relações públicas, mas também se refletem na prática diária. ☐
10. A gerência garante a existência de metas claras e boas condições de trabalho para as pessoas de todos os níveis da empresa. ☐
11. Criatividade, iniciativa e compromisso são recompensados. ☐
12. As decisões difíceis relativas a cortes e demissões são tratadas da forma mais justa possível. ☐
13. Não há práticas não oficiais como "dividir e conquistar", "conhecer é poder" ou "você está comigo ou é contra mim". ☐

NCA INSIGHTS

- Aja com responsabilidade, como se estivesse na "última mesa".
- Incentive a equipe entregando tarefas significativas ao seu melhor pessoal.
- Pense na sua personalidade e nas suas ações. Você faz todo o possível para que seus funcionários tenham mais sucesso? Gostaria de ter a si mesmo como chefe?

4. Jogo limpo
(ou apenas fingindo?)

> "Nos processos de liderança, a credibilidade surge quando os gestores são consistentes. O comportamento das pessoas pode ser alterado estabelecendo limites claros, o que também significa que, onde há recompensas, também deve haver penalidades."
>
> **DR. ALEXANDER VON PREEN, CEO DA INTERSPORT EG**

Nós tendemos a nos sentir moralmente superiores às civilizações que nos precederam. Mas será que nossos valores são tão consistentes assim? Dificilmente se passa uma semana sem que um novo escândalo do mundo dos negócios ou de outras áreas da vida venha à tona. O Império Inca é uma excelente ilustração do importante papel dos valores fortes em uma sociedade. As palavras *Ama sua, ama llulla, ama quella* podem ser vistas inscritas nas paredes de casas em Cuzco, e até hoje, nas montanhas do Peru, os agricultores as usam como uma saudação. O ditado é uma velha frase inca que sobreviveu ao longo dos séculos. Traduzindo grosseiramente, significa: "O Povo do Sol não rouba, não mente e não é preguiçoso." A partir desses princípios, presumimos que o Estado andino tinha regras rígidas. De fato, a preguiça era punida com a morte, assim como destruir pontes ou matar aves marinhas. Embora não houvesse impostos a pagar, havia um engenhoso sistema de "contribuições obrigatórias": a colheita era repartida igualmente entre o Inca, o sacerdote e a comunidade da aldeia. Todos tinham que servir o império.

O especialista americano René Oth descreve a sociedade inca como "puritana", embora os governantes estrangeiros tivessem recebido preciosos presentes de boas-vindas e grandes festividades celebrassem importantes vitórias ou a conclusão de projetos. Karoline Noack, perita em história antiga do continente americano, chama isso de "generosidade ritualizada".[1] Aqueles que se mantinham fiéis às regras beneficiavam-se do perfeito sistema de logística do império, dos métodos agrícolas altamente desenvolvidos e das habilidades dos comerciantes, o que garantiu o fornecimento de insumos básicos para todos, e havia uma cultura de dar e receber, mesmo quando se tratava de religião. Tribos assimiladas tinham que se curvar diante do deus Sol, mas ao mesmo tempo seus deuses e rituais religiosos eram integrados à cultura inca.[2] O que nos resta é a imagem de uma sociedade altamente regulamentada, organizada nos mínimos detalhes e construída sobre valores fortes. Presumimos que raramente se colocava em questão se algo estava certo ou errado, já que o código de valores era o principal fator de coesão do império. Tragicamente, a guerra civil entre meios-irmãos rivais minou esses valores, enfraqueceu o acordo tácito e acelerou o declínio do império.

Não bastava para os governantes incas integrar seus súditos em um sistema administrativo e econômico eficiente. Sua visão de "trazer ordem ao mundo" se baseava em um código de valores que ditava um sistema de cooperação mútua, criando assim uma sociedade justa. Até hoje, normas e valores comuns constroem um vínculo que mantém a coesão de uma sociedade e cria um código de conduta a ser seguido por todos. Um declínio nos valores conduz irrevogavelmente a um estado de desordem e caos.

O tema dos "valores" entrou no mundo dos negócios décadas atrás, e talvez você não aguente mais ouvir falar disso. Se digitar no Google as palavras "valores corporativos", você verá cerca de 29 milhões de ocorrências. Mas, se digitar "lucros corporativos", com sorte, verá 2,6 milhões. Isso demonstra que o termo "valores corporativos" se estabeleceu firmemente em nosso vocabulário.[3] Por um lado, vemos as empresas falando muito de valores corporativos, mas, por outro, toda hora ficamos sabendo de um novo escândalo. O que está acontecendo? Será que as empresas falam da boca para fora? E o que exatamente precisa acontecer para que isso mude?

Belas palavras, promessas vazias?

O mundo das declarações oficiais de "valores" parece ir bem. A PWC entrevistou cerca de 1.400 CEOs de oitenta países sob o lema "Redefinindo o sucesso em um mundo de constantes mudanças". Concluiu-se que "76 por cento dos CEOs de todo o mundo concordam que, no futuro, o sucesso não poderá ser medido apenas em termos de lucros... mas também envolverá a criação de valores sociais".[4]

Os tomadores de decisão parecem estar sensibilizados com esse tema, possivelmente como resultado da crise financeira e de vários escândalos empresariais que ocorreram nos dois lados do Atlântico. Na Alemanha, a Comissão de Liderança Baseada em Valores é especializada no acompanhamento dessa questão e pergunta regularmente a cerca de setecentos líderes de todos os níveis de gestão quais valores consideram mais importantes. Em primeiro lugar, eles devem classificar seis valores centrais por ordem de importância: confiança, responsabilidade, integridade, respeito, sustentabilidade e coragem. Desde 2010, os três primeiros sempre se destacaram, enquanto a coragem sempre fica por último. Em 2018, apenas três por cento dos gestores a colocaram no topo da lista, o que é uma surpresa. Afinal, quando se trata de situações de conflito, como defender os valores em que você e sua empresa acreditam se falta coragem?[5]

Mais dúvidas se instalam quando se analisa um levantamento dos gestores e funcionários de grandes empresas familiares, realizado pela empresa de consultoria Rochus Mummert. Enquanto todos os executivos entrevistados foram unânimes em afirmar que suas empresas tinham valores definidos, com os quais os funcionários estavam familiarizados, apenas cinquenta por cento dos colaboradores afirmaram o mesmo. Os resultados entre os quadros médios não foram muito melhores; apenas 53 por cento concordaram. Mas fica pior. Apenas 17 por cento dos questionados achavam que os chefes realmente aplicavam na prática esses valores.[6]

Um dos maiores escândalos corporativos das últimas décadas demonstra por que escolhemos o subtítulo "Apenas fingindo" para este capítulo. O caso de suborno envolvendo a Siemens é um exemplo clássico de como uma grande corporação, cega pelo próprio sucesso, pode se iludir e acreditar que pode desrespeitar a lei sem pagar o preço. Tudo o que precisavam fazer era manter a pretensão de boa governança corporativa, incluindo ter um código de ética e um diretor anticorrupção. No entanto, o escândalo da Siemens prejudicou gravemente a reputação dos seus gestores seniores e levou a multas que passaram de três bilhões de dólares, além de numerosas ações judiciais, algumas das quais ainda hoje estão em trâmite.[7]

Siemens — "A firma"

"Não aguento mais esse falso ultraje estampado na cara da alta gerência." Uma das mais influentes revistas de notícias dos países de língua alemã, *Der Spiegel*, citava o CFO da Siemens na divisão de telefonia fixa no auge do escândalo do suborno em abril de 2008.[8] Ele não foi o único a se manifestar, outros funcionários também o fizeram. E não só promotores da Alemanha atuavam no caso, mas também dos Estados Unidos, da Suíça, Itália e Grécia. Lenta mas seguramente, o maior caso de corrupção na história alemã do pós-guerra foi desvendado, pois ficou cada vez mais claro que o suborno era parte da estratégia de negócios de uma das principais empresas de tecnologia da Europa.

Utilizando uma engenhosa rede de contas bancárias *offshore*, toda a operação foi organizada com uma eficiência impressionante, incluindo um formulário para aprovação da "Comissão de Pedidos de Clientes", que exigia duas assinaturas. Por questão de segurança, as assinaturas eram colocadas em post-its removíveis, com um lembrete impresso no formulário: "Cole o post-it aqui"!

Então, como se permitiu que as coisas chegassem tão longe? O que se segue é uma explicação, mas de forma alguma uma justificativa.

Por incrível que pareça da perspectiva atual, até 1999, segundo a lei alemã, quando ocorria fora das fronteiras da Alemanha, o suborno não era crime. Na verdade, a "molhadinha de mão" era oficialmente dedutível nos impostos! Por ser uma multinacional, a Siemens explorou ao máximo essa possibilidade, pois provavelmente acreditava ser a única forma de fechar negócios no Oriente Médio, na América do Sul e na África Subsaariana. E, apesar das mudanças significativas na lei de suborno em 1999, a Siemens continuou a operar da mesma maneira. A cultura parecia estar tão enraizada, que qualquer pessoa que tivesse crescido no sistema — e muitos gestores seniores tinham estado na empresa durante toda a sua carreira — sentia que vivia em um mundo com regras próprias. Um alto gestor teria dito: "Os governos podem ir e vir, mas a Siemens continuará aqui!"

O que faltava na Siemens era uma afirmação totalmente clara da alta gerência no sentido de "isso não será mais aceito" — uma abordagem de tolerância zero, como os Incas faziam com o que consideravam delitos graves. Em vez disso, os negócios continuaram a ser conduzidos atrás de uma fachada cuidadosamente construída de correção ética. Se os valores forem mais do que palavras em um slogan ou ferramentas para construir a imagem da marca, então deve haver consequências para ações e comportamentos que os infrinjam.

Afirmações como essa correm sempre o risco de ser um tanto quanto hipócritas. Todo esse alarde em cima dos valores não é um pouco exagerado? Alguns podem dizer, com razão, que não se pode fazer uma omelete sem quebrar alguns ovos. E, quando se estabelecem objetivos empresariais ambiciosos, corroborados por frases do tipo "Faça. Não me interessa como!", essa impressão só pode ser reforçada. Mas aonde tudo vai parar se as restrições éticas e legais forem ignoradas? Décadas atrás, visionários da administração como Jim Collins identificaram uma ligação entre valores centrais fortes, na forma de uma "ideologia central", e negócios excepcionalmente bem-sucedidos. Pesquisas como a realizada pela Rochus Mummert também estabeleceram uma relação entre uma cultura orientada por valores e um bom desempenho empresarial.[9] Vale a pena olhar para o credo da Johnson & Johnson, que é curto, direto, específico e permanece inalterado desde 1943! Curiosamente, para a J&J esse credo é mais do que uma simples bússola moral, é uma receita geral para o sucesso do negócio. E um dos pontos mais importantes a salientar é que começa com os pacientes e clientes, passa para os funcionários e as equipes, depois às comunidades e à sociedade e finalmente aos acionistas. Há muitas empresas que vão pelo caminho oposto.

E, por ser tão impressionante, durável e ainda relevante após quase oitenta anos, você pode encontrá-lo na íntegra aqui mesmo:

Johnson & Johnson — Nosso credo

Acreditamos que nossa primeira responsabilidade é para com pacientes, médicos e enfermeiros, para com mães, pais e todos os demais que usam nossos produtos e serviços. Ao atender as necessidades dessas pessoas, tudo o que fizermos deve ser de alta qualidade. Devemos nos esforçar constantemente para agregar valor, reduzir custos e manter preços razoáveis. Os pedidos dos nossos clientes devem ser pronta e corretamente atendidos. Nossos parceiros de negócios devem ter a oportunidade de auferir um lucro justo.

Somos responsáveis por nossos empregados, que trabalham conosco em todo o mundo. Devemos proporcionar um ambiente de trabalho inclusivo, em que a individualidade de cada pessoa é considerada. Devemos respeitar a diversidade e a dignidade e reconhecer o mérito de todos. As pessoas devem ter uma sensação de segurança, realização e propósito nos próprios empregos. A remuneração deve ser justa e adequada. O ambiente de trabalho deve ser limpo, seguro e organizado. Devemos apoiar a saúde e o bem-estar dos nossos empregados e ajudá-los a atender às próprias responsabilidades familiares e pessoais. Os empregados devem sentir-se livres para fazer sugestões e reclamações. Deve haver igual oportunidade de emprego, desenvolvimento e progresso para os qualificados. Devemos ter líderes altamente capacitados, e as ações deles precisam ser justas e éticas.

Somos responsáveis perante as comunidades nas quais vivemos e trabalhamos, bem como perante a comunidade mundial. Devemos ajudar as pessoas a serem mais saudáveis, encorajando a melhoria no acesso e na assistência em mais lugares ao redor do mundo. Devemos ser bons cidadãos — apoiar boas obras sociais e de caridade, a melhoria da saúde e da educação, além de pagar corretamente os tributos. Devemos manter em boa ordem as propriedades que temos o privilégio de usar, protegendo o meio ambiente e os recursos naturais.

Nossa responsabilidade final é para com os nossos acionistas. Os negócios devem proporcionar lucros adequados. Devemos experimentar novas ideias. É preciso levar pesquisas adiante, desenvolver programas inovadores, fazer investimentos no futuro e corrigir erros. Devemos adquirir novos equipamentos, construir novas fábricas e lançar novos produtos. Reservas devem ser criadas para enfrentar tempos adversos. Ao operarmos de acordo com esses princípios, nossos acionistas devem receber uma recompensa justa.

Não estranhe se enfatizamos a importância de algum fator de sucesso do negócio. Mas é preciso admitir que, quando valores como responsabilidade pessoal, integridade ou respeito mútuo não são colocados e, principalmente, não são postos em prática pela gerência, então os padrões morais ficam soltos. Gostaríamos de ver mais empresas compartilhando os insights do teólogo protestante Wolfgang Huber e seus coautores Peter Barrenstein, consultor de gestão, e Friedhelm Wachs, especialista em negociação, desde o prefácio do seu livro altamente recomendável *Protestant. Successful. Business.* Por exemplo: "Estamos convencidos de que nenhum negócio pode sobreviver ao teste do tempo se for puramente motivado pelo interesse próprio dos envolvidos. Negócios impulsionados apenas por metas de lucro de curto prazo sofrerão, mais cedo ou mais tarde, uma queda. E nenhum negócio no mundo pode prevalecer no longo prazo se permitir ou mesmo cultivar as piores características da humanidade. Tudo se desintegra porque a confiança mútua básica, que é tão essencial para o funcionamento dos processos empresariais do dia a dia, é minada."[10]

Por que os funcionários devem seguir as regras se a alta gerência não o faz? Esse rebaixamento dos padrões prejudica o negócio em vários níveis. Não estamos falando apenas de danos financeiros causados pela manipulação de registros contábeis, mas também de perda de reputação, relações comerciais danificadas, sem subestimar os honorários de legiões de advogados caros, além das multas e penalidades resultantes. Voltando à nossa metáfora anterior, você acaba quebrando cada vez mais ovos. No fim das contas, isso pode representar riscos existenciais, como se pode ver nos seguintes exemplos de escândalos empresariais recentes.

Em longo prazo, é bastante claro que as violações não compensam. Basta olhar para as crises atuais na GE, no Deutsche Bank e no Grupo Volkswagen, e para a estrutura de cartel da indústria automobilística. Assim que os advogados americanos se envolvem, os custos começam a ficar muito caros. Talvez uma das razões pelas quais os Estados Unidos são uma potência global seja o seu sistema de multas elevadas e legislação rigorosa contra fraudes e subornos. Em um mundo de conectividade global e comunicações de alta velocidade, não há espaço para a negligência. O que começa como uma notícia local em um canto distante do mundo pode, cinco minutos depois, aparecer na manchete do *New York Times*. Dado esse cenário, a importância e o impacto positivo de um sistema de valores claramente definido tornam-se ainda mais evidentes. Os valores ajudam você a tomar decisões diante de um dilema, e os valores compartilhados ajudam um grande grupo de indivíduos a encontrar orientação e se comprometer com um objetivo comum. O que nos leva elegantemente de volta aos Incas.

O preço de ignorar valores — Uma seleção de escândalos[11]

Empresa	O que aconteceu	Sanções
WorldCom	Ativos inflados em até onze bilhões de dólares, levando à perda de trinta mil empregos e 180 bilhões de dólares para os investidores.	O CFO foi demitido, o controlador se demitiu, e a empresa decretou falência. O CEO Ebbers foi condenado a 25 anos por fraude, conspiração e arquivamento de documentos falsos junto dos reguladores. **Nota:** Após o escândalo da WorldCom, o Congresso americano aprovou a Lei Sarbanes-Oxley, introduzindo o mais abrangente conjunto de novas regulamentações de negócios desde a década de 1930.

Empresa	O que aconteceu	Sanções
Enron	Manteve enormes dívidas fora dos balancetes. Os acionistas perderam 75 bilhões de dólares, milhares de funcionários e investidores perderam os seus fundos de aposentadoria, e muitos, o emprego. Arthur Andersen foi considerado culpado de ter falsificado as contas da Enron.	O CEO Skilling foi condenado a 24 anos de prisão. A empresa decretou falência. **Nota:** A revista *Fortune* classificou a Enron como "A empresa americana mais inovadora" por seis anos seguidos, antes do escândalo.
Tyco	O CEO e o CFO desviaram 150 milhões de dólares e inflacionaram a receita da empresa em 500 milhões de dólares.	O CEO Kozlowski e o CFO Swartz foram condenados a longas penas de prisão. Uma ação judicial coletiva forçou a Tyco a pagar 2,92 bilhões de dólares aos investidores.
Lehman Brothers	Ocultou mais de cinquenta bilhões de dólares em empréstimos disfarçados de vendas.	O maior caso de falência da história dos Estados Unidos. A Comissão de Títulos e Câmbio não processou devido à falta de provas. **Nota:** Em 2007, um ano antes do início da crise financeira, a Lehman Brothers foi a primeira da lista de "Empresas de valores mobiliários mais admiradas" da revista *Fortune*.
Bernie Madoff	Obteve 64,8 bilhões de dólares de investidores com o maior esquema Ponzi de todos os tempos.	Madoff foi condenado a 150 anos de prisão e a pagar mais 170 bilhões de dólares de restituição. Outros executivos também foram condenados à prisão.

Investigação disfarçada, de baixo para cima!

Como incorporar valores a um negócio e comunicá-los por toda a organização? Obviamente, não basta publicar um código de conduta na intranet da empresa, para ninguém ler. Não há nada de errado em escrever uma declaração de valores, ainda mais se for o resultado de um esforço cooperativo de uma seção transversal de empregados. É vital que os executivos seniores a comuniquem claramente, e também é útil que a informação seja entregue a cada novo funcionário. Além disso, pode ser pauta de reuniões de equipe e servir de orientação quando surgirem conflitos de valores em situações do dia a dia. Entretanto, o mais importante de tudo é que são as ações, e não as palavras, que comunicam e demonstram o que o significado dos valores em termos de comportamento, tanto na organização quanto com os stakeholders externos. Na Siemens, parece que nunca ocorreu a ninguém questionar a prática arraigada do suborno, embora o chefe, Heinrich von Pierer, em seu livro *Lucro e moral*, publicado em 2003, tenha escrito que a honestidade é um dos valores essenciais por trás do sucesso da Siemens. Como ele comentou com astúcia e, dadas as circunstâncias, uma de dose de cinismo: "No longo prazo, casos de fraude e corrupção não podem ser encobertos."[12]

Os funcionários sabem quando os princípios da empresa devem ser levados a sério ou são só de fachada. Tudo começa com a maneira como você interage com as pessoas na organização, algo que uma de nossas entrevistadas, Catherine von Fürstenberg-Dussmann, viveu na prática de maneira espetacular:

Valores na vida diária — ou líderes completos não mostram arrogância

O Grupo Dussmann tem 63.500 empregados em dezoito países e gera receitas de mais de dois bilhões de euros.[13] Sua atividade principal são serviços de restauração, segurança, construção civil e limpeza comercial. Após a morte prematura do fundador, Peter Dussmann, sua viúva, Catherine von Fürstenberg-Dussmann, tomou as rédeas da empresa. Atriz de formação, ela foi dona de casa por 28 anos. Mas, antes de assumir formalmente o comando em 2008, Catherine aproveitou para conhecer os bastidores do negócio e trabalhou por várias semanas, disfarçada de faxineira e ajudante de cozinha. Em uma conversa conosco, ela explicou que queria saber como o negócio realmente funcionava, como as pessoas tratavam umas às outras, sabendo muito bem como isso seria difícil uma vez que tivesse assumido o novo cargo.

Duas experiências particularmente memoráveis revelaram a atitude predominante de alguns membros da alta gerência em relação aos valores. Depois de uma longa noite de faxina, ainda disfarçada, ela encontrou o CEO e o CFO no corredor do sétimo andar da sede. Os dois homens caminharam em linha reta em sua direção, forçando-a a ir para o lado e dar lugar a eles para evitar uma colisão frontal. Ela os cumprimentou, mas nenhum deles reagiu. Catherine foi ignorada e, no que dizia respeito a esses dois "cavalheiros", ela simplesmente não existia. A mesma coisa aconteceu quando estava limpando o chão da garagem para um grande cliente. Ela se lembra de ter que se esquivar para não ser atropelada por todos os executivos importantes que passaram por ela em seus Porsches e Mercedes. Nenhum deles a cumprimentou nem notou a sua presença. Mais uma vez, ela simplesmente não existia. A propósito, Catherine optou por demitir o CEO e do CFO, após confirmar suas suspeitas sobre a falta de integridade humana deles.[14]

Pequenos gestos causam um grande impacto. Dizer isso é um exagero? Nós achamos que não! Declarações pretensiosas sobre valores, respeito e integridade não têm sentido se não se refletirem todos os dias na forma como as pessoas interagem umas com as outras. Os colaboradores estão profundamente conscientes de tais contradições, mas infelizmente muitos gestores subestimam o poder simbólico das suas ações. E, quanto mais degraus tiverem subido na escada, maior será o impacto de cada um de seus movimentos. E aqui está um aviso: alguns gestos bem-intencionados podem surtir o efeito contrário. Por exemplo, repense se você acha que basta aparecer uma vez por ano, em 23 de dezembro, para cantar algumas canções com o turno da noite e dizer algumas palavras comoventes sobre como as pessoas são o ativo mais importante da empresa. O que você vê como lágrimas de emoção podem muito bem ser de desapontamento, raiva e frustração. Como diz o ditado: "De boas intenções o inferno está cheio."

Uma decisão tomada na hora errada pela administração pode ser igualmente destrutiva — por exemplo, a decisão de terceirizar serviços de alimentação "para reduzir custos" ao mesmo tempo em que se renova a frota de automóveis da empresa. Você pode falar o quanto quiser sobre os benefícios dos contratos de *leasing* de automóveis no longo prazo, os danos já estão feitos. E, claro, o oposto também é válido, um gesto aparentemente pequeno é capaz de criar um impacto positivo e provocar uma mudança real na cultura empresarial.

Christine Wolff divide conosco sua experiência:

> Trabalhei na sede em Londres e minha sala era enorme e tipicamente britânica: mesa enorme, móveis pesados, sofá de couro, recepcionista. E depois havia o chamado "local dos operários": oitenta pessoas espremidas entre montanhas de papel em pequenos cubículos, alguns sem luz natural. Pensei, "Não acredito nisso". Então, mandei derrubar imediatamente as paredes da minha sala e disse: "Aqui tem espaço para dezesseis dessas pessoas." Com isso, nas filiais da empresa por toda a Europa, todas as discussões sobre "Eu preciso de uma sala maior" foram silenciadas.

Dificilmente precisamos mencionar que não se trata do tamanho da sua sala, mas da capacidade de se envolver com as pessoas, em todos os níveis, em condições de igualdade. E, além disso, garantir que suas ações sejam guiadas pelos valores adotados para o negócio. Isso também pode significar falar mesmo quando se sentir desconfortável e não for diretamente responsável pelo que aconteceu. Paul Williams lembra como se fosse ontem o sentimento muito desagradável que teve quando, como jovem gestor de RH, descobriu que qualquer um que saiba que um colega é alcoólatra e tolere isso no local de trabalho (ou em qualquer outro lugar) é ele próprio "um alcoólatra passivo". Do mesmo modo, qualquer pessoa que faça vista grossa a casos de corrupção, abuso de poder, atividade criminosa ou qualquer outra ação dessa natureza não só põe em perigo o bem-estar econômico da empresa, mas também compromete sua própria integridade.

Pode ser legal, mas é legítimo?

Você pode ter um grande impacto como gestor simplesmente ao dar o exemplo, e isso se aplica a todos os níveis da hierarquia corporativa. Os Incas também estavam cientes disso. Os futuros líderes tinham que passar por testes extremamente difíceis antes de assumir responsabilidades. Os castigos tornavam-se mais severos quanto mais alto eles subiam na escada social. As mesmas regras se aplicavam a todos, tanto ao povo comum quanto aos chefes. Isso ajudou as classes dominantes a encontrar aceitação entre a população.

Já há algum tempo, a conduta apropriada em uma organização é tratada sob a bandeira da "conformidade". Dito isso, surpreendentemente, as discussões sobre valores e conformidade eram, durante muitos anos, independentes umas das outras: por um lado, apresentações da alta gerência sobre responsabilidade e integridade, por outro, reuniões de alto nível para garantir procedimentos internos e condições legais prévias para evitar a ocorrência de processos judiciais e suas consequências. Em algumas corporações, as declarações de conformidade ainda são tratadas como processos SQP ("Salve-se quem puder") e são assinadas pelos gerentes a fim de proteger a diretoria.[15] No entanto, lenta mas seguramente, parece haver uma mudança de atitude se espalhando pelo mundo dos negócios em relação a uma abordagem puramente legalista da conformidade.

Não há nenhuma grande corporação conhecida que não tenha um sistema de gestão de conformidade e nas empresas de médio porte os gestores estão cada vez mais preocupados com o enorme rol de regulamentações estatutárias que fazem parte dos negócios internacionais. É claro que os sistemas de conformidade não fizeram nada para evitar os crimes cometidos na Parmalat, Arthur Andersen, Sociéte Générale, Barclays, Barings Bank e Facebook. Além disso, a burocracia interna e as declarações escritas não passam de bravatas ineficazes, pois os principais tomadores de decisão de uma empresa não comunicam com absoluta clareza a mensagem: "Estamos falando sério!" Um CEO que estabelece metas ambiciosas sem tolerar dissidências internas pode muito bem estar agindo segundo as regras de conformidade. Mas se ele ou ela não perguntar explicitamente: "Isto é legalmente aceitável?", a mensagem subjacente é: "Não me interessa *como* você faz!" Isso resulta em uma cultura ambígua, em que a declaração de conformidade fornece um fino véu de virtude para distrair os espectadores, enquanto, nos bastidores, a prática questionável continua inabalável. E, se alguém for olhar por trás da máscara, a explicação vai ser algo como "mau comportamento de algumas maçãs podres no departamento X ou Y". Jogo limpo, isso não é.

Em seu Código de Valores de 2013, que deveria anunciar uma mudança na cultura corporativa, o Deutsche Bank anunciou: "Faremos o que é certo, não apenas o que é permitido."[16] É melhor se apressarem. Um artigo publicado em um importante jornal policial europeu analisou de perto as atividades do banco e fez comparações com os métodos utilizados no crime organizado, afirmando também que "os atores do setor dos serviços financeiros tinham elaborado um plano estratégico para uma orgia global de enriquecimento".[17] Em outubro de 2016, a revista de atualidades *Der Spiegel* deu a entender que os últimos CEOs da empresa eram como poderosos chefões financeiros, de modo que não deve ser surpresa que, segundo um estudo da Fundação Bertelsmann, menos de um terço da população confie que as empresas cotadas na bolsa de valores são "boas para a sociedade". O número sobe para 66 por cento quando se consideram as PME (pequenas e médias empresas) e setenta por cento para as empresas familiares.[18]

Tais relatórios são difíceis de engolir, especialmente para funcionários competentes, engajados e honestos em todos os níveis que são a maioria, mesmo nas empresas mencionadas. E há outra questão que as grandes corporações precisam considerar: qual é o impacto de longo prazo na coesão e harmonia social se, apesar de todo o papo sobre responsabilidade social corporativa, muitas pessoas consideram que essas empresas não passam de trapaceiras movidas pelo lucro? Por exemplo, aonde vamos parar se as empresas que dizem fazer o que é "certo", e não apenas o que é "legalmente permitido" forem também as mesmas empresas que depois "otimizam" os impostos corporativos a tal ponto que os custos para manter a infraestrutura pública básica têm que ser pagos exclusivamente pela sociedade em geral, porque essas grandes empresas fazem apenas contribuições mínimas, ainda que muitas vezes sejam altamente lucrativas? Ou quando a otimização fiscal se torna o único motor das decisões, como o fechamento de departamentos ou mesmo de filiais inteiras, mesmo que não exista uma lógica comercial mais ampla e óbvia? Ou se os pequenos fornecedores são levados à falência simplesmente porque as grandes corporações levam meses para pagar as suas contas? Gostaríamos que os gestores se perguntassem: "O que queremos fazer é legal e também legítimo?" Seus planos sobreviveriam ao teste clássico da câmera? Você seria capaz de explicá-los em termos simples em uma entrevista ao vivo para o noticiário do horário nobre?

Muitas dessas perguntas não podem ser respondidas isoladamente ou por empresas individuais. Precisam ser respondidas no âmbito político e social. E o que você pode fazer? Bem, pode começar deixando claro que a declaração de conformidade é muito mais do que apenas uma estratégia burocrática de andar na linha. Para que isso seja levado a sério, é preciso que haja embaixadores consistentes. Valores e conformidade precisam ser vistos como duas faces da mesma moeda, e esse é um desafio para todo líder sênior.

Aqui estão alguns outros fatos de um estudo recente do EY que, infelizmente, não dão fortes motivos para ter otimismo:

- Em apenas metade das empresas pesquisadas os colaboradores receberam uma carta da administração sobre o código de conduta da empresa. Na maioria dos casos, essa informação foi colocada apenas na intranet da empresa.
- Menos de cinquenta por cento das empresas levam em consideração a conformidade quando se trata de revisões salariais.
- Critérios relacionados com a declaração de conformidade, como "integridade" e "liderar dando o exemplo", só são considerados por 36 por cento das empresas quando se trata de promoções.
- A "cláusula *clawback*" só foi acordada com dezoito por cento dos gestores, cujo pagamento de salários e bônus pode, assim, ser reclamado quando violações de conformidade prejudicarem o negócio — uma questão que, no que diz respeito ao debate sobre o pagamento de bônus, é mais relevante do que nunca para muitos *players* globais.
- Quarenta e seis por cento das empresas implementaram os elementos centrais do sistema de gestão de conformidade *apenas* na sede.[19]

Países diferentes, valores diferentes

O antropólogo americano Clyde Kluckhohn fez uma definição compacta dos valores: "Uma concepção... do desejável..."[20]

Os valores diferem dependendo de onde estamos, e os estudantes de psicologia aprendem que eles são "aspectos da construção social da realidade".[21] Em outras palavras, você não precisa viajar metade do mundo para estar em um lugar onde valores diferentes se aplicam. No entanto, em um contexto internacional, surgem questões que vão muito além das nossas normas ocidentais.

O que você faria? Dois dilemas de peso pesado

O diretor de uma empresa chinesa listada no Euro Stoxx 50, relativamente novo no cargo, falou-nos de dois dos seus desafios mais difíceis e memoráveis em matéria de valores.

Primeiro, para entender o contexto: nas fábricas chinesas, os empregados têm que obter a autorização do gestor antes de tirar uma folga para se casar ou por razões de saúde em casos de doenças contagiosas, porque têm direito a tirar um dia de licença adicional.

Após uma discussão muito positiva sobre a sua promoção planejada, uma jovem funcionária pediu um dia para pensar e um dia de licença, que, claro, foi aprovado. No dia seguinte à sua folga, ela entrou na sala do chefe, toda orgulhosa, e confirmou que aceitaria de bom grado a promoção e que poderia se comprometer 120 por cento com a empresa. Ao mesmo tempo, pediu uma licença especial de um dia para fazer um aborto. A promoção era mais importante do que constituir uma família, e ela considerava seu dever dar aquele passo, porque a firma exigiria ainda mais de seu empenho nesse novo papel.

Como você lidaria com essa situação? Estaria disposto a enfrentar casos de valores conflituosos como esse, ou delegaria a responsabilidade para alguém? Qualquer pessoa ativa em um papel de liderança internacional deve ser capaz de lidar com dilemas de valores como esse e tomar a decisão certa. Mas o que é "certo" nesse caso? Talvez você queira fechar o livro por um momento e refletir.

Aqui está outro exemplo igualmente dramático: um gestor local da filial chinesa de uma empresa europeia tinha desviado indevidamente cerca de 150 mil dólares de salários e fundos de clientes. De acordo com a lei chinesa, esse crime é punido com pena de morte. O gestor europeu responsável pela filial chinesa chamou o seu chefe, o diretor de negócios asiáticos, e pediu seu conselho. Como ele deveria lidar com a situação? Deveria denunciar o empregado às autoridades e talvez ter um papel na sua execução? O que você teria feito? Se tentasse varrer o caso para debaixo do tapete, poderia criar a impressão de que se pode escapar com delitos ainda maiores na empresa. Afinal, todos na organização sabiam da situação. Por outro lado, relatar os fatos às autoridades poderia significar pena de morte. Nesse caso, chegou-se a uma solução híbrida em cooperação com a família do empregado, alguns bons advogados e a polícia. A família comprometeu-se a pagar o dinheiro em prestações, parte dele foi perdoado, e o empregado foi preso por alguns anos.

Algumas situações, no entanto, não deixam espaço para tais concessões. Sabemos de dois outros casos envolvendo *joint ventures* em que os parceiros chineses — empregador, departamento de RH, bem como representantes dos funcionários — insistiram em aplicar toda a força da lei. O argumento deles era: "Essa é a lei daqui e você também deve obedecê-la. Ninguém na empresa entenderia se fosse de outra forma."

Esse assunto deixa você desconfortável? O que isso implica para os gestores internacionais? Na nossa opinião, não se pode simplesmente virar as costas, fugindo da responsabilidade, e dizer: "Não há nada que eu possa fazer", mas, da mesma forma, não se pode querer que a organização local se adapte aos "nossos" valores. O que resta é analisar caso a caso e julgar por si mesmo, nas circunstâncias específicas, o que é possível fazer e que preço está disposto a pagar para proteger o seu ponto de vista. Se você assumir postos na América Latina, na Ásia, no Oriente Médio ou na África, precisa estar muito bem preparado e deve ser capaz, acima de tudo, de evitar a hipocrisia e a arrogância. Afinal, será que permitiríamos que os outros interferissem na forma como fazemos as coisas na nossa casa, onde temos jurisdição? E será que realmente somos tão "superiores" como às vezes acreditamos? Ficamos horrorizados quando vemos casos de corrupção ocorrendo em outro lugar, mas somos indulgentes e sorrimos quando isso acontece debaixo do nosso nariz, com um inofensivo "você coça minhas costas, e eu coço as suas". Heinrich Pachl, artista de cabaré da cidade de Colônia, na Alemanha, definiu essa prática de forma bastante inteligente: "Klüngel [versão de Colônia para 'gestão de relacionamento'] é a garantia dos interesses públicos através de meios privados, enquanto corrupção é a garantia dos interesses privados através de meios públicos."[22]

Onde termina a boa cooperação e começa a corrupção? Onde está a fronteira entre camaradagem e condescendência? Existe realmente uma grande diferença entre fechar um negócio durante uma partida de golfe e um policial de trânsito em um cruzamento movimentado em Buenos Aires aceitar "uma doação para a caixinha de Natal" para não cobrar uma multa por excesso de velocidade? Esse tipo de corrupção "velada" é muito mais sutil do que a maioria das pessoas educadas em uma sociedade ocidentalizada percebe. Por exemplo, na Argentina, como em muitos outros países, policiais não prescrevem multas no local; eles devem incluir um relatório em um sistema adotado para prevenir a corrupção e evitar pagamentos em dinheiro. Claro, o policial pode não querer escrever o relatório e criar toda a papelada, e o resultado será uma penalidade por escrito. Mas ele pode querer fazer um exame completo do carro, dos documentos e outras medidas importantes para melhorar a segurança rodoviária em Buenos Aires. Pode até suspeitar que você bebeu e, nesse caso, tem que pedir que você o acompanhe à delegacia para fazer exames de sangue, o que pode durar horas. Mas tudo o que você quer fazer é voltar para casa depois de um longo e cansativo dia no escritório. Esse policial provavelmente esperou muito tempo para ser designado para aquele trecho perto de muitas empresas estrangeiras, onde todos os expatriados abastados trabalham. Ele ganha cerca de trezentos dólares por mês, tem uma família para sustentar e também deve ter tido um dia longo e cansativo — ou terá um longo turno noturno pela frente. Então, quem somos nós para julgar o seu comportamento? Quando os valores ocidentais são inúteis ou mesmo prejudiciais se corremos o risco de fechar os nossos olhos para outras "verdades"?

No fim dos anos 1990, o cientista político Samuel Huntington criticou a pretensa "superioridade" dos valores democráticos ocidentais, como se o crescimento econômico associado a esses valores lhes desse um direito natural a serem preeminentes, disfarçados com a desculpa de "choque cultural". Muito do que Huntington escreveu revela-se profético e, em um mundo caracterizado pelo medo e pelo desenvolvimento disruptivo, somos inevitavelmente confrontados com questões sobre quais são nossos valores fundamentais e onde estabelecemos os limites.[23]

Mesmo que você não pretenda viajar para tão longe como nesses exemplos, um bom conselho é ser cauteloso e não presumir inquestionavelmente que os vizinhos compartilham uma compreensão semelhante de certos valores. Christoph Barmeyer e Eric Davoine usam o termo "empoderamento" para tratar dessa questão. Originalmente um conceito americano, na Grã-Bretanha e na Alemanha é comparável a "responsabilidade", mas na França, com sua cultura de liderança mais hierárquica, a ideia simplesmente não funciona. Os dois autores, portanto, questionam a estratégia generalizada das corporações multinacionais de buscar a integração através da transposição de valores comuns da sede para as subsidiárias no exterior. Valores corporativos que não conversam com os valores locais têm pouco impacto e são, na maioria das vezes, mal compreendidos. Então, o que aconselham os especialistas? Envolva as filiais estrangeiras na definição de valores, em vez de prescrevê-los de um ponto de vista etnocêntrico e austero, e dando-lhes espaço para interpretações e variações nacionais — tal como os Incas trataram de questões sobre religião há quinhentos anos.[24]

E uma última observação: quanto mais perto você olhar, mais variações nos valores vai encontrar. Há valores obrigatórios para todos os membros de determinada cultura, alguns são valores centrais para determinados estados ou regiões, já outros são específicos de uma organização ou até de cada indivíduo. É bom ter clareza e confiança quanto a seus valores pessoais e agir em conformidade. Um exercício desafiador, mas ainda assim esclarecedor, é, em um momento de silêncio, elaborar uma lista de todos os valores que você considera importantes e depois reduzi-los para três ou quatro absolutamente indispensáveis. Se você for honesto consigo mesmo, terá um aliado valioso e útil para a tomada de decisões em situações difíceis, seja em seu país ou no exterior.

Valores conflituosos: carreira ou família?

No decurso da sua carreira em uma grande multinacional, Paul Williams recebeu por duas vezes novos e atrativos postos no exterior, com a possibilidade de dirigir a filial da empresa na Grécia e, pouco depois, nos Países Baixos. Paul recusou ambas as ofertas por razões familiares, apesar da pressão significativa dos executivos seniores para aceitá-las. No curto prazo, isso foi difícil e doloroso para ele, mas no longo prazo lhe valeu o respeito de muitos de seus colegas e superiores. Os gestores seniores que tinham feito as ofertas, deixando claro que queriam que ele fosse, foram os mesmos que depois se certificaram de que ele recebesse outras oportunidades de desenvolvimento na empresa que não envolviam uma transferência internacional. Esse foi um bom exemplo de jogo limpo e talvez também um grau de reconhecimento de firmeza quando se trata de fidelidade aos valores pessoais.

Em resumo, seus valores centrais servem como a âncora final em um mundo (empresarial) dinâmico, diversificado e imprevisível. Com quais você pode se comprometer, ou pelo menos chegar a um consenso, e com quais não pode? Ninguém mais pode tomar essa decisão por você.

A seguir apresentamos um teste de validação cruzada dos seus valores pessoais e os da empresa ou organização onde você trabalha.

Um teste de estresse para os seus valores — e os da sua empresa

Começa por mim. Ou termina em mim? É difícil imaginar estar motivado, satisfeito e sentir-se bem consigo mesmo quando os seus valores pessoais não são compatíveis com os valores da empresa. Se não houver uma grande sobreposição entre eles, então pelo menos uma dessas duas listas de valores é só fingimento. A questão então é: qual delas?

Lista de verificação de valores pessoais

1. Você é claro quanto ao que representa como indivíduo, quais são os seus valores e no que baseia as suas decisões. ☐
2. Você sabe o que a sua empresa representa. Os valores da organização estão, em sua maioria, em sintonia com os seus valores. ☐
3. Esses valores são vividos ao máximo todos os dias, tanto por você quanto pela empresa, incluindo a alta gerência. ☐
4. Você é capaz de aplicar esses valores (os seus e os da empresa) em situações cotidianas de liderança (1:1, 1:10, 1:10.000, ver Capítulo 3) com convicção e credibilidade, e de forma sustentável (consistente e continuamente). ☐
5. Você não pode responder ao item quatro com um "sim" inequívoco, mas está preparado para diminuir a distância entre os valores declarados e a prática diária. ☐
6. Se essa distância não puder ser transposta, você está pronto para enfrentar as consequências e deixar a empresa ou pagar o preço exigido pelo compromisso. ☐

Lista de verificação dos valores da empresa/organização

1. Se você perguntar a um de seus funcionários quais são os valores da empresa/organização, eles poderão nomeá-los. ☐
2. Você tem o cuidado de garantir que as novas contratações compartilhem os valores da empresa. ☐
3. Casos de desrespeito aos valores ou conflitos de valores são abertamente abordados no decurso do trabalho diário. ☐
4. As violações graves dos valores trazem consequências equivalentes para os envolvidos — em todos os níveis da organização! ☐
5. Os investimentos, parceiros de negócios e clientes são compatíveis com os valores da empresa. ☐

6. A declaração de conformidade não se reduz apenas a questões de responsabilidade legal, mas é vista e aceita como um consenso sobre o direito e o comportamento adequado. ☐

7. Os gestores designados para postos em países cuja cultura é diferente da sua são preparados para potenciais conflitos de valores. ☐

NCA INSIGHTS

- **Quando postos em prática, valores claros fortalecem, não enfraquecem.**
- **Qualquer pessoa que se considere acima da lei está abrindo o caminho para a sua própria queda e para a da sua empresa.**
- **Dar um bom exemplo pode ser visto por alguns como antiquado, mas continua e continuará a ser importante.**

5. Enfrentando o verdadeiro oponente

(ou você está tirando o olho da bola?)

> "Fiquei atônito com dois CEOs que tinham deixado suas empresas anteriores em maus lençóis. Nas suas respectivas novas empresas, passaram a desenvolver um produto concorrente, motivados apenas pelo desejo de se vingar dos empregadores anteriores. E, para piorar a situação, a atitude vingativa envolveu enormes investimentos adicionais e os novos produtos não estavam exatamente na estratégia!"
>
> **EXECUTIVO SÊNIOR (CONHECIDO POR NÓS)**

Geralmente, quem tem a impressão de ser invencível toma decisões erradas e acelera a própria queda. O risco de fracasso é particularmente elevado quando as regras do jogo estão em fluxo, ou durante um período "disruptivo", nas palavras de hoje, e não há um exemplo mais pungente disso do que o destino dos Incas. Em 16 de novembro de 1532, nas montanhas perto de Cajamarca, dois mundos colidiram quando o conquistador espanhol Francisco Pizzaro, com apenas 180 soldados e 27 cavaleiros sob seu comando, encontrava o exército inca numericamente superior. Os historiadores estimam que os Incas tinham cerca de doze mil homens em campo, mas, contra todas as probabilidades, os espanhóis saíram vitoriosos. Uma dinastia que durante algumas décadas havia construído um imenso império teve seu âmago abalado por um punhado de mercenários e aventureiros. A história da dramática derrota dos Incas em Cajamarca continua a nos fascinar até hoje.

Mas isso é apenas uma pequena parte da história. A crença do governante inca Atahualpa na própria invencibilidade foi uma das principais causas da sua queda, e essa crença era tão forte que os Incas se aproximaram dos espanhóis desarmados. O Inca estava convencido de que os estrangeiros ficariam admirados com a sua aparência divina. Quando lhe foi entregue uma Bíblia, ele a atirou ao chão, sem saber o que era, então os espanhóis abriram fogo. Atahualpa foi feito prisioneiro e, um ano depois, executado. Mesmo após essa batalha devastadora, uma revanche poderia ter sido possível se os Incas não estivessem enfraquecidos por uma sangrenta rixa familiar. Desde 1527, Atahualpa e seu meio-irmão Huáscar lutavam pelo controle do império, que seu pai, Huayna Cápac, havia dividido entre eles. O resultado foi uma guerra civil que dividiu os domínios ao meio, deixou incontáveis mortos e criou terreno fértil para revoltas. Muitos grupos locais uniram forças com os espanhóis, na esperança de se livrar do domínio inca, e os espanhóis foram rápidos em se aproveitar disso. Para completar, doenças como varíola, gripe e sarampo, introduzidas pelos europeus, exterminaram milhares de nativos e aceleraram o seu declínio.[1] Até hoje, existe um lago no Equador chamado Yahuarcocha ou lago de sangue, que serve como uma lembrança horrível de uma das muitas batalhas que aconteceram nos derradeiros dias do império.

O rei inca Atahualpa estava convencido de que os recém-chegados seguiriam as suas regras, um erro que nos faz lembrar o CEO de uma grande corporação que ouviu o fundador de uma startup fazer uma apresentação convincente sobre o seu conceito de negócio e, em tom paternalista, desejou boa sorte ao jovem empresário. O jovem pensou por um momento, olhou para cima e respondeu em tom sereno: "Para você também!" Poucas vezes um executivo sênior pareceu tão surpreso.

Na história dos negócios, há inúmeros exemplos de empresas que se depararam com dificuldades por confiarem demais no próprio sucesso. Falamos da jornada da Nokia na introdução e também destacamos outros exemplos. Quando as coisas ficam difíceis, a empresa precisa concentrar toda a sua energia em permanecer relevante no mercado. É ainda mais desastroso se, precisamente nesse momento, o negócio se distrai com disputas internas por poder e batalhas menores em vez de enfrentar a concorrência. Se os Incas tivessem enfrentado os espanhóis com a mesma determinação que mostraram ao conquistar os povos e culturas vizinhas décadas antes, provavelmente teríamos que reescrever a história da América Latina. Há muitas razões pelas quais os Incas não enfrentaram os invasores europeus com a devida firmeza: o choque de ver seu líder divino feito prisioneiro como se não fosse nada, armamento desconhecido como canhões e armas de fogo, animais estranhos e assustadores em forma de cavalos e cães de caça,[2] assim como o desafio de ser confrontado com uma cultura completamente diferente pela primeira vez em um mundo até então relativamente isolado. Em comparação, o ambiente operacional para nossas atuais batalhas comerciais — ou talvez devêssemos usar a palavra "concorrência" — é consideravelmente mais amigável.

Talvez essa seja a razão pela qual, em tais circunstâncias, por vezes ficamos à vontade demais, confiantes demais. Será que não nos tornamos inflexíveis, olhando para o próprio umbigo, em muitas organizações? Quantas vezes nos deixamos distrair, em vez de nos concentrarmos nas questões importantes e no verdadeiro "inimigo"? E, acima de tudo, por que tudo isso acontece e como evitar?

Quando alfas colidem

Para você, qual é a habilidade "obrigatória" que alguém que quer chegar ao topo não só de uma grande empresa ou startup, mas também de um órgão público, uma ONG ou na política deve ter? Inteligência? Criatividade? Boa comunicação? Já está balançando a cabeça? Pois devia. Todas essas competências são importantes, claro, mas não valem de nada se faltar o ingrediente mágico: a assertividade. Ninguém chega ao topo surfando na onda da boa vontade. Você deve se destacar dos rivais, mostrar determinação e, de vez em quando, abrir caminho. Você não pode perder o sono à noite, preocupando-se com um rival malsucedido que, naquele exato momento, pode estar afogando as mágoas no bar ao lado. Se o sucesso na carreira é a seleção do "mais apto" — pelo menos no que diz respeito à assertividade e resistência —, mais cedo ou mais tarde, as personalidades alfa vão colidir nos corredores corporativos. São os que têm fome de poder e colocam as coisas em movimento, vivendo e respirando sua visão de sucesso, para quem vencer praticamente a qualquer custo é a motivação final. Essa mistura potencialmente explosiva ajuda a explicar muitos conflitos e as suas causas, por vezes triviais.

Uma das nossas entrevistadas, Iris Löw-Friederich, nos deu um exemplo notável:

> Em uma das minhas primeiras funções, a empresa estava realizando pesquisas sobre uma doença bastante comum. Nos Estados Unidos, grandes bailes de gala são rotineiramente organizados nesses casos para angariar doações. Estávamos trabalhando em parceria com outra empresa e, nesse evento em particular, os CEOs de ambas as empresas se sentaram à mesma mesa. A presidente de uma ONG disse algumas palavras de agradecimento na abertura do evento, mas, no início do breve discurso, citou primeiro o CEO "errado" — pelo menos de acordo com alguns dos nossos membros do conselho —, ou seja, o CEO da empresa parceira. Isso arruinou não só o restante da noite, mas também a futura cooperação empresarial. A partir daquele momento, a coisa não funcionou mais em um nível pessoal, e tudo por causa de algumas palavras aparentemente inofensivas, que confrontaram dois egos superinflados. Foi uma tempestade enorme em um minúsculo copo d'água.

Se você acha isso um pouco ridículo, estacione seu carro uma ou duas vezes "por engano" na vaga do CEO e veja o que acontece. Steve Jobs teria despedido um gestor na hora por ousar acrescentar algo ao que ele tinha rabiscado em seu cavalete *flipchart*. Conhecemos uma secretária muito experiente que quase perdeu o emprego porque serviu o iogurte matinal ao seu novo patrão em um recipiente de plástico, em vez de em uma tigela de vidro.

Tais incidentes demonstram que muitas características que são úteis quando se sobe na escada do sucesso, como ter autoconfiança elevada e ser casca-grossa, podem em algum momento tornar-se destrutivas. Em seu respeitado livro, o médico e psicoterapeuta Gerhard Dammann foca sua atenção nos "narcisistas, ególatras e psicopatas das salas executivas". Ele identifica algumas características narcisistas que têm um impacto positivo na progressão da carreira:

- Sensação exagerada de valor próprio.
- Tendência a se superestimar.
- Vício em trabalho.
- Capacidade de guiar, influenciar ou manipular outros.
- Sangue-frio, falta de empatia.
- Disposição para assumir riscos.[3]

O narcisismo patológico está a um pulo, o que Dammann caracteriza, por exemplo, como sentir que você é "especial" sem ter feito nada de especial, fantasiar com sucesso e poder e esquematizar formas de explorar relações pessoais.[4] O que separa a "alta confiança" de uma crença exagerada na própria grandeza? E onde fica a linha que separa essas duas coisas depois de uma série de sucessos? Quando o narcisismo "saudável" se torna algo mais extremo, o fracasso é percebido como um fracasso pessoal, que pede vingança. Às vezes, o resultado pode ser investimentos questionáveis, de até milhões de dólares, como vimos na citação no início deste capítulo. Ou pode nos assombrar quando alguém com essa personalidade ocupa uma posição de poder.

Loucura corporativa: derrubem esse muro!

Em uma famosa editora, os dois diretores-gerais chegaram a se isolar, literalmente, um do outro. Evitavam qualquer contato e só se viam na reunião mensal de gestão, sendo que todas as outras vezes que precisavam se comunicar, a conversa se dava por outros colaboradores. Depois, as coisas chegaram a tal ponto que construíram uma parede no corredor entre suas respectivas salas! O acesso era apenas pelo piso inferior, e mesmo o terraço compartilhado teve que ser dividido. Seus assistentes entraram na rixa e declararam guerra também.

Depois de algum tempo, uma linha de demarcação real tinha se estabelecido no coração da empresa e na mente de todos os empregados. Conhecemos pessoalmente o novo diretor-geral, que acabou sendo trazido para suceder aos dois, e ele nos disse qual foi a sua primeira grande ação no novo trabalho: derrubar o muro!

Talvez você estivesse lendo sem acreditar sobre os dois irmãos incas loucos pelo poder, preparados para provocar uma guerra civil e arriscar todo um império para satisfazer suas ambições pessoais e descontroladas. Isso é compreensível, e é fácil cair na armadilha de pensar que tal comportamento é coisa do passado — até saber de exemplos atuais como o que acabamos de trazer, que deixam claro que a nossa composição psicológica básica é praticamente a mesma de quinhentos anos atrás. Conflitos nos níveis superiores de uma organização são quase inevitáveis, porque é lá que os líderes ambiciosos e agressivos estão. Se esses conflitos são construtivos, no interesse do negócio, ou destrutivos, de modo a ignorar o impacto potencialmente negativo na empresa, depende em grande parte da promoção das pessoas certas. Ou, então, quem encontrou um jeito de chegar ao topo foi alguém cuja sede de poder se sobrepõe a tudo o mais.

A segunda categoria tem a ver com o mesmo grupo de pessoas altamente ambiciosas e sem valores a que Jack Welch se referia na sua matriz (ver Capítulo 2, "Mais talento do que tempo de casa"). Mesmo que esse caráter imprudente tenha sucesso no começo, o fim nunca pode justificar os meios, e é apenas questão de tempo até que haja algum tipo de mudança de direção e ação corretiva em relação a tal comportamento. Infelizmente, porém, isso muitas vezes não acontece, e ninguém — ou pelo menos ninguém com a autoridade necessária — se posiciona contra as práticas inaceitáveis do gestor ou gestores em questão. Recentemente, houve muitos exemplos em que os conselhos intervieram tarde demais ou, pior ainda, não intervieram de maneira nenhuma.

Quando os patriarcas não pensam no futuro

Noventa e cinco por cento das empresas na Alemanha são familiares, mencionamos a sua importância no Capítulo 2 e entraremos em mais detalhes no Capítulo 6. Esse tipo de empresa continua a ser a espinha dorsal da economia do país, sendo que algumas têm presença global. E são muitas vezes dirigidas por patriarcas típicos. Um exemplo é a Oetker. Antes de morrer em 2007, Rudolf-August Oetker decretou que seus oito filhos, de três casamentos, deveriam conduzir o negócio familiar em "harmonia e unidade". É inteiramente possível que Huayna Cápac tenha dito algo semelhante aos dois filhos que havia escolhido como sucessores. No caso da Oetker — uma das maiores empresas familiares de bens de consumo do mundo, com receita anual de mais de treze bilhões de dólares —, o número de filhos envolvidos multiplicou o risco de conflito. De fato, as batalhas subsequentes entre os herdeiros captaram a atenção da imprensa e continuam a fascinar, com alguns observadores especulando até mesmo sobre a dissolução do conglomerado empresarial.[5]

"Empresas dirigidas por irmãos são as que têm o maior risco de passar por disputas de poder, e esse risco aumenta ainda mais quando os filhos são de vários casamentos", diz Peter May, especialista em negócios familiares. Ele atribui isso ao antagonismo dos filhos mais velhos em relação aos filhos da mulher que sucedeu a sua própria mãe.[6] E, em outra perspectiva, a história dos Oetker é típica. Quase dois terços das empresas familiares fracassam entre a terceira e quarta gerações. Por fracasso queremos dizer que ou a família já não dirige o negócio em si, ou o negócio foi vendido parcial ou integralmente, ou faliu.[7] No caso dos Oetker, a batalha está ocorrendo na terceira geração, sobretudo entre August Oetker, presidente do conselho consultivo, e seu irmão mais novo, Carl Friedrich Oetker. A lista de exemplos em que rixas familiares internas prejudicam ou já prejudicaram seriamente os negócios é quase interminável, seja irmão contra irmão, pai contra filho, mãe contra filha, tio contra sobrinho, irmão contra cunhada, ou qualquer outra combinação possível.

Conflitos em, e entre, diferentes alas de uma família muitas vezes são alimentados pouco a pouco antes de estourarem. As causas são quase sempre as mesmas. Normalmente, há um patriarca que dirige o negócio com sucesso por vários anos, mas depois adia sua partida por muito tempo. A firma é sua vida, e renunciar é uma escolha difícil. A sucessão não foi devidamente planejada ou pensada, então o conflito é inevitável, e esse comportamento é, em alguns aspectos, compreensível; ninguém gosta de enfrentar a própria mortalidade. O problema é que as consequências podem ser extremamente graves, incluindo o bem-estar de uma grande empresa com milhares de empregados.

Além disso, onde há um patriarca dominante, raramente se encontra uma equipe de gestão forte e autônoma. O desejo de controlar tudo e o medo de que alguém de fora da família estrague as coisas são grandes demais. Isso pode funcionar bem durante um tempo, mas a experiência e um olhar sobre os livros de história nos ensinam que o sucesso raramente perdura, se é que perdura. A resiliência transforma-se em obstinação; a falta de previsão, em ameaça existencial; e a continuidade, em inflexibilidade. Muitas vezes, quando a liderança repousa sobre uma pessoa durante um longo período de tempo, temas importantes como o desenvolvimento futuro do negócio, incluindo a transformação e mudança necessárias, são negligenciados. E se, além de episódios tão turbulentos, a próxima geração também estiver envolvida em disputas internas, a maioria das organizações não conseguirá se recuperar. Com uma parcela de inveja sobre a forma como a herança familiar é dividida, aliada à ausência de mecanismos bem estruturados para lidar com disputas, o destino do negócio é selado. Receitas estáveis de vendas e resultados comerciais impressionantes são importantes, mas são apenas peças do quebra-cabeça em um mundo de negócios inconstante, complexo e dinâmico, e têm o efeito infeliz de dar a muitas empresas familiares uma falsa sensação de segurança — como Atahualpa, que confiou demais no que acreditava ser a superioridade inquestionável de suas forças armadas em Cajamarca.

Qual é a solução? Existem algumas precauções óbvias: planejamento sucessório (uma vez que o chefe incumbido tenha atingido os cinquenta anos, já está na hora), uma estrutura sólida e processos de acompanhamento para lidar com disputas (em que as diferenças são resolvidas em vez de propagadas), e vontade de envolver conselheiros externos, peritos, coaches e mediadores se progressos suficientes não estiverem sendo feitos. Em outras palavras, desenvolver preparativos simples e práticos, em vez de tatear cegamente, absorvidos apenas na rotina diária e na suposta imortalidade do chefe.

A coisa mais difícil de fazer é escolher o momento em que o comportamento do patriarca ou gestor de longa data já não é bom para o futuro do negócio. Daí para a frente, com frequência surge a questão: havia sinais de aviso e, se sim, quando deveriam ter sido notados? Infelizmente, não há uma resposta simples, pois muitas vezes só após o evento se torna claro que algo ia mal. O que pode ser útil é saber que o sucesso atual é um companheiro bem-vindo, mas também inconstante e duvidoso, e não se deixar deslumbrar por ele. Embora a afirmação "não há longo prazo sem curto prazo" seja poderosa, uma série de sucessos de curto prazo não é garantia de sobrevivência em longo prazo. É uma tentação muito forte e humana não investigar as coisas de perto quando os tempos são bons, e a maioria de nós já viveu um período assim na carreira. Se "os números estão certos", a pressão costuma ser menor, e as recomendações e propostas de investimento são aprovadas com rapidez, até demais; isso se aplica a todos os níveis de uma organização. Quem teria criticado a liderança do Deutsche Bank quando o banco gerava bilhões em lucros, ou a alta gerência da Enron depois que a revista *Fortune* lhe deu o título de "empresa mais inovadora dos Estados Unidos" pela sexta vez consecutiva?

Um patriarca confiante, ou mesmo um gestor confiante, deve incentivar o diálogo e o debate, não sufocá-los. Deve rodear-se de pessoas capazes de manter uma distância saudável tanto das questões pessoais quanto dos problemas e encorajá-las a dar feedback de forma construtiva e crítica. Isso também se aplica às relações entre gestão e conselho, entre CEO e presidente e, se o cargo mais alto for ocupado por uma pessoa (como em conselhos unipessoais), então o fator corretivo deve ser exercido por um terceiro. Se o CEO e o presidente se derem bem, operarem no mesmo comprimento de onda e compartilharem valores semelhantes, isso pode ser de grande benefício para o negócio. Mas, ao mesmo tempo, apresenta um risco significativo. Afinal, quem vai contradizer os dois tomadores de decisão mais importantes do negócio se eles tendem a concordar na maioria das coisas? Tanto melhor, então, se houver um compromisso genuíno de ouvir os pensadores não convencionais, os que são do contra na própria organização! Você pode ler mais sobre como criar uma cultura de crítica construtiva no Capítulo 8 ("Ego maior que a realidade").

Quando o problema está no sistema

No que nos diz respeito, o verdadeiro "inimigo" de um negócio é a concorrência. Nem todos ficarão felizes em usar a palavra inimigo aqui, mas quer digamos *market player*, rival de mercado, oponente comercial, ou apenas o bom e velho concorrente, trata-se de ser melhor, mais rápido e mais bem-sucedido do que os outros, de ganhar e assegurar a participação de mercado e criar valor duradouro e sustentável para os clientes. Qualquer atividade que não ajude diretamente uma empresa a atingir esses objetivos em curto ou médio prazo e que a impeça de manter os clientes satisfeitos de forma consistente não é mais do que um espetáculo secundário. Exemplos clássicos de tais distrações são as rivalidades departamentais, por exemplo marketing vs. vendas, vendas vs. pesquisa e desenvolvimento (P&D), matriz vs. filial ou subsidiária etc. É claro que alguns conflitos internos decorrentes de suas diferentes responsabilidades são compreensíveis e não devem ser descartados. O setor de P&D geralmente quer mais tempo para realizar testes adicionais enquanto, por razões igualmente boas, o pessoal de vendas quer o produto agora. O que é fundamental, porém, é se a cultura empresarial incentiva ou dificulta a comunicação aberta e a proposta de soluções transparentes para conflitos internos, ou deixa o campo aberto para aqueles que sabem fazer política melhor ou tem os contatos certos entre a alta gerência. Os piores exemplos são aqueles que seguem a máxima "dividir e conquistar", com base no pressuposto errado de que a concorrência interna é boa para os negócios. No longo prazo, essas culturas permitem que precisamente as pessoas erradas prosperem: aquelas com ambição e sem valores. Qualquer pessoa com boas opções fora da empresa provavelmente irá embora — qualquer um que sinta que tem que manter a cabeça baixa, sem nunca viver o seu potencial máximo. O medo nunca foi uma boa base para a orientação e a motivação.

Um indicador útil da cultura de uma organização é observar quem está subindo e construindo uma carreira, e quem não está. Que tipo de comportamento é recompensado? A fofoca rasteira ou a responsabilidade e a clareza de espírito? O domínio prepotente ou o diálogo apreciativo? A sobrecarga superficial ou o foco genuíno na obtenção de resultados? Que regras e incentivos tácitos realmente importam?

Além de uma cultura de comportamentos que dá exemplos indesejáveis e contrários aos interesses de longo prazo da empresa, a própria estrutura das organizações pode ser um terreno fértil para distrações e desvios. As grandes corporações são particularmente competentes na criação de departamentos cuja "contribuição" principal parece ser pesar nos custos operacionais e cujo principal objetivo é assegurar a própria sobrevivência.

Quando os departamentos surgem como flores na época de chuva

Eu (Andreas Krebs) tinha acabado de assumir um cargo no conselho de administração de uma empresa e fiquei surpreso quando um colega me disse que "em princípio" tinha terminado o seu documento estratégico, só precisava passar pelo departamento de avaliação estratégica. Nunca tinha ouvido falar nesse departamento, mas obviamente alguém tinha achado uma boa ideia que outros revisassem conceitos importantes, o que, pelo menos à primeira vista, também me parecia bastante razoável. Mas o que tinha começado como uma equipe de três ótimos consultores internos passou a ser um departamento com 120 funcionários que analisavam e examinavam tudo e qualquer coisa.

Em um caso semelhante, havia um departamento interno de SAP (sistemas, aplicações e produtos) com sessenta anos de existência, que programou aplicações personalizadas para diferentes divisões da empresa. Esse departamento também começou pequeno. Mas, depois que a notícia de que você poderia ter um software padrão otimizado para suas necessidades se espalhou, o departamento foi invadido por demandas e cresceu cada vez mais. Tudo parou de uma hora para outra, quando essas melhorias tão "importantes e urgentes" tiveram que ser financiadas a partir dos respectivos orçamentos departamentais, em vez de um orçamento central, como era antes.

Sem dúvida, alguns leitores também são especialistas em alocação de custos e outros sistemas do tipo. Há inúmeras empresas em que vinte por cento ou mais dos custos são desviados entre diferentes divisões e departamentos por esses sistemas. Uma burocracia enorme; e, curiosamente, parece que os mestres dessa arte obscura acabam por gerir os departamentos mais "eficientes"! Hesitei em colocar esses pensamentos no papel, mas, quando era um jovem gestor, eu mesmo não era tão ruim nesse joguinho...

Para ser franco, se o serviço estiver disponível, vai ser usado. As coisas não mudaram desde os anos 1950, quando Cyril Northcote Parkinson inventou a sua famosa máxima: "O trabalho se expande de forma a preencher o tempo disponível para a sua conclusão." Pelo menos para alguns, as coisas acontecem assim se tiverem o agradável efeito secundário de transferir parte da responsabilidade para os outros. Afinal, se o departamento de "avaliação estratégica" fez sua análise e depois entregou o resultado em um documento conceitual, o autor original pode relaxar, pois quaisquer erros no documento já não são responsabilidade apenas sua.

A equipe e as funções de apoio estão particularmente propensas a se expandir sem direção, em um processo desencadeado pelas funções operacionais. Muitas pessoas em áreas como a jurídica e a de informática, planejamento ou finanças, pesquisa de mercado etc. fazem um excelente trabalho, e suas funções são importantes para o funcionamento eficaz da maioria das grandes empresas. Mas as funções operacionais fazerem exigências que não foram consideradas com o devido cuidado só porque estão lá não é bom para a empresa. Por exemplo, um gerente de produto pede um orçamento de seis dígitos para fazer uma pesquisa de mercado para entender melhor o público-alvo do produto. Em vez disso, recomendamos que cada gerente de produto saia por uns dias com alguns colegas de vendas, o que muitas vezes dispensa uma pesquisa formal de mercado, ou pelo menos resulta em uma pesquisa muito mais barata.

Aqui está outro exemplo que já aconteceu conosco: o novo CEO de uma empresa do Euro Stoxx 50 contratou dois controladores financeiros para se reportar diretamente a ele. Pouco tempo depois, o vice-presidente sênior de marketing e vendas disse que também precisava de um controlador, pois também tinha que lidar com "muitos números". Os outros vice-presidentes não perderam tempo em argumentar que também precisavam de apoio semelhante. E, de repente, mais de meia dúzia de controladores apareceram, todos ocupados em análises que exigiam números detalhados, que naturalmente precisavam ser gerados por outros colegas, o que lhes custava tempo e energia e os distraía de suas responsabilidades principais. Os documentos e arquivos adicionais gerados eram então enviados de um lado para outro, para serem analisados e comentados, criando uma nova onda de "trabalho" e, em pouco tempo, todos os controladores precisavam urgentemente de assistentes. (Cyril Parkinson teria se divertido com tudo isso.) E, então, foi preciso consultar o RH para saber se todos esses controladores deveriam se reportar diretamente ao controlador sênior ou ao vice-presidente relevante, ou a ambos, e se isso era representado por uma linha tracejada ou sólida (no organograma dos relatórios funcionais e/ou disciplinares), e assim por diante. Os concorrentes da empresa se deliciaram com essa orgia de introspecção e distrações!

Além do surgimento de vários departamentos, tem a burocracia clássica, que atua como um enorme entrave nos processos de negócios, custa tempo e dinheiro e entra na frente de assuntos mais importantes. Pode levar às situações mais absurdas, como cada pedido de papelaria precisar ser aprovado por sete pessoas diferentes. Nessas circunstâncias, a encomenda de um único lápis pode custar ao negócio noventa euros, de acordo com os cálculos de um consultor.[8] "Embora seja loucura, há nela certo método", como disse Shakespeare. E, mesmo que hoje ninguém aguente mais ouvir a palavra "burocracia", o conceito original — uma regulamentação lógica, baseada em regras e procedimentos transparentes — continua a ser fundamentalmente correto.[9] A abordagem só se torna contraproducente se regras mesquinhas se opuserem à prestação de contas e regulamentos sem sentido ocuparem uma quantidade de tempo desnecessária. A burocracia depende da qualidade das regras em que se baseia. Quanto mais regras, mais burocracia, e quanto mais tempo a pessoa passou trabalhando nessa burocracia, menos provável é que se dê conta disso. Ao que parece, para algumas empresas verificar as despesas de viagem custa tanto quanto as próprias despesas de viagem. Ter um sistema baseado em regulamentação excessiva é sinal de uma cultura empresarial baseada na desconfiança. Várias assinaturas podem ser necessárias para comprar um laptop, mas será que isso realmente vale para materiais baratos?

Além disso, existe uma ligação fatal entre o excesso de burocracia e um sentido de responsabilidade cada vez menor. Se existem regras para tudo, então é muito mais simples parar de pensar por si mesmo. Caso surjam problemas com isso, o sistema burocrático reage da única forma que conhece e entende: criando mais regras. Segue-se uma espiral descendente e o negócio se arrasta até a paralisia completa e perde ainda mais o foco das tarefas importantes. Em contraste, uma cultura empresarial baseada na confiança torna a microgestão supérflua e amplia o âmbito da responsabilização individual. Em resumo, se você quer responsabilidade pessoal, deve permitir independência, e isso requer confiança. O mesmo se aplica, a propósito, às sedes de empresas que sujeitam suas filiais ou sucursais a mais perguntas e métodos de controle do que pode ser bom para o sucesso do negócio. Claro que há sempre uma maçã podre que abusa da confiança, mas esse tipo de pessoa nunca presta atenção às regras de qualquer maneira, então por que criar obstáculos a 99 colegas só porque um pode abusar da liberdade concedida?

Muitas organizações ainda gastam meses fazendo planejamento orçamentário do tipo "top-down/bottom-up". Por vezes, começam já em abril ou maio com uma ampla orientação da alta gerência, seguido de cada organização do país e departamento central planejando todos os custos do zero, embora normalmente baste uma simples extrapolação. O resultado é então apresentado, discutido, negociado, agregado e finalmente alinhado e coordenado em reuniões regionais, reuniões de média gerência, reuniões de alta gerência e reuniões da sede, tudo com o único propósito de assegurar que os números sejam devidamente ajustados antes de serem apresentados em reuniões com a mais alta gerência. E então, no meio do processo, a alta gerência intervém com alguma orientação adicional de cima para baixo (no meio-tempo as coisas avançaram!) e começa tudo de novo, só que nesse ponto já estamos em outubro! Mas não tem que ser assim. O sócio-gerente de uma grande empresa de *private equity* nos explicou a diferença entre essa abordagem corporativa e a sua abordagem: "Para nós, não se trata de elaborar um planejamento exageradamente preciso e depois alcançar os resultados de um processo orçamental monumental. Desde que os resultados planejados correspondam ou excedam a orientação gerada pelo nosso caso de investimento, ficamos satisfeitos. Assim que somos convencidos da estratégia da empresa, das possibilidades de escalonamento e da capacidade geral da gestão de cumprir o proposto, o nosso lema é bastante simples: a estratégia pode não ser exata, mas a *execução* é!"

Outro problema organizacional é a falta de uma governança robusta, incluindo funções e responsabilidades mal definidas, bem como tomadas de decisão autoritárias. Responsabilidades claras fornecem o escopo em que a responsabilidade pessoal pode prosperar. Onde não há estruturas formais, desenvolvem-se estruturas informais em que a fonte do poder de decisão não é formalmente determinada, e mais cedo ou mais tarde surge uma hierarquia informal, geralmente por ordem de financiamento. Essas duas situações são um terreno ideal para o surgimento de conflitos e a perda de produtividade, pois as pessoas acabam se concentrando na disputa de postos em vez de promover o bem comum da organização. Isso é fácil de imaginar, e a maioria de nós já deve ter presenciado algo assim na própria empresa em um momento ou outro: disputas de poder que consomem enormes quantidades de energia, não agregam valor, dificultam o negócio e fortalecem a concorrência. Mas e quanto às ONGs, instituições de caridade ou outras organizações sem fins lucrativos? Infelizmente, a disputa por poder e status é uma ocorrência diária nesses ambientes — segundo alguns de nossos entrevistados —, quase como se defender uma "boa causa" justificasse uma espécie de absolvição moral no que diz respeito a comportamentos questionáveis.

Tudo isso reforça a importância de definir claramente as hierarquias, diretrizes e responsabilidades, a fim de tornar as disputas de poder, na medida do possível, desnecessárias. E também explica o problema das organizações matriciais, que não só requerem um alto nível de coordenação, mas também podem encorajar disputas interdepartamentais. Além disso, muitas vezes elas favorecem "residentes corporativos" menos produtivos que encontraram um pequeno nicho em algum lugar, sabem manter a cabeça baixa e são especialistas em parecer extremamente ocupados quando surge mais trabalho.

Como ter férias remuneradas de seis anos

Foi a BBC que primeiro noticiou o caso na primavera de 2016, e todos os jornais entraram na onda. Um funcionário público espanhol, que deveria supervisionar a construção de uma obra de saneamento, não apareceu para trabalhar por seis anos sem que ninguém percebesse. Só quando chegou a hora de Joaquim G. receber um prêmio por "vinte anos de serviço leal" é que ele "ocasionalmente" apareceu no escritório. O sujeito passava a maior parte do tempo em casa lendo livros de filosofia. Diógenes teria ficado impressionado! Como isso aconteceu? Muito simples: responsabilidades mal definidas. A companhia de saneamento presumiu que Joaquim G. trabalhava para a autoridade local, e a autoridade local presumiu que ele trabalhava para a companhia de saneamento.[10]

Não subestime o poder da subestimação![11]

Qualquer pessoa que esteja envolvida com os desafios imensos enfrentados por uma organização não pode fugir ao tema da gestão de riscos e, em particular, da prevenção de riscos. Ainda que haja diversos bons livros sobre o assunto, ele muitas vezes é negligenciado. Raramente a alta gerência lhe dá a devida atenção. A questão só é tratada uma ou duas vezes por ano na Comissão de Impostos e Auditoria, e é incomum vê-la sendo examinada de forma sistemática e profissional em uma empresa. Claro, não é muito divertido passar longos períodos de tempo trabalhando em cenários apocalípticos, mas a realidade é que os riscos estão à espreita em todos os lugares. Inúmeras empresas falharam precisamente porque prestaram pouca atenção às medidas preventivas que poderiam ser implementadas, dado o seu perfil de risco. Elas não estavam preparadas quando um possível risco se tornou realidade e não tinham analisado múltiplos cenários, ou seja, cenários envolvendo não apenas a concorrência e o mercado, mas também novas regulamentações, desastres naturais, ciberataques, sabotagens e as consequências devastadoras de uma pandemia.

A gestão de riscos é um componente elementar da boa gestão empresarial, e não basta apenas fazer uma lista de verificação de termos como prevenção de riscos, redução de riscos, agregação de dados de riscos, análise de riscos, monitoramento de riscos etc. Deve começar bem antes, com a consciência e a psicologia do risco. Os especialistas responsáveis pela gestão de riscos são muitas vezes extremamente competentes e racionais, o que é bom, claro. A desvantagem é que muitas vezes fatores simplórios e riscos intangíveis são negligenciados, porque são mais difíceis de identificar e descrever e particularmente difíceis de quantificar.

Além disso, nós, como seres humanos, temos uma forte inclinação para querer acreditar que estamos fazendo tudo, ou quase tudo, certo. A estratégia está adequada, a implementação está em pleno andamento, os erros estão sendo corrigidos à medida que surgem. E nós conhecemos bem a concorrência. No decorrer das nossas conversas, por exemplo, tornou-se evidente que muitos de nós não compreendemos bem ou tendemos a subestimar a questão do risco de inovação. Temos orgulho dos nossos produtos e da nossa base de clientes, e é difícil imaginar que tudo poderia virar de cabeça para baixo de repente, como foi o caso da Nokia. O risco de inovação nem sempre é uma ameaça que cresce devagar, decorrente do envelhecimento gradual de um leque de produtos que se torna menos competitivo a cada dia. Para a Nokia, a Apple foi como um relâmpago na escuridão.

Não muito tempo atrás, o termo "cisne negro" era usado para descrever um evento altamente improvável que, no entanto, aconteceu. Mais recentemente, o mundo VUCA tornou-se um modelo para descrever o atual ambiente macro-operacional. O professor de economia Klaus Schweinsberg ampliou ainda mais o conceito VUCA: "Hoje, essa fórmula é demasiado simples para descrever as condições atuais. Estamos lidando com um segundo conjunto de dimensões, que potencializa ainda mais a volatilidade, incerteza, complexidade e ambiguidade já existentes. Trata-se de virtualidade, do infinito, de inteligência cibernética e artificial, o VUCA 4.0, por assim dizer. Este cenário coloca enormes desafios para a economia como um todo, em particular para as pequenas e médias empresas."[12] E não mencionamos nem mesmo fatores imprevisíveis como a atividade criminosa de funcionários, clientes e parceiros comerciais, além de desdobramentos políticos que podem colocar em perigo a organização ou mesmo desastres naturais. Não importa se você trabalha em uma pequena ou grande organização, é vital estar permanentemente alerta. Se não fizer isso por conta própria, certifique-se de haver alguém na empresa "pensando o impensável" e olhando para as mudanças que estão acontecendo no mundo, tanto as grandes tendências quanto as pequenas, que lentamente acumulam mudanças que muitas vezes só se tornam óbvias quando já é tarde demais para mudar de rumo.

Nik Gowing e Chris Langdon, no excelente livro *Thinking the Unthinkable*, descrevem uma de suas principais descobertas: "A conformidade que leva os líderes ao topo impede a maioria deles de perceber momentos disruptivos e saber o que fazer."[13] Os autores também cunham o termo "pensando o desagradável", definido como "algo que é conhecido, mas muito arriscado ou perigoso ou pouco atraente para se refletir ou com o qual se envolver".[14] A crise da Covid-19 logo vem à mente como um exemplo desse tipo de negação.

A esse respeito, você pode fazer a si mesmo uma pergunta prática: é concebível que apenas um funcionário ou uma pequena equipe possa pôr a sua organização em risco? Isso é, sem dúvida, um pensamento desagradável, mas seria uma ilusão pensar que é impossível. Um exemplo típico e muito realista desse colaborador poderia ser o chefe de TI. Em muitas empresas familiares e organizações comunitárias, essa pessoa é a única que conhece o funcionamento do software. Eles mesmos podem ter programado grande parte do software e é um verdadeiro desastre se de repente desaparecerem por qualquer razão. O mesmo se aplica a pessoas com know-how fundamental que, sem aviso prévio, vão embora, passam para a concorrência ou, pior ainda, começam a trabalhar fora da lei. Inaceitável? Sim. Mas sem dúvida improvável. Presumivelmente, foi isso que os senhores do Barings Bank pensaram antes que Nick Leeson, um colega de Cingapura, levasse o banco a uma perda de 1,4 bilhão de dólares ao especular sobre taxas de juro e derivativos de índices de ações arriscados. Depois de duzentos anos de sucesso nas negociações, o banco foi à ruína e acabou vendido ao ING por um valor simbólico de um euro. Portanto, sim, essas coisas, infelizmente, acontecem.

Riscos desse tipo não são, de forma alguma, a exceção. Um amigo nosso, membro do conselho de supervisão de uma grande empresa familiar, estabeleceu desde cedo, em sua nova função, que apenas um administrador do departamento financeiro e seu supervisor direto teriam acesso completo às reservas de caixa, no valor de seiscentos milhões de euros, graças a um amplo contrato bancário. Um potencial "Nick Leeson 2.0"! Ou veja o exemplo da Target Retail Group, com sede nos Estados Unidos, que optou por usar um fornecedor de software de baixo custo, cujo software de segurança defeituoso abriu caminho para um ataque cibernético de sucesso espetacular. Mais de cem milhões de cartões de crédito e dados de clientes, PINs, códigos de segurança, endereços e outras informações foram roubados da Target. O diretor de informação foi o primeiro a ir para a rua, seguido pelo CEO Gregg Steinhafel e depois por muitos outros executivos seniores.

E outra anedota para terminar. Paul Williams, na época um jovem gestor há apenas um ano e meio em sua missão na Nova Zelândia, ainda se lembra de um colega experiente perguntá-lo se ele tinha tudo sob controle. Paul pensou por um momento, sorriu confiante e respondeu: "Sim, acho que tenho tudo sob controle. Nada pode dar errado!" Três dias depois, de repente, o caos se instalou. As autoridades, inesperadamente, implementaram novas regulamentações com consequências imediatas e adversas para a divisão de Paul. Ele jurou, na hora, que nunca mais diria ter "tudo sob controle".

A organização focada

Quanto do seu tempo de trabalho é realmente produtivo, ou seja, verdadeiramente útil para o negócio? Se você levasse essa pergunta a vários níveis de toda a organização, presumindo que a cultura da empresa permita respostas honestas, ficaria chocado com algumas respostas. Ou talvez não! De qualquer forma, quase todos se queixarão de reuniões intermináveis, processos burocráticos, relatórios e atas de reuniões que ninguém lê, má comunicação, enxurrada de e-mails e "cc: loucura", atividades supérfluas que só servem para perder tempo etc. Em suma, todos se queixarão de um fenômeno que eles próprios ajudaram a criar. Por isso é tão complexo. Quanto maior o negócio, maior a necessidade de coordenar e alinhar, mais complexos os processos, mais longos os caminhos de decisão e mais regras e regulamentos surgem. E normalmente, com o passar do tempo, novas unidades de negócio e empresas adquiridas precisam ser integradas, e cada vez mais produtos precisam ser gerenciados. É um pouco como uma casa onde a cada ano é acrescentado um novo quarto, todos os anos. Quando você se dá conta, está em um labirinto bizantino. E qualquer um que passe tempo suficiente lá começa a pensar que esse labirinto é "normal".

Um surto de complexidade: quando três países verificam uma fatura

Muitas vezes, grandes empresas de capital aberto, incluindo as que se orgulham das suas filosofias de gestão orientadas por valores, são incapazes de realizar um simples procedimento administrativo: pagar as contas a tempo. Parece que às vezes temos que esperar sessenta, setenta e até cem dias para o pagamento. Uma vez aconteceu conosco algo impressionante relativo a esse tema. Havíamos enviado mais um lembrete de que nosso pagamento estava quase setenta dias atrasado, ao que a secretária do CEO, simpática e com a vontade encantadora de ser o mais útil possível, nos telefonou trazendo boas notícias: estávamos quase lá. Nossa fatura "já" havia passado pela primeira checagem no centro de serviços compartilhados (terceirizado) na Eslovênia, sido liberada para pagamento em outro centro de serviços compartilhados na Romênia, e só estava faltando a instrução de pagamento final, que seria processada em Hyderabad, na Índia, e esse último e vital passo aconteceria em uma questão de dias!

Não podíamos deixar de questionar se esse tipo de estrutura poupa mesmo dinheiro, especialmente quando se tem em conta o tempo necessário para acompanhar solicitações (de ambas as partes) e mal-entendidos.[15] E essas mesmas empresas também falam sobre "tratamento justo a clientes, fornecedores e outros stakeholders" em seus sites. O que levanta a questão: onde termina a "gestão baseada em valores" e onde começa a "gestão baseada em valor"?

Há uma questão simples que obriga os líderes a se concentrar no que realmente importa. Imagine que, amanhã, você vai completar uma aquisição de negócio. Quais são as primeiras coisas que você mudaria? Com base na nossa experiência, os pontos típicos a serem alterados são aqueles processos que a maioria da equipe de gestão considera inúteis ou mesmo prejudiciais para o negócio há algum tempo; linhas de produtos mais antigas, sustentadas mais por tradição do que pelo valor comercial; e a estrutura física da empresa — quer seja o edifício sobrevalorizado em uma localização privilegiada em Paris, quer seja a antiga e apertada unidade de produção que há muito já ultrapassou o seu limite. Por que você não tenta fazer esse exercício? Pense por um momento nas cinco coisas mais importantes que você mudaria se a empresa fosse sua. Outra abordagem é fazer como Jeff Bezos na Amazon e olhar a empresa de fora, da perspectiva do cliente, e ver o que precisa ser feito a partir daí. Isso parece óbvio até vermos quantas empresas estabelecem processos que vão exatamente na direção oposta, começando por dentro e terminando no cliente.

Idealmente, uma empresa deve cultivar uma cultura de eficiência e responsabilidade pessoal, apoiada por um processo de gestão em permanente mudança. Precisamos mesmo disso? Como podemos fazer isso de forma mais simples? O que fazemos por hábito e não porque nos ajuda a alcançar os objetivos de negócio? Vale a pena fazer essas perguntas como parte da rotina. Aqui estão mais algumas. O processo X realmente (ainda) contribui para o nosso sucesso comercial? O que sobra de um projeto se você resumir os impressionantes slides do PowerPoint em algumas frases simples? Você penaliza alguém por sugerir uma redução sensata do ponto de vista comercial no próprio departamento, rebaixando esse funcionário, ou o recompensa pelo altruísmo?

O excesso de complexidade não pode ser reduzido por tentativas ocasionais de otimização de processos. É preciso que a mudança faça parte da rotina e seja apoiada por uma bem pensada cultura de eficiência. Dê a tarefa aos gestores juniores, da próxima geração, cuja maioria não está acostumada aos processos de sempre, ou aos seus funcionários de melhor desempenho. Dê-lhes dois a três dias para elaborar uma nova estrutura para a empresa, um plano de aquisição ou uma estratégia de custos mais eficientes. Marque a apresentação final em um local adequado, que reflita a importância que você dá ao trabalho. Normalmente, os resultados são óbvios e nem sempre são fáceis de engolir para alguns gestores seniores, mas muitas vezes podem ser postos em prática de imediato, em grande parte sem precisar de outras justificativas. Em geral, esses gestores juniores têm pouco a perder e talvez tenham mais propensão a pensar e descrever problemas desagradáveis. Ou, então, uma vez por ano, você pode realizar um workshop de um dia para um pequeno grupo de gestores-chave para trabalhar com uma "página em branco", construindo o negócio a partir do zero, ou instigar "dias de faxina" como rotina em todos os níveis do negócio. Fredmund Malik os descreve como "remoção sistemática do lixo" e simultaneamente coloca uma questão elegante e desafiadora: "O que podemos fazer hoje que ainda não começamos a fazer?"[16] A pergunta está voltada para o presente e destina-se a desencorajar discussões centradas na retrospecção e na autojustificação.

Um negócio focado busca atingir seus objetivos da maneira mais ágil e eficiente possível. Normalmente, isso envolve empurrar a responsabilidade para os níveis mais baixos da organização, reduzindo o número de órgãos que tomam decisões, removendo barreiras burocráticas, talvez até diminuindo os níveis de gestão. Quanto mais problemas forem resolvidos no ponto em que surgem e pelas pessoas que são as mais qualificadas para resolvê-los, melhor. Pense na liderança do empurrãozinho, sobre a qual falamos no Capítulo 3. Um CEO pode desencadear um verdadeiro efeito cascata de maior responsabilidade pessoal no negócio ao colocar projetos ambiciosos nas mãos dos gestores certos, que por sua vez repassam a responsabilidade para seus subordinados diretos. Isso requer coragem para desapegar e fomentar um ambiente onde é permitido cometer erros, o que, infelizmente, é praticamente o oposto da cultura de "segurança em primeiro lugar" que prevalece em muitas organizações. Mas é precisamente um bom ambiente de trabalho o que a maioria dos empregados, sobretudo os nativos digitais, procuram.

Um teste de estresse sobre a sua eficácia

Quanto mais uma empresa se concentrar nas suas tarefas principais e menos se distrair com conflitos internos, uma burocracia inchada e outras questões secundárias, maior será a probabilidade de ser capaz de responder rapidamente a ameaças externas e sustentar o sucesso comercial no longo prazo.

Você está de olho na bola? Vamos descobrir! Sim ou não?

1. O negócio está estruturado de tal forma que pelo menos setenta por cento do tempo de trabalho é produtivo e orientado para o cumprimento dos objetivos. ☐
2. Mesmo que os números pareçam bons, você reflete regularmente sobre a estratégia da empresa e sua implementação. ☐
3. Propostas corajosas de melhorias que não sejam motivadas por interesse próprio são abertamente recompensadas. ☐
4. As responsabilidades e os parâmetros de tomada de decisão estão claramente definidos. ☐
5. A gestão de riscos é tratada com profissionalismo e apoiada até o mais alto nível. ☐
6. As rivalidades departamentais e a mentalidade de silo são mantidos sob controle. ☐
7. Existem regras, mas não uma burocracia inchada com base em regulamentos mesquinhos e supérfluos. A eficiência tem uma importância primordial. ☐
8. Gestores com claras falhas de caráter (falta de integridade, excesso de interesse próprio e sede de poder) não são tolerados. ☐
9. As disputas de poder dentro da organização não são toleradas e as animosidades pessoais são diretamente abordadas e resolvidas. ☐
10. Se você herdasse o negócio amanhã, não veria necessidade de tomar medidas urgentes em áreas centrais (pessoas, leque de produtos, processos centrais, cultura empresarial). ☐

NCA INSIGHTS

- Qual é a maior ameaça ao seu negócio neste momento? Quanto tempo você dedica a esta ameaça?
- Só porque não podemos imaginar que algo aconteça, não significa que não vai acontecer. Então, que circunstâncias "inimagináveis" podem representar um perigo para você e a sua organização? Você está preparado para lidar com esse cenário?

6. Uma estratégia de fusões e aquisições de longo prazo

(ou uma licença para perder uma fortuna?)

> "Você tem que encontrar o equilíbrio entre incorporar as melhores características da empresa a ser adquirida e, ao mesmo tempo, manter os seus princípios claramente definidos."
>
> **CHRISTINE WOLFF, MEMBRO DE VÁRIOS CONSELHOS**

Nosso sistema econômico baseia-se no crescimento, e o indicador final de sucesso é "mais": mais volume de negócios, mais participação de mercado, mais lucro. As aquisições e fusões de empresas são um componente integral do processo e se tornaram parte da rotina nessa busca contínua por mais. Ainda assim, enquanto os especialistas não chegam a um consenso quanto ao percentual de fusões e aquisições que falham — se é "apenas" metade ou dois terços delas —,[1] os Incas, há centenas de anos, tiveram sucesso em expandir sua "firma" durante um longo período. Se pensarmos no seu império como uma multinacional que adquiriu os conhecimentos e as habilidades de um grande número de regiões e povos, adotou-os e integrou-os com sucesso e os consolidou em uma entidade cada vez mais poderosa, então é justo dizer que eles nos dão um exemplo interessante e muitas questões para os líderes de hoje refletirem.

O que é certo é que os Incas devem ter feito muitas coisas bem há quinhentos anos. Por exemplo, apesar de sua superioridade em vários campos, eles valorizavam muito o know-how dos povos conquistados e aplicavam os novos conhecimentos. Assim que adquiriam um novo território, analisavam o trabalho dos artesãos habilidosos e avaliavam métodos agrícolas. O que era bom ou melhor do que os métodos vigentes era adotado e, segundo Nikolai Grube, especialista na América pré-colombiana, os Incas absorviam e incorporavam conhecimentos e técnicas à medida que os encontravam.[2] Ao fazê-lo, apropriavam-se do conhecimento de inúmeras culturas anteriores, por exemplo, a superioridade dos Chimú na construção de estradas, as habilidades cerâmicas dos Moche e Nazca, a proeza arquitetônica dos Tiwanaku e as técnicas de armazenamento de alimentos dos Huari.[3] Hoje, é com espanto que vemos os mais de 25 mil quilômetros de estradas construídas no início do Estado andino, os silos de armazenamento que forneciam alimentos para todo um império e as monumentais construções de pedra, que desafiavam os terremotos, em forte contraste com os edifícios coloniais espanhóis posteriores, que muitas vezes não sobreviviam. Os Incas realmente reuniram "o melhor dos dois mundos".

Um talento para o pensamento estratégico também contribuiu para esse sucesso e, sempre que possível, esse povo buscou fazer o que nós, na linguagem de hoje, chamaríamos de "aquisição amigável". Antes de recorrerem à força, davam aos oponentes a oportunidade de concordar com a integração voluntária ao império. Isso era sustentado por oferendas, demonstrações de suas habilidades e, é claro, de sua superioridade militar. Se o foco de interesse, o "alvo da fusão", cooperava e escolhia o caminho pacífico, então se dava uma grande celebração. A elite dominante do povo adquirido era autorizada a continuar a exercer poder regionalmente, agora como governantes locais, e se ligava à nobreza inca através de casamentos arranjados. Assim nasceu um império que tinha uma autoridade forte e centralizada e, ao mesmo tempo, permitia que muitas funções fossem desempenhadas pelos governos regionais, estabelecendo um equilíbrio bem-sucedido entre integração e descentralização que deveria permanecer estável por muitos anos. É comum conseguir isso hoje?

Ao mesmo tempo, a "matriz inca" exportou suas estratégias de sucesso para as regiões, enviando administradores e especialistas de solo e irrigação, proporcionando melhores condições de vida para as pessoas comuns. Foram soluções rápidas para evitar rebeliões e manter a "Inca Inc." em paz. Podemos condenar a dura política de reassentamento, a hierarquia rigorosa e a severa regulamentação da vida cotidiana como práticas ditatoriais.[4] Mas essa seria a visão do século XXI de uma cultura que, há séculos, foi capaz de algo que tantas vezes nos escapa hoje: englobar diferentes culturas, diferentes unidades operacionais, e fazer delas um todo sustentável, uma organização funcional e próspera.

Quando falamos de F&A, tendemos a pensar primeiro nos negócios realmente grandes, as superfusões, que envolvem bilhões de dólares: Daimler/Chrysler, AOL/Time Warner, Bayer/Monsanto, para citar apenas alguns exemplos. Trata-se de batalhas de aquisição que ganham as manchetes e continuam aparecendo na imprensa muitos anos depois, embora nem sempre pelas razões certas. Começa sempre com o lançamento eufórico do novo empreendimento, então, nos casos em que dá errado, surgem os primeiros sinais de crise e, finalmente, alguns anos depois, após a confirmação de perdas bilionárias, o enterro é anunciado. Mas a aquisição e integração de negócios não é um assunto exclusivo das grandes corporações. Longe do brilho da publicidade, processos similares ocorrem entre empresas de médio porte, com frequência muito maior. Noventa e nove por cento de todas as empresas alemãs são classificadas como médias, com menos de quinhentos funcionários e receitas anuais inferiores a cinquenta milhões de euros.[5] Além disso, 95% de todas as empresas alemãs são familiares e 85% delas são geridas pelos proprietários. Cerca de 1.300 desses negócios são chamados de "campeões ocultos", líderes mundiais de grande sucesso em seus respectivos nichos. A título de comparação, no mesmo período, existiam cerca de 360 empresas desse tipo nos Estados Unidos.[6]

A maioria das cerca de 48 mil operações de F&A concluídas em 2018 no mundo todo envolveu pequenas e médias empresas, e a motivação por trás desses negócios varia muito.[7] Algumas foram iniciadas porque não havia sucessores na família, outras para ajudar a crescer e/ou internacionalizar o negócio e evitar ser alvo de aquisições, outras para ampliar o leque de produtos ou se aproveitar de sinergias reais ou presumidas. Assim, embora as fusões façam parte da vida cotidiana dos negócios, o tamanho parece importar, no sentido de que grandes empresas podem resistir às consequências de uma fusão ruim, ao passo que para empresas de médio porte pode ser uma questão de vida ou morte. Daimler sobreviveu ao flerte de Jürgen Schrempp com o mundo da Chrysler, apesar dos bilhões de dólares perdidos. Mas se a J. Silva & Co. será capaz de sobreviver se a fusão com a F. Souza Ltda. não der certo é outra história. Assim, é mais importante tentar entender por que as fusões fracassam e ver o que a história dos Incas tem a acrescentar sobre o assunto. Nosso interesse é descrever princípios gerais que podem ser úteis para líderes e gestores, em vez de tentar criar um planejamento detalhado que irá inevitavelmente variar de caso para caso.

A mania da fusão — e um exemplo positivo

Neste ponto, talvez você esteja esperando que analisemos o fracasso retumbante de uma megafusão. No entanto, gostaríamos de adotar uma abordagem diferente e destacar o caso de uma fusão bem-sucedida entre dois negócios familiares, a empresa de consultoria de TI Esprit e a de consultoria de gestão Agens, que deram lugar a uma nova empresa poderosa e de grande impacto chamada Q-Perior.

Do passeio de barco à fusão da empresa

Em 2004, os consultores de TI da Esprit estavam trabalhando com uma equipe da Agens para um grande cliente. Os profissionais da Agens eram especialistas em serviços financeiros e as duas empresas eram complementares. O projeto foi um sucesso. No entanto, meses após a conclusão, uma disputa eclodiu porque a Agens roubou um dos principais funcionários da Esprit. Assim que começou a trabalhar na nova casa, o "desertor" logo se deu conta de que as empresas não só tinham uma oferta de produtos complementar, mas também uma cultura empresarial e uma forma de trabalhar muito semelhantes. O ex-funcionário da Esprit compartilhou essa percepção com Rüdiger Lang, seu ex-chefe, e com o dono da Agens. Organizou-se um passeio de barco a vela entre os sócios da Agens e da Esprit, para discutir os potenciais benefícios mútuos de trabalhar mais estreitamente unidos.

Eles mantiveram contato após as primeiras conversas terem ido bem. Em outubro de 2010, uma equipe de seis sócios das duas empresas foi convidada a estudar as vantagens de uma fusão. Naquele momento, a Agens tinha 140 empregados, e a Esprit, 240. Ambas eram bem-sucedidas na sua especialidade e receavam, no longo prazo, não ser capazes de encarar consultorias maiores. Após algumas semanas, a equipe deu o sinal verde, os outros doze sócios das empresas foram incluídos na negociação, e todos elaboraram planos detalhados e cronogramas.

Apenas em abril de 2011, os executivos seniores informaram os cinquenta gestores da Agens e da Esprit sobre os planos, e só depois de todos estarem convencidos dos méritos de uma fusão é que os funcionários foram informados da novidade, no fim de maio. Em 1º de julho de 2011, a Q-Perior foi formalmente lançada com grande celebração. Durante todo o processo de fusão, nem os clientes nem os funcionários se sentiram inseguros, e os negócios prosseguiram sem problemas. As sinergias buscadas com a fusão dos departamentos de finanças, contabilidade, RH, marketing e serviços de apoio foi realizada sem grandes atrasos.[8]

P.S.: A Q-Perior continuou a crescer e agora tem cerca de 1.100 empregados em doze localidades na Europa e América do Norte, com uma receita anual de 195 milhões de euros.[9]

Analisando como essas duas empresas de porte médio se uniram, podemos extrair várias lições sobre como garantir uma fusão bem-sucedida:

- Eventuais sinergias não foram presumidas, mas claramente identificadas, analisadas e cuidadosamente avaliadas com antecedência.
- Os negócios funcionaram bem juntos pois tiveram uma sintonia não apenas econômica, mas também cultural, de modo que a

nova entidade unificada pôde ter um forte senso de identidade própria.

- Houve um verdadeiro encontro de iguais e a fusão foi vista como um projeto compartilhado. Um indicador claro é o novo nome para o negócio, com ambas as empresas concordando em desistir do nome antigo.
- Nos primeiros dias do processo, nada foi apressado, e a alta gerência se deu tempo para construir confiança entre as duas equipes de liderança. Existia um contato pessoal estreito entre os respectivos CEOs e/ou sócios-gerentes.
- As emoções foram levadas a sério, como quando o dono da Agens sentiu que estava sendo passado para trás — e não deixou barato — durante as discussões sobre a futura estrutura de propriedade. A discussão do tema foi adiada e posteriormente renegociada. O resultado: "No fim, chegamos a uma solução justa."[10]
- Foram feitos preparativos detalhados nos bastidores, antes da fusão, a fim de minimizar qualquer período de incerteza, tanto para os clientes quanto para os funcionários. Após um período de "compromisso" clandestino de um ano e meio, em que apenas alguns gestores seniores estavam envolvidos, foi apenas uma questão de algumas semanas até todos os funcionários serem oficialmente informados e o novo negócio, estabelecido.
- Após a fusão, um lado não se subordinou ao outro, foi de fato o início de um projeto em comum completamente novo. Por exemplo, foram introduzidas novas estruturas de liderança e remuneração, integrando "o melhor dos dois mundos".[11]

As duas empresas foram capazes de contornar alguns dos empecilhos que as megafusões tantas vezes encontram: as diferenças culturais são subestimadas ou ignoradas; as sinergias são superestimadas ou imaginadas; os custos reais, tanto em tempo como em dinheiro, de uma fusão não são devidamente levados em conta; e os melhores funcionários, perturbados por longos períodos de transição, decidem tentar a sorte em outro lugar. Afinal, não é segredo de Estado que os melhores talentos são geralmente os primeiros a sair em tais circunstâncias. Se olharmos para a história recente das megafusões, não faltam exemplos em que tudo isso aconteceu, então apresentamos uma pequena seleção:

AOL/Time Warner: A aquisição da AOL pela Time Warner em 2000 por 182 bilhões de dólares foi um dos maiores negócios de todos os tempos. No entanto, as sinergias esperadas entre a "velha" e a "nova" mídia não se concretizaram e, em 2009, a fusão foi revertida, mas o preço das ações da Time Warner já havia caído mais de oitenta por cento. Com o estouro da bolha da internet, o projeto foi, no mínimo, vítima de péssimo timing.[12]

Daimler/Chrysler: Em 1998, a Daimler pagou 38 bilhões de dólares ao grupo americano Chrysler, o que, em comparação com o acordo AOL/Time Warner, pareceu uma pechincha. Em 2007, as duas empresas se separaram. Na época da fusão, Jürgen Schrempp prometeu que seria uma das organizações mais inovadoras e rentáveis do mundo, mas, segundo McKinsey, durante seu período como CEO (1995-2005), ele destruiu 74 bilhões de dólares em valor. Ao longo de dez anos, isso resulta em mais de 20 milhões de dólares por dia! Hoje, os observadores externos concordam em grande parte sobre por que isso aconteceu. A desconfiança mútua entre as duas equipes de gestão nunca foi resolvida com sucesso, o que se deveu em parte ao fato de a empresa ter mantido durante dois anos a "mentira de que era um casamento de iguais", antes de reconhecer oficialmente que se tratava de uma aquisição da Chrysler pela Daimler.[13] Além disso, as diferenças culturais entre os dois negócios não puderam ser superadas. O choque cultural começou com uma compreensão fundamentalmente diferente do produto. Há uma distância imensa entre a concessionária e o cliente da Mercedes, orientados para a qualidade e o status, e a percepção mais pragmática do que é um carro nos Estados Unidos. Além disso, os executivos seniores viam a indústria automobilística de perspectivas distintas. Para complicar ainda mais, as diferenças culturais entre as duas nações representaram um ponto cego para muitos líderes, pois as semelhanças superficiais entre a cultura dos dois países levaram os gestores a cometer o erro, bastante comum, de pensar que entendiam a outra cultura.

Rüdiger Lentz, diretor do Instituto Aspen, outro dos nossos entrevistados, falou-nos de uma incursão malsucedida nos Estados Unidos.

> Trabalhei por mais de trinta anos como jornalista, incluindo três anos como diretor-geral da German TV nos Estados Unidos. O objetivo da iniciativa era levar a televisão alemã (uma *joint venture* entre as emissoras nacionais ARD e ZDF e a internacional Deutsche Welle) para o mercado americano. O empreendimento foi planejado como um negócio alemão — portanto, mal concebido desde o início. Tentamos introduzir um canal de televisão alemão em um mercado dominado por emissoras locais de televisão e rádio. Não era a primeira vez que eu via algo assim acontecer: alemães tentando fazer negócios nos Estados Unidos e pensando como alemães. Seu ponto de referência é a Alemanha e assim acabam subestimando o caráter único e as peculiaridades do mercado.

Porsche/Volkswagen: No dia 26 de outubro de 2008, o chefe da Porsche, Wendelin Wiedeking, fez um anúncio contradizendo o que haviam declarado em um comunicado de imprensa em março do mesmo ano. A Porsche Automobil Holding pretendia aumentar a sua participação na Volkswagen para 75%, adquirindo-a de fato. A primeira empresa já possuía 43% das ações, mas acabou estendendo o financiamento do negócio e, de repente, o jogo virou. A Volkswagen teve então que salvar a Porsche e assumiu a fabricante de carros desportivos. Além disso, as táticas confusas e obscuras da Porsche levaram promotores públicos a processarem alguns de seus gestores, e as ações judiciais sugaram bilhões de dólares de investidores institucionais, para piorar a situação.[14]

Pfizer/Astra Zeneca: As empresas farmacêuticas estão sempre sob pressão para inovar. As patentes de seus medicamentos expiram e os genéricos mais baratos chegam ao mercado, e uma das estratégias favoritas nesse mercado para compensar isso é adquirir concorrentes. Nos últimos anos, a Pfizer, fabricante do Viagra, é uma das organizações do setor que tem se destacado na imprensa. Em 2014, a empresa americana tentou se tornar a número um do mundo ao adquirir seu concorrente britânico, Astra Zeneca. A direção desta rejeitou todas as ofertas e a tentativa hostil de aquisição fracassou. A AZ estava confiante em aumentar significativamente as receitas nos próximos anos sem uma fusão. A imprensa empresarial criticou a Pfizer por seguir uma estratégia agressiva e pela "incapacidade de crescer organicamente" (FAZ). A revista americana *Forbes* comparou a Pfizer ao maior predador dos mares em um artigo intitulado "O tubarão que nunca fica saciado". Mas a busca por alvos de aquisição não parou por aí, e, embora seja fácil questionar essa abordagem, do ponto de vista estratégico ela fez muito sentido, pois a Pfizer seguia uma estratégia híbrida que combinava pesquisa interna com receita adquirida externamente e *pipeline* de vendas. Em abril de 2016, a oferta de 160 bilhões de dólares da Pfizer na aquisição da Allergan foi malsucedida, apesar de as negociações de fusão estarem bem avançadas. O negócio também foi construído sobre previsões de poupança fiscal, uma vez que a Allergan era sediada na Irlanda, mesmo país que abrigaria a sede da nova empresa combinada. No último minuto, a autoridade fiscal americana mudou as regras e, ao fazê-lo, anulou praticamente todas as economias fiscais previstas. Nesse ponto, a imprensa questionou como um negócio como esse poderia entrar em colapso só porque as economias fiscais previstas não poderiam mais ser usadas na transação.[15] Esse é um ponto compreensível, mas sem dúvida simplificou demais a situação. Para ser justo com a Pfizer, presumimos que eles se esforçaram para fechar negócio e, após uma intensa diligência, chegaram à conclusão de que o acordo final não era tão convincente quanto planejado e não fazia mais sentido. Optaram por se afastar em uma fase tardia das negociações, o que também exige coragem, e a empresa tem continuado bem desde então.

Apesar de todos esses exemplos e muitos outros que não mencionamos, mas que você pode conhecer, isso não parece desencorajar outras empresas a buscar crescer a todo custo. Aqui está um caso recente:

Valeant — "De queridinha a pesadelo dos investidores"[16]

A história da Valeant está sendo estudada na Harvard Business School. A história de como uma pequena empresa canadense de genéricos cresceu e, em uma velocidade vertiginosa, tornou-se um gigante farmacêutico é uma lição do capitalismo moderno. Em 2009, a empresa tinha uma receita anual de cerca de quinhentos milhões de dólares e era apenas um *player* regional. Depois de 23 aquisições, com custos superiores a trinta bilhões de dólares, a empresa conquistou seu lugar entre os gigantes internacionais. Sua capitalização de mercado disparou, e todos assistiram com espanto quando o preço das ações, que até 2009 eram negociadas a uma faixa estreita entre vinte e trinta dólares, subitamente disparou para mais de 250 dólares em 2015. A mídia, o mercado, os bancos, os fundos de investimento, as empresas de *private equity*, outros stakeholders, quase todos ficaram impressionados! "Especialistas financeiros", em particular, aplaudiram a empresa, mas o pessoal do mercado de saúde não entendeu. Onde eles estavam errando? O que a alta gerência da Valeant sabia que ninguém mais sabia?

Essas foram as perguntas que Andreas Krebs e Philip Burchard, CEO da Merz, também se fizeram na principal conferência de investidores do setor, que acontece a cada janeiro em São Francisco. Lá, em 2013, no maior auditório disponível, o diretor da Valeant, Michael Pearson, dirigiu-se a mais de mil CEOs, presidentes e conselheiros da indústria farmacêutica e de serviços financeiros e contou como funcionava o seu negócio. Ele tinha uma fórmula simples: adquirir empresas, idealmente cem por cento financiadas por dívidas, manter os gastos com P&D no mínimo, acabar com funções administrativas e qualquer coisa que implicasse custos, gerando fluxo de caixa e lucro. Mas e a inovação através de pesquisa e desenvolvimento de produtos? Ah, pessoal, isso é coisa da velha guarda! Nós importamos as inovações. E o resto é bobagem.

"Ficamos sem palavras", recorda Andreas Krebs. "Adquirir produtos e empresas não custava muito mais caro do que um bom mix de inovações geradas e licenciadas internamente? Ou será que Pearson estava tirando partido de forças de mercado que desconhecíamos? A arrogância do orador, que estava discursando para algumas das figuras mais importantes da indústria sobre como fazer o seu trabalho, era simplesmente espantosa. Mais tarde, em uma conversa particular, Michael Pearson insistiu que a sua era a melhor estratégia. Ele estava obviamente convencido disso."

Bem, ou você já sabe o que aconteceu ou deve estar imaginando. A história de sucesso teve um fim abrupto e doloroso. Os problemas da estratégia começaram a se tornar mais evidentes e as forças que normalmente impulsionam os mercados de capitais voltaram a assumir, pois o peso acumulado da dívida colocou a empresa sob pressão. Depois que a Valeant falhou em concluir uma tentativa de aquisição contestada da Allergan, os analistas decidiram dar uma olhada mais de perto. O preço das ações caiu de 250 dólares para menos de dez dólares e agora está em torno de vinte. Muita gente perdeu muito dinheiro. Outros já tinham perdido o emprego após aquisições anteriores, os valores da empresa foram ignorados e o valor do negócio foi destruído, deixando um rasto de destruição para trás. É claro que também houve vencedores, como os acionistas das firmas adquiridas por preços astronômicos, além de banqueiros e advogados de investimentos que receberam vultosos honorários, sem esquecer os executivos da Valeant, que arrecadaram grandes bônus por anos. Em julho de 2018, a empresa optou por abandonar o nome Valeant, o que só piorou sua imagem no mercado.

Então devemos perguntar: quem permitiu que tudo isso acontecesse? Onde estava o conselho administrativo? É possível que a diretoria e os acionistas ignorassem consciente ou subconscientemente os sinais de alerta devido à sua sede por "mais"? A Valeant é um exemplo clássico da força destrutiva que os CEOs superpoderosos têm quando ninguém se preocupa em ficar de olho neles (ver Capítulo 8, "Ego maior que a realidade"). E esse é também um triste exemplo de uma estratégia de F&A de curto prazo, quando não se atenta à sustentabilidade no longo prazo.

No fim das contas, os Incas também levaram a sua ambiciosa política de expansão para além dos limites do possível. Mas, ao contrário de Pearson, o ex-presidente da Valeant, eles não consideravam regiões e povos recém-integrados apenas como uma recompensa a ser saqueada e explorada. Eles adquiriam know-how e em troca impunham o próprio conhecimento acumulado. Procuravam alcançar um equilíbrio entre conquista e desenvolvimento. Em contraste, Pearson seguiu uma estratégia destrutiva que não estava orientada para a criação de valor no longo prazo, mas para a maximização dos lucros. Essa abordagem parece mais um resquício de colonialismo do que uma estratégia de F&A com visão de longo prazo, para não mencionar o impacto negativo na P&D e as suas consequências na inovação. Depois de alguns sucessos iniciais, Pearson foi vítima da ilusão da invencibilidade, mas não foi o único a sucumbir a isso. "Quanto mais alto, maior a queda. Uma pessoa que até então só teve sucesso, muitas vezes não consegue avaliar da melhor forma uma aquisição planejada", adverte o especialista em F&A Jost Harmann.[17]

Somos os primeiros a reconhecer que as fusões e aquisições são um empreendimento altamente complexo, e quanto maiores as entidades envolvidas, mais difícil é formar uma nova unidade funcional a partir de um conjunto de organizações que já são suficientemente difíceis de gerir. Há boas razões para que exércitos de analistas e consultores se especializem nessa área. Cada projeto é diferente, é improvável que abordagens padronizadas funcionem, e qualquer um que critica com o benefício da visão *a posteriori* é logo rotulado como sabe-tudo. Como podemos ver no caso da Valeant, porém, uma análise cuidadosa pode revelar alguns erros gerais com os quais empresas de todos os tamanhos podem aprender, e iremos abordar alguns dos mais importantes na próxima seção.

Um plano diretor — ou tudo baseado na esperança?

Vamos voltar para o que aconteceu há quinhentos anos. Embora sejam raros relatos de testemunhas oculares, todas as evidências apontam que os Incas seguiam sempre a mesma abordagem no que se trata de campanhas. Em resumo, era assim: faça uma demonstração de força, lance uma oferta de aquisição "amigável", demonstre as vantagens da cooperação, afaste os senhores provinciais em caso de resistência ou integre-os na hierarquia em caso de aceitação. Então, estude a nova região, adote as práticas locais que parecem bem-sucedidas e imponha os seus procedimentos consolidados, quando necessário. Seguindo essa abordagem, os gestores incas tornaram-se mestres da eficiência, ampliando sua já vasta experiência de expansão contínua. Em outras palavras, os Incas tinham muita prática, enquanto, para a maioria das empresas, os grandes projetos de F&A são, por definição, um evento pontual. Para os economistas Maximilian Dreher e Dietmar Ernst, a experiência é também o "fator mais importante" na execução de um projeto de F&A de sucesso. "Em quanto mais transações um negócio estiver envolvido, melhor será a sua capacidade de avaliar potenciais projetos de F&A, estruturá-los com a devida diligência, concretizar a integração pós-fusão e assim tornar reais as sinergias previstas."[18]

É claro que você não pode praticar fazer uma aquisição cinco vezes para ter sucesso na sexta tentativa, mas pode se beneficiar da experiência dos outros:

- Não subestime a complexidade e o tempo necessário para terminar o processo.
- Seja claro sobre o objetivo geral e avalie metodicamente o quão realista ou alcançável é o objetivo. "Global, Inc." ou "Ser o número um" são slogans de marketing, não objetivos reais que conduzem a um plano de ação específico.
- Reflita cuidadosamente e planeje cada etapa do processo com antecedência, em todos os níveis relevantes (unidades de negócios, processos, pessoas).
- Reconheça a importância dos fatores psicológicos e emocionais (ver a próxima seção, intitulada "Racional? Está brincando!") e de uma robusta gestão da mudança.

Há muitos artigos, livros e outras publicações sobre os principais elementos e processos envolvidos nas atividades de F&A.[19] Apesar disso, de acordo com um estudo realizado por uma das principais universidades europeias em que foram analisadas duzentas fusões desde 2000, apenas dez por cento das empresas têm uma ideia clara de como proceder à fusão do negócio recém-adquirido no momento em que os contratos são assinados.[20] Isso significa que os outros noventa por cento das empresas embarcam em um projeto que, se falhar, pode ameaçar a própria existência do negócio (como vimos anteriormente), sendo que a sua principal (ou única) estratégia é a esperança! Que ironia, já que a experiência sugere que é aconselhável elaborar planos o mais detalhados possível ao preparar uma transação, sem correr o risco de desestabilizar os diversos stakeholders. Dito de forma simples, ao duplicar o tempo de preparação, você reduz pela metade o tempo necessário para a implementação, pois, quanto mais curta a transição da antiga para a nova forma de negócio, melhor.[21]

Longos períodos de incerteza não só desmotivam os funcionários, como também aumentam o risco de pessoas fundamentais abandonarem o negócio e expõem a organização ao risco de ser adquirida pela concorrência. Com isso em mente, Winfried Berner e os seus colegas da The Implementation Consultancy falam sobre a "janela da vulnerabilidade".[22] Na fase de transição, durante a qual os colaboradores de todos os níveis da organização estão preocupados com os seus próprios medos e planos pessoais para o futuro, os negócios vacilam. Há um "alto grau de introspecção" acompanhado por um aumento do número de rumores. Os concorrentes podem tirar proveito disso para cooptar os melhores funcionários, persuadir clientes ou fornecedores de que são o parceiro mais confiável, lançar produtos concorrentes ou avançar nos canais de vendas e distribuição.

Um exemplo de alto nível é a queda da outrora orgulhosa Hoechst AG, que sob o comando do CEO Jürgen Dormann se fundiu com sua rival francesa Rhône-Poulenc em 1999 para formar a Aventis. Desde 1996, Dormann estava procurando oportunidades de fusão, mas sem sucesso, e tinha vendido uma série de unidades de negócio. Os representantes dos colaboradores foram para a linha de frente e concorrentes como a Bayer aproveitaram ao máximo a paralisia dessa empresa veterana, conquistando a participação de mercado da Hoechst. Para piorar a situação, um grande número de funcionários importantes, fartos dos anos de incerteza sobre o futuro da empresa, saiu para se juntar aos concorrentes.

Mesmo gestores experientes, com muitos anos de sucesso nas costas, muitas vezes subestimam os "danos colaterais" que podem resultar da F&A. Em 2001, foi publicado nos Estados Unidos o livro *Capitalize on Merger Chaos: Six Ways to Profit from Your Competitors' Consolidation and Your Own* [Capitalize o caos das fusões: seis maneiras de lucrar com a sua consolidação e a do competidor], de Thomas M. Grubb e Robert B. Lamb, que dá conselhos sobre como aproveitar a distração de um concorrente com fusões e aquisições. A capa mostra um gestor solitário em uma piscina de tubarões e, para evitar ser vítima do próprio projeto de F&A, os autores recomendam "em primeiro lugar, manter a janela da vulnerabilidade a menor possível e, em segundo lugar, fechá-la o mais rápido possível".[23]

No entanto, a estratégia mais inteligente do mundo não pode oferecer proteção completa contra os caprichos da economia global. Quão melhor poderia ter sido a fusão entre AOL e Time Warner se a bolha da internet não tivesse estourado e os analistas de Wall Street tivessem sido mais positivos em relação ao projeto? A Porsche teria sido bem-sucedida na sua tentativa ousada de adquirir a Volkswagen se a crise bancária de 2008 não tivesse enervado os bancos a tal ponto que, no início de 2009, eles se recusaram a conceder mais crédito à Porsche, levando o negócio à beira da insolvência?[24]

Queremos números, adoramos dados, temos que ler as análises. No entanto, às vezes, o volume de informações nos dá uma falsa sensação de segurança. Embora o plano por si só não seja tudo, se ele não existir, a percepção obtida com toda essa informação não vale nada. E todo projeto envolvendo grandes *players* precisa de uma estratégia de saída, uma rota de fuga, um plano B para imprevistos. E um plano C, é claro, para o impensável.

Como líderes e gestores, temos boas razões para sermos mais sensíveis aos riscos. Afinal, o improvável só permanece improvável até acontecer. Um dos nossos entrevistados viveu isso na própria pele quando, em 2002, Arthur Andersen, na época um dos cinco maiores auditores do mundo, foi envolvido no escândalo da Enron, perdeu inúmeros clientes em poucas semanas e foi enterrado sob o peso de uma série de processos judiciais em massa. Gerd Stürz nos conta:

> Esta experiência provou ser uma enorme ajuda na minha carreira profissional e me deu uma compreensão bem diferente do risco. Até aquele momento, eu me sentia seguro, porque estava confiante de que nosso sistema de gestão de riscos poderia lidar com qualquer eventualidade. Mas aconteceu uma coisa que se pode comparar a um grande avião pousando no topo de uma usina nuclear: algo que não se pode planejar. A probabilidade de tal evento ocorrer era tão minúscula, que dificilmente seria possível prevê-lo. Todo o meu capital pessoal estava investido naquele negócio, por isso o evento deixou uma marca permanente. A empresa para a qual trabalho agora se expandiu consideravelmente nos últimos anos e hoje vemos os riscos de forma diferente. Não considero mais algo como altamente improvável. Se você fizer o cálculo (probabilidade multiplicada pelo valor do risco), o resultado é um número relativamente pequeno. Mas eu desconsidero as probabilidades e tomo providências de acordo com o risco máximo. Até hoje, é assim que essa organização funciona.

Vince Ebert, físico e comediante, e, em sua carreira, consultor em análise de dados, desperta muitas risadas em suas apresentações para gestores quando usa exemplos divertidos para destacar as limitações da previsibilidade.[25] Conhecemos Ebert em 2014 no Alpensymposium em Interlaken, Suíça, e, ao fim de seu número, ele disse algo particularmente interessante:

"Tenham cuidado com algoritmos. Tudo o que eles mostram são correlações, não causalidades. Mesmo assim, confiamos neles no dia a dia, em muitas situações. Lembrem-se: computadores calculam, humanos compreendem." Um dos seus livros mais populares intitula-se *Unpredictable* [Imprevisível] (2016), cuja leitura recomendamos.

Considerando esse tipo de pensamento e o exemplo da Valeant, que descrevemos anteriormente, as megafusões dão muito o que pensar. A filosofia "devore ou seja devorado" é viável em longo prazo? Ser "maior" é realmente "melhor"? Em que momento uma organização deixa de ser administrável?

Gerd Stürz, mais uma vez, nos dá sua contribuição sobre o tema:

> Mais cedo do que tarde, acredito que uma ampla discussão sobre o tamanho da empresa se tornará inevitável e questiono se grandes organizações serão capazes de justificar a sua existência no longo prazo. Ter agilidade nos processos de negócios exige que se reaja muito mais rapidamente do que as grandes organizações são capazes de fazer. No médio prazo, é preciso avaliar o quanto ainda é preciso crescer internamente e o quanto de inovação pode ser integrada, por exemplo, incorporando startups com know-how inovador e complementar.

Gerd Stürz lida com um dilema para o qual os Incas encontram uma solução viável e duradoura: como garantir que uma grande organização seja administrável em longo prazo e, portanto, capaz de sobreviver e/ou permanecer rentável? A resposta dos estrategistas incas foi estabelecer uma rede inteligente de autoridades regionais e centrais, que distribuíam e difundiam a responsabilidade. Se fazia sentido tomar uma decisão localmente, assim acontecia, em vez de levá-la à sede em Cuzco. O especialista suíço em gestão Albert Stähli comenta sobre a abordagem inca: "Os Incas compreenderam como construir uma organização na qual uma administração imperial central trabalha ao lado de províncias relativamente autônomas."[26] Essa divisão de autoridade encorajou e facilitou a integração dos governantes locais na máquina governamental dos Incas, no pressuposto pragmático de que aqueles que continuam a ter poder de voz tendem a ser menos inclinados a rebelar-se contra a autoridade maior. Nesse aspecto, os Incas foram mais inteligentes que muitos executivos atuais, que persistem em ignorar o impacto de fatores emocionais e barreiras culturais em F&A.

Outro dos nossos parceiros de entrevista teve uma experiência positiva com uma empresa líder nos Estados Unidos que arriscou fazer uma reestruturação radical, afastando-se de uma estrutura regional para adotar uma de unidades de negócios e, ao fazê-lo, eliminou as estruturas regionais tradicionais e profundamente enraizadas que cobriam Europa, Oriente Médio, África, América Latina e Ásia. A nova máxima da empresa tornou-se a seguinte: o que a organização não puder fornecer globalmente com um alto nível de eficiência e padronização será gerenciado localmente. Como resultado, não havia mais funções triplicadas, e foram eliminadas estruturas intermediárias supérfluas e muitas vezes ineficientes que tinham crescido com o tempo. Em seu lugar vieram, por um lado, mais liberdade para iniciativas locais e, por outro, valores e objetivos aplicáveis no mundo todo, uma marca e identidade corporativa clara e vinculante, bem como outros elementos globais não negociáveis, tais como processos de conformidade.

Quando se trata de F&A, os tomadores de decisão devem se perguntar: de quanta integração cada área de negócios realmente precisa? Quanta autonomia queremos permitir? Que aspectos de uma potencial integração são mais úteis para o negócio como um todo, e como garantir que ele permaneça inovador e capaz de agir de forma decisiva? Como permanecer próximos dos nossos mercados e clientes? Como manter as melhores pessoas? Quanto mais inteligentes forem as respostas a essas perguntas, mais eficiente e lucrativa será uma organização no longo prazo, com ou sem uma fusão.

Racional? Está brincando!

Um dos maiores mitos sobre a vida diária empresarial é que, quando se trata de tomar decisões, a racionalidade fria e calma dita as regras, enquanto as emoções, percepções e perspectivas pessoais não desempenham nenhum papel, ou muito pouco. Sentimentos e sensibilidades individuais são considerados "coisas de crianças", as pessoas são rápidas em apelar para o bom senso e o senso comum, especialmente em reuniões controversas, ao passo que outros são prontamente aconselhados a não levar as coisas "para o lado pessoal". Mas esse verniz de racionalidade logo começa a se desgastar quando a questão não são as emoções *dos outros*, mas as nossas, o que, sejamos honestos, não é fácil de admitir e ainda mais difícil de lidar.

Os psicólogos só podem achar graça do mito da racionalidade, e, nas últimas décadas, as pesquisas na área de neurologia mostram que as emoções são os principais motores das nossas decisões e ações.[27] E isso se aplica tanto aos executivos seniores como a todos os outros. Alguém acredita seriamente que a aventura de Ferdinand Piëch Phaeton no setor dos carros de luxo, a tentativa de Wendelin Wiedeking de adquirir a Volkswagen, ou a onda de aquisições milionárias de Michael Pearson no setor farmacêutico foram impulsionadas por números consolidados? Hans Olaf Henkel, ex diretor da IBM na Europa, não se conteve ao comentar na imprensa: "A presença de um macho ególatra, ao que me parece, é uma das explicações mais comuns por trás de megafusões fracassadas."[28]

Muitas fusões começam com números e terminam por causa das emoções, e uma das mais poderosas delas é o medo. A incerteza preocupa a maioria das pessoas, e as mudanças em uma organização são sempre acompanhadas por períodos de incerteza. Os gestores acreditam muitas vezes que tudo o que é preciso são alguns bons slides e uma boa história e que sua equipe vai se virar com as mudanças. Como eles podem estar errados! Em particular, aqueles estreitamente envolvidos em F&A podem ignorar as reações dos funcionários diretamente afetados pelo anúncio de uma reestruturação empresarial. Christine Wolff considera esse um dos seus maiores fracassos quando relembra momentos de sua impressionante carreira. Ela nos conta:

> Trabalhei em uma grande empresa americana e estávamos o tempo todo seguindo o caminho das aquisições e lidando com mudanças diariamente. Os bons líderes conseguem lidar com mudanças, aliás, adoram. Mas a maioria das pessoas tem muito medo, preferindo ficar com o que é familiar. Tive uma boa noção disso quando entrei em

uma das nossas empresas recém-adquiridas. Eu estava bastante eufórica e basicamente disse: "Compramos esta empresa, aqui estão os seus novos colegas, e agora somos todos uma grande família." De repente, só conseguia ver medo nos olhos de todos. O feedback que recebemos também deixou claro que simplesmente não funcionava assim. Depois surgiram situações em que as mesas eram decoradas com o logotipo e as canecas da "velha" empresa. Sei que estou exagerando, mas às vezes tinha a impressão de que muitas das pessoas preferiam morrer a beber café de uma caneca com o logotipo da nova empresa! É nos pequenos detalhes que se descobre que o medo e a insegurança realmente existem. E o que tirei de tudo isso? Quando ocorre uma grande aquisição, você deve se integrar sem demora e, ao mesmo tempo, investir muito tempo para trazer todos a bordo. Estive envolvida com muitas aquisições e as concretizei com sucesso porque dediquei uma enorme quantidade de tempo ao processo de integração. E muitas vezes queria ter recebido mais apoio da "equipe pós-fusão".

A abordagem de integração recomendada por Christine Wolff é muito mais do que uma simples maquiagem. Trata-se de apoiar os interesses econômicos do negócio através de processos de gestão de mudança que abordam questões mais sutis das pessoas envolvidas. Vamos dar um exemplo do que acontece quando isso não é feito corretamente. No fim de 2016, a companhia aérea Tuifly ganhou as manchetes quando centenas de pilotos e inúmeros tripulantes faltaram ao trabalho alegando problemas de saúde, de modo a paralisar a empresa durante um dia inteiro. "Muitos funcionários se preocupavam com o que o futuro lhes reservava depois da planejada fusão entre a Tuifly e a Air Berlin."[29] Representantes do sindicato de tripulantes afirmaram que a "terrível política de comunicação" da empresa foi responsável por causar o estresse psicológico que, presumivelmente, levou à onda de doenças.[30] Os políticos foram muito críticos em relação à empresa porque foram os clientes que acabaram sofrendo as consequências de uma disputa interna, e milhares de clientes, de fato, reclamaram.[31] No fim, foi um desastre de relações públicas.

Raramente as consequências da frustração dos empregados são tornadas tão públicas, e muitos funcionários vão além e, pelo menos em sua cabeça e coração, silenciosamente se desconectam. O Instituto Gallup estima que os custos econômicos desse tipo de desligamento fiquem entre 75 e 99 bilhões de euros por ano, pois, entre outras razões, funcionários sem vínculo emocional com a empresa têm quase duas vezes mais probabilidade de adoecer do que os que ainda estão motivados.[32]

Não se pode ignorar a sensação de que, neste quesito, os Incas tinham uma melhor compreensão da psicologia do que muitos dos líderes empresariais de hoje. Pelo menos pareciam estar conscientes de que valia a pena cortejar proativamente os "candidatos à aquisição" para demonstrar aos governantes ("administração") e à população em geral ("funcionários") os benefícios de uma fusão e não provocar divisões desnecessárias entre o adquirente e o adquirido. Fundamentalmente, no caso de uma aquisição amigável, há sempre a hipótese realista de que a direção da empresa-alvo esteja preparada para cooperar e contornar qualquer possível ceticismo entre os seus colaboradores com genuíno entusiasmo, por isso é melhor começar conquistando corações e mentes antes de esperar que o processo seja aceito automaticamente. As maiores resistências e obstáculos à mudança, pelo menos em organizações maiores, encontram-se frequentemente naquele nicho bastante opaco conhecido como "gerência intermediária", definida criticamente pelo ex-chefe da Siemens Peter Löscher como a "camada da paralisia". Na ocasião, ele disse que as pessoas estavam de braços cruzados. No entanto, dada a relutância de tantos gestores desse nível, Löscher poderia ter sido ainda menos diplomático na sua escolha de palavras.

Quais são os critérios para um processo sólido de gestão pré e pós-fusão? Aqui estão algumas sugestões:

- Implemente uma estratégia de comunicação bem pensada. Quem descobre o quê, quando e a partir de quem? É comum os funcionários descobrirem pela imprensa que a sua empresa é candidata à aquisição, apesar de (ou talvez precisamente porque) a alta gerência há muito estar envolvida em negociações. A perda de confiança que resulta de tais incidentes é quase impossível de reparar. É claro que para encontrar o momento certo para fazer anúncios é preciso um delicado equilíbrio, e insistir em considerações como o conhecimento interno e a necessidade de cumprir a lei corporativa faz com que encontrar uma boa solução seja, no mínimo, um desafio. Mas é bom pensar em termos de "tão cedo quanto profissionalmente possível".

- Faça com que o processo de integração seja o mais rápido possível. Quanto menor a janela de vulnerabilidade e quanto menor o período de incerteza, melhor. Qualquer período prolongado em que as coisas ainda estão abertas representa o risco de as melhores pessoas deixarem a organização e os concorrentes se aproveitarem do período de transição.
- Estabeleça um conjunto preciso de objetivos que resultem de uma diligência devida feita com antecedência. Quão profunda deve ser a integração, quanto se deve permitir às potências regionais? Onde as sinergias (reduções de custos ou melhorias de produtividade) serão alcançadas? Que departamentos devem ser fundidos, quais devem continuar inalterados?
- Faça um planejamento realístico de recursos humanos. Quem está a cargo do processo de integração? Que gestores e funcionários estão dedicados ao projeto? Como garantir que os negócios normais continuem sem interrupção durante esse período desafiador? Quais detentores de conhecimento da empresa-alvo são essenciais na fase pós-fusão?
- Tenha um plano de integração estruturado para funções-chave (operações técnicas, vendas e marketing, P&D, TI, RH, jurídico, contabilidade e finanças) para garantir que o negócio subjacente permaneça operacional e que o negócio normal continue sem interrupções.
- Faça um rápido esclarecimento das questões de pessoal em aberto, em particular como os cargos superiores e as funções-chave

devem ser preenchidos e quais são os possíveis cortes de postos de trabalho. Inevitável e compreensivelmente, todos os envolvidos se perguntam: "O que vai acontecer comigo?" antes de pensar no futuro do negócio. Quanto mais cedo essa pergunta for respondida, melhor.

- Crie uma equipe de liderança que apoie o projeto de F&A. Isso também significa desligar gestores que se tornam um empecilho ou não alcancem os padrões esperados. O que a experiência nos diz é que você deve substituir um terço da gerência por contratações externas, manter outro terço no lugar e substituir o terço restante usando talentos internos.
- Coopere de forma construtiva com representantes dos funcionários, sindicatos e conselhos de trabalho, quando presentes. Esse é um elemento muito importante de processos de F&A bem-sucedidos que costuma ser subestimado. Muitos gestores têm relativamente pouca experiência na área e estão, portanto, mal equipados, embora isso não precise ser tão difícil quanto pareça. Chegar a um acordo sobre um conjunto de regras claras e cumpri-las é um bom começo. Então, como em qualquer outra circunstância, assegurar uma comunicação proativa, ter respeito pelos parceiros de negociação e estar bem preparado é bastante útil. Muitos gestores não compreendem as limitações impostas aos representantes eleitos dos funcionários. Afinal, são eles os que mais diretamente se confrontam com as preocupações e exigências dos eleitores. Muitas vezes, os gestores que se queixam dessa parte importante do trabalho são aqueles que não fizeram o dever de casa e não sabem gerir de forma proativa os stakeholders!
- Identifique áreas problemáticas e pontos de resistência, implemente decisões de maneira robusta e disciplinada e remova pessoas que claramente não querem encarar a jornada. A esse respeito, podemos aprender — pelo menos até certo ponto — com a intransigência dos Incas, que executavam os seus planos com determinação implacável.

- E por último, mas não menos importante, tenha um plano claro de comunicação para interagir com os clientes. Informe-lhes se serão impactados e, em caso afirmativo, de que forma, e certifique-se de que estejam cientes da razão pela qual a fusão será boa para eles. Acima de tudo, garanta que a empresa conduza a fusão a partir da sua própria perspectiva e da dos clientes. Caso contrário, os concorrentes e outros stakeholders críticos, menos interessados em ver o sucesso do projeto, preencherão o vácuo de informações.

Tudo isso é óbvio para você? Pode ser mesmo, mas então por que ainda vemos tantas fusões mal geridas? Por exemplo, durante uma de suas palestras, Andreas Krebs pergunta quem na plateia já esteve envolvido em uma fusão, e muitas mãos são levantadas. Quando ele pergunta: "E quantos de vocês descobriram muito rapidamente se estavam seguros no trabalho ou não?", quase nenhuma mão permanece erguida. Seria bom se o que todos nós consideramos óbvio fosse levado em conta. O consultor de gestão Michael Hirt recomenda que todas as medidas importantes de integração sejam implementadas dentro de três a seis meses após a aquisição formal e o fechamento da transação. Depois disso, a "fadiga de integração" se instala e a chance de sucesso diminui.[33] Sim, é um prazo desafiador, mas as preocupações de Hirt são plenamente justificadas. Os funcionários só encontrarão sossego com a nova organização e começarão a se envolver com ela de forma construtiva quando as disputas por território tiverem acabado. O perito em mudanças Winfried Berner avisa: "Enquanto as questões estruturais e organizacionais não tiverem sido resolvidas, funcionários que, pessoalmente, poderiam se dar muito bem uns com os outros continuarão sob o risco de continuar se opondo à fusão."[34]

Além de tudo isso, há uma forma bem mais eficaz de quebrar as barreiras do que discursos políticos desoladores: coloque as pessoas para trabalhar juntas em um projeto desafiador. A maioria de nós está bem ciente de que a empatia é um pré-requisito de uma boa cooperação, mas o contrário também é válido. A cooperação (de preferência voluntária, mas, se necessário, com um grau apropriado de encorajamento, chamemos de encorajamento vigoroso) é a melhor forma de despertar uma empatia genuína, ou pelo menos uma compreensão mútua. Esse é o princípio básico que está por trás de inúmeros exercícios físicos e cursos de formação de equipes que todos nós já tivemos o prazer duvidoso de frequentar, mas a verdadeira aventura reside, ou pode residir, no trabalho diário. As pessoas podem crescer juntas de maneira muito mais eficaz e consistente, fazendo juntas um trabalho agradável e bem-sucedido e recebendo o reconhecimento apropriado pelos resultados, em vez de descendo um penhasco de rapel, arranhando os joelhos em uma parede de escalada ou abraçando uma árvore juntos.

O melhor dos dois mundos — ou a tirania do vencedor?

Se os Incas não tivessem feito questão de beber da fonte de experiências que lhes foi oferecida pelos povos incorporados, o império nunca teria prosperado como prosperou. Essa noção é tão fascinante quanto esclarecedora. Podemos nos aproximar da invencibilidade quando integramos o que é novo e estranho para nós, mas só se pararmos, abrirmos os olhos e tivermos a humildade de reconhecer e apreciar o que os conquistados fazem melhor do que nós. Esse conceito também é relevante no mundo das F&A, a ideia é reunir o melhor de dois mundos. Mas com que frequência isso acontece? Normalmente não passa de um desejo ou uma afirmação vazia, mesmo em casos proclamados de uma "fusão de iguais". Embora se disfarcem com um verniz de objetividade e racionalidade, a maioria das fusões se resume a egos, poder e status. Na prática, é comum o líder do parceiro menor ou "alvo" subir para o topo da nova organização? É comum as práticas do adquirente serem questionadas porque a empresa adquirida realmente tem os processos mais eficazes? Ter o melhor dos dois mundos significa fazer o que é certo, não apenas o que é obrigatório. Isso significa colocar à prova todos os aspectos de ambas as organizações. Nem todos têm a independência de pensamento e visão ou, mais importante, a autoconfiança madura para isso.

Olhando com sangue-frio, há muito a fazer para se posicionar como um parceiro e não um colonizador:

1. Uma fusão do tipo "melhor dos dois mundos" oferece a oportunidade de selecionar os melhores cérebros, os melhores conceitos, os produtos de maior sucesso e os processos mais eficientes de uma perspectiva mais ampla, e assim aumentar a rentabilidade do (novo) negócio.
2. Uma fusão do tipo "melhor dos dois mundos" reduz a resistência emocional de parceiros menores ou mais fracos e acelera o processo de integração. Você pode comprar um negócio, mas isso não significa que seus funcionários irão cooperar voluntariamente, e você não pode comprar o compromisso ou a confiança deles. Tudo isso deve ser ganho ou conquistado, o que tem um impacto direto na produtividade. Quem entra como um general vitorioso provoca resistência em vez de unificar e fomenta a frustração em vez de incentivar a cooperação.
3. Uma fusão do tipo "melhor dos dois mundos" satisfaz as necessidades dos muitos funcionários que procuram a familiaridade, algo a que se agarrar desde cedo, algo na nova configuração que ainda lhe seja conhecido. As organizações não sobrevivem apenas por terem líderes visionários e gestores ambiciosos. Elas dependem também de pessoas confiáveis e pé no chão, continuando a fazer o trabalho diário sem estardalhaço. Quando esses empregados veem que alguns dos seus antigos gestores, métodos de trabalho e/ou produtos foram transferidos por mérito para o novo negócio, é muito mais fácil se identificar com a nova organização. Anteriormente, Christine Wolff demonstrou como é forte a necessidade de ter pelo menos um pouco de familiaridade em tempos de mudança. Para alguns, já é um grande passo ter que beber de uma caneca com o novo logotipo da empresa. Só podemos presumir que, durante grande parte da sua história, os

Incas sabiam exatamente o que estavam fazendo na sua busca de expansão e integração. Sim, eles exigiam de todos subserviência ao Deus Sol, mas ao mesmo tempo reconheciam deidades locais e as incorporavam em sua cultura.[35]

O pré-requisito de uma estratégia de fusão do tipo "melhor dos dois mundos" é ser capaz, no início do processo de devida diligência, de identificar claramente pessoas, departamentos, processos e produtos com um prognóstico positivo e, em seguida, medi-los em relação a um desempenho interno no processo de integração subsequente. Isso leva tempo, requer um esforço considerável e nem sempre será totalmente bem-sucedido, portanto é preciso encontrar um equilíbrio entre rigor e velocidade. O ponto-chave é demonstrar, com agilidade, que a prometida cooperação entre iguais é mais do que um simples paliativo, logo seguido de uma aquisição autocrática. Só são necessárias algumas decisões fundamentais, que serão depois reconhecidas e interpretadas pelo parceiro menor como sinais confiáveis de que igual, de fato, significa igual.

Nosso último exemplo mostra que vocês realmente podem aprender uns com os outros.

Um comprador inteligente: às vezes, o caminho tradicional é o melhor

Em 2010, a fabricante farmacêutica israelense Teva assumiu o controle da Ratiopharm, que na época era a número dois no mercado alemão de genéricos, e essa mudança permitiu que a Teva continuasse sua expansão pela Europa. Cerca de um ano e meio depois, a Ratiopharm falou abertamente sobre o projeto para a revista de negócios *Brand eins* e revelou que a aquisição estava se revelando positiva de modo geral. Isso se deveu, por exemplo, ao fato de que a administração da Teva não tentou impor uma nova cultura ao negócio, não interferiu na creche corporativa, nem interrompeu a oferta de água mineral gratuita nem retirou das paredes dos corredores a coleção de arte moderna. O que pode parecer de pouca importância para aqueles que habitam o último andar de uma empresa pode muitas vezes ter um forte significado, simbólico ou não, para aqueles que suam a camisa. Por vezes, basta dar fim aos biscoitos de chocolate grátis oferecidos nas reuniões para que o moinho da fofoca comece a girar a toda a velocidade.

Ainda mais importantes foram o reconhecimento explícito da Teva e o respeito pelas habilidades de seus colegas alemães. Por exemplo, o antigo chefe de produção da Ratiopharm foi promovido a chefe de produção de toda a Europa. Além disso, a Teva adotou aspectos do armazenamento central e da logística da Ratiopharm, um sistema que evitou gargalos de entrega nas filiais e reduziu os custos de armazenamento. E, para estabelecer um cronograma de produção mais flexível, foram feitos ajustes que se basearam claramente nos métodos usados pelo negócio menor.

É claro que, como o artigo da revista apontou, após a fusão, muita coisa mudou também na Ratiopharm, o ritmo do negócio foi acelerado e houve uma ênfase muito maior no desempenho. Como em qualquer aquisição, quando confrontados com a duplicação de responsabilidades, os gestores foram comparados frente a frente com os seus homólogos do novo negócio, com a pessoa mais adequada a assumir a responsabilidade total, independentemente do tempo de casa. Mas essa é a consequência lógica de uma abordagem "melhor dos dois mundos", se ela for aplicada de forma consistente. Os titulares originais não detêm o direito de preferência, pois o melhor é sempre o inimigo do bom.[36]

Na verdade, até cerca de três anos atrás, esse lema parecia se aplicar à Teva: a empresa estava crescendo muito rapidamente de maneira orgânica, comprando empresas agressivamente e pagando caro por elas, e parecia estar só se fortalecendo. Se você começou a observar paralelos com a história da Valeant, está absolutamente certo. Embora a Teva tenha sido, durante vários anos, muito mais perspicaz na integração de empresas, como demonstrou a aquisição da Ratiopharm, acabou ficando sobrecarregada com um enorme endividamento e problemas de fluxo de caixa, para não mencionar o desafio de gerir mais de trezentas unidades fabris em todo o mundo. O preço das ações caiu de mais de setenta dólares em 2015 para menos de dez dólares em 2019, e a empresa está agora passando por uma grande reestruturação, um processo que ainda deve levar alguns anos. Mas, apesar de tudo isso, sua abordagem na integração de um parceiro menor, como descrevemos, continua a ser um exemplo válido e muito positivo.

Um teste de estresse para o seu planejamento de fusões e aquisições

Como todos os setores e empresas são diferentes e a amálgama de vários negócios se torna cada vez mais complexa, parece quase presunçoso reunir ideias importantes em um só resumo.

Mesmo assim, vamos tentar.

Teste de fusão: sim ou não?

1. Os planos de fusão são consistentes com a estratégia global do negócio e não são impulsionados principalmente por poder, status ou influência. ☐

2. A devida diligência foi cuidadosamente levada a cabo. A abordagem de "esperar pelo melhor" não é o principal motor, mas sim uma análise crítica dos números, dados e fatos. As potenciais sinergias são identificadas e não apenas presumidas (a maioria das sinergias de F&A nunca são efetivadas). ☐

3. As culturas empresariais das entidades envolvidas são compatíveis. (Antes de avaliar isso, esteja ciente dos detalhes culturais específicos da empresa-alvo.) ☐

4. Há capacidade de gestão de projetos e liderança suficiente para assegurar uma integração ordeira da empresa. (Em caso negativo, você pelo menos sabe onde vai encontrar essa capacidade.) ☐

5. Está claro quais prestadores de serviços externos devem estar envolvidos no projeto (consultores, advogados, outros peritos e consultores) e até que ponto. ☐

6. Você já verificou o risco de ter problemas relativos ao antitruste. ☐

7. Você tem um conceito para a estrutura da nova organização. O que deve ser centralizado e o que deve ser descentralizado? O que será responsabilidade dos departamentos globais, regionais e locais? Existe um processo de governança claro? ☐

8. Você planeja implementar um processo que garanta que o know-how e as melhores práticas de ambas as partes sejam identificadas e transferidas para a nova organização ("o melhor dos dois mundos"). ☐

9. Existe um plano detalhado de integração (pós-fusão) e um processo de gestão da mudança, com cronogramas, primeiros passos e prioridades claras. ☐

10. Os piores cenários são simulados, e há um plano B para o caso de o improvável acontecer, incluindo o cancelamento da fusão na última hora. ☐

11. A sua política de comunicação e informação é proativa e inequívoca, despertando confiança entre os funcionários, clientes, investidores e outros stakeholders. ☐

12. A integração mais rápida possível está assegurada. Qual o tamanho da "janela de vulnerabilidade"? ☐

NCA INSIGHTS

Três coisas importantes para uma f&a de sucesso:

- **Ofertas iniciais e sinceras de cooperação para outro lado da negociação para ajudar a construir confiança e acelerar o processo.**
- **Uma estratégia clara que convença os funcionários, investidores e o parceiro potencial dos méritos do projeto.**
- **Uma abertura reconhecível às melhores práticas e uma abordagem "melhor dos dois mundos", criando respeito mútuo entre os principais stakeholders de ambos os lados do acordo.**

7. Julgamento correto?

(Olha quem está falando!)

> "Voando alto ou baixo, líderes respeitados não são apenas estrategistas brilhantes, mas também gostam estar perto das trincheiras. Conhecer os melhores gestores de vendas, que dizem o que realmente está acontecendo, realizar visitas a clientes que não sejam uma passadinha pré-planejada, permitir que um funcionário vá para casa a fim de cuidar de um familiar doente — são ações que despertam a confiança das pessoas para criarmos juntos uma realidade compartilhada e, como uma agradável consequência, constroem a lealdade!"
>
> **ROLF HOFFMANN, GERENTE-GERAL E EXECUTIVO EM VÁRIOS PAÍSES DE 1994 A 2016**

Peter F. Drucker disse uma vez que "um gestor é responsável pela aplicação e desempenho do conhecimento".[1] Ao longo de uma carreira, você não pode ter um sucesso consistente sem informações precisas, mas com qual frequência você se pergunta qual versão da "realidade" acabou de apresentar a si mesmo? Vamos pensar nessa pergunta da seguinte maneira: imagine um império que está em guerra há séculos. Em uma série de batalhas sangrentas, seguidores de uma religião diferente são continuamente oprimidos e forçados a recuar. Nem a peste nem as revoltas dos camponeses têm qualquer influência sobre as atividades despóticas dos ricos e poderosos. Com o objetivo de unificar o império, casamentos arranjados são forjados, torturas brutais e execuções horríveis são ocorrências diárias e é criada uma autoridade especial que é considerada "santa" e, portanto, infalível e acima da lei. Assim que o controle do país é retomado, a expansão militar continua em outros continentes, usando uma combinação de armamento superior e um desejo brutal de subjugar os outros. Enquanto a nobreza dominante vive uma vida de luxo, a população se vê cada vez mais pobre e ameaçada pela fome ao ponto de, por fim, até mesmo os cereais terem que ser importados dos países vizinhos.

Era isso o que estava acontecendo na Espanha, enquanto, ao mesmo tempo, a nove mil quilômetros de distância, o Império Inca se expandia rapidamente para se tornar um gigante imperial: a Reconquista (quando os espanhóis retomaram as terras ocupadas pelos mouros do norte da África), a Inquisição, a unificação das casas de Castela e Aragão, a posterior expulsão dos mouros, inúmeros confrontos militares e, em 1557, a falência do Estado.[2] A Espanha era marcada pelo fanatismo religioso, pela ruína econômica e por uma sede insaciável de poder, mas, apesar de tudo isso, o país, ou pelo menos sua elite, considerou-se moralmente superior aos Incas. Havia relatos de sacrifícios humanos nos domínios andinos, que de fato ocorriam, mas eram grosseiramente exagerados pelos espanhóis. Por exemplo, foram inventadas histórias sobre um massacre brutal de vinte mil prisioneiros.[3] As razões por trás dessa estratégia são claras. Quanto mais os espanhóis retratavam os Incas como um povo primitivo e bárbaro, mais fácil era justificar a colonização e o processo de cristianização. A pilhagem de uma civilização avançada? Isso é bastante difícil de comunicar. Mas tirar o ouro e a prata de um monte de selvagens e, em troca, guiá-los pelo caminho dos impostos e das provações da única e verdadeira fé? Isso, sim, é uma campanha legítima e, de fato, sagrada em nome de Deus. Muito mais fácil de vender.

Sabe-se que os livros de história são escritos pelos vencedores e, nesse aspecto, os Incas não eram melhores do que os conquistadores espanhóis. Relatos antigos, como os do nobre inca Garcilaso de la

Vega de 1609, justificam a subjugação de outros povos indígenas com a alegação de que levaram as bênçãos de sua cultura aos vizinhos, que, até então, viviam "como animais selvagens".[4] É comum nós, seres humanos, apresentarmos os fatos de uma maneira que se serve ao nosso ponto de vista, atitude e intenções. Na era da mídia social, as fronteiras entre fatos, afirmações ideologicamente enviesadas e mentiras definitivas tornam-se cada vez mais tênues. É hora de se preocupar quando grandes campanhas eleitorais são influenciadas por notícias falsas e conselheiros presidenciais repetem e elevam as mentiras descaradas como se fossem fatos alternativos.[5] Mas, para além desses exemplos preocupantes e reconhecidamente extremos, estamos todos propensos a faltar um pouquinho com a verdade de vez em quando. E isso nos leva de volta ao dia a dia da gestão. Você realmente ouve seus funcionários/subordinados diretos/colegas/chefes/organização e assim por diante, antes de tomar uma decisão? Na sua empresa, quantas vezes as iniciativas estratégicas ou planos de ação baseiam-se em números que, embora não sejam falsos, são pelo menos um pouco seletivos ou talvez até tendenciosos? Você já se viu "adaptar" a descrição de uma situação a seu favor? Reflita sobre isso por um momento. Se a resposta a essa pergunta for "nunca", então suspeitamos que você talvez não tenha pensado nisso por tempo suficiente. Ou é o primeiro santo dos Negócios que já encontramos!

No salão dos espelhos do *C-suite*

Em 1997, o alto gestor francês Daniel Gouedevert publicou um livro pouco convencional intitulado *Like a Bird in the Aquarium* [Como um pássaro no aquário], que foi direto para as listas de best-sellers e vendeu bem mais de cem mil exemplares. Gouedevert foi diretor--geral da Ford na Alemanha durante oito anos na década de 1980 e depois foi do conselho de administração da Volkswagen até 1993. Suas histórias e insights reveladores, contados a partir da alta gerência, é bem diferente dos habituais livros elogiosos que são entregues aos parceiros de negócios e clientes, apenas para não serem lidos e acabarem esquecidos em uma estante qualquer. A descrição de Gouedevert de como a informação flui (ou muitas vezes não flui) até o topo de uma organização não só é interessante como ainda é relevante hoje em dia. "Se você consegue subir em uma empresa, até se tornar CEO ou diretor-geral, deve estar no último andar do edifício. E é fascinante observar que, quanto mais se sobe, mais as janelas se transformam em espelhos. E, uma vez no topo, você não só está completamente sozinho, como também não tem mais janelas. Sua visão para o mundo exterior está bloqueada e tudo o que vê é você mesmo. E as pessoas com quem interage também estão sempre com aquele espelho na mão, dizendo: 'Olhe, chefe, você é o melhor.' Mesmo que tente contradizê-los ou criar um diálogo aberto e crítico, você raramente obtém qualquer reação ou resposta estimulante que poderia suscitar reflexões."[6]

Quando se descreve de modo tão franco, torna-se claro que a imagem que muitos de nós temos do todo-poderoso CEO na verdade não é particularmente precisa. Muitas vezes distantes e isolados do funcionamento diário real da organização, dependem quase completamente dos outros para entregar o que pediram, ao mesmo tempo em que são mantidos sob intenso escrutínio por um grande número de stakeholders, todos verificando se está cumprindo o seu dever corretamente e agindo conforme seus interesses. Também pode ser que, como resultado de escândalos corporativos recentes, crises financeiras e debates públicos sobre salários e bônus, pessoas nesse nível não gozem mais do mesmo prestígio de vinte anos antes. No entanto, o problema central que Gouedevert destaca permanece e também se aplica aos níveis abaixo dos executivos da alta gerência: como garantir que você não está recebendo apenas informações filtradas por interesses próprios ou pelo desejo de evitar conflitos? Como você pode tomar decisões informadas sem informações confiáveis? Na seção seguinte ("O mapa não é o território"), sugerimos algumas possíveis rotas de fuga desse dilema.

Gouedevert descreve um distanciamento estrutural e institucionalizado da realidade que não se limita aos altos executivos, mas também se aplica a outros cargos de autoridade e responsabilidade. Vejam os políticos, por exemplo, que falam com frequência, de forma bastante reveladora, "do público em geral e/ou do povo" como se eles próprios pairassem acima de todos nós em uma espécie de drone tripulado ou, pior ainda, em uma nave espacial gigante. Começa a se tornar realmente perigoso se, para além do já obscuro e "controlado" fluxo de informação, a pessoa tiver a convicção (bastante humana, aliás) de ser dotada de uma percepção superior precisamente *por causa* da sua posição. Mas, às vezes, o dia a dia empresarial tem a capacidade refrescante de dar um sacolejo na hierarquia para colocar seus pés no chão, como mostra a seguinte história de forma elegante e divertida (pelo menos para quem vê de fora).

Não vamos decolar até que você pague!

Uma grande empresa americana empreendeu um grande projeto para terceirizar diversas funções administrativas, como contabilidade de clientes e fornecedores, controle de faturas e outros serviços de controle financeiro. Implementou a proposta em uma base global, indo contra a recomendação de alguns membros da diretoria, que consideravam o projeto exagerado em muitos aspectos e também se preocupavam com a potencial perda de contato com o cliente. O projeto estava em pleno andamento quando problemas cada vez maiores começaram a aparecer. Os fornecedores reclamavam que algumas contas estavam sendo pagas em duplicidades ou não estavam sendo pagas em parte ou em sua integralidade, os prestadores de serviços recusavam-se a continuar trabalhando, e o processo todo estava um caos. Isso não é incomum em projetos dessa magnitude, mas, daquela vez, o volume de reclamações era grande demais. Vários dos melhores membros do conselho executivo tentaram apontar a situação para o CEO, que estava apegado ao projeto e não aceitou nenhuma crítica. E, para sermos justo com ele, alguns membros dos departamentos financeiro e de compras defendiam o projeto, e os consultores externos souberam vender o peixe. Além disso, o CEO estava sob forte pressão de custos, queria dar o exemplo e interpretou os comentários de seus colegas mais próximos como um sinal de preocupação e não da necessidade de repensar o projeto.

E, então, a bomba. Alguns membros do conselho, como é relativamente comum nos Estados Unidos corporativo, viajariam de helicóptero para comparecer a uma reunião a cerca de 160 quilômetros da sede. No ponto de partida, um pequeno aeroporto regional, com todos reunidos a bordo, o prestador de serviços de aviação recusou-se a reabastecer o helicóptero. Apesar de ter sido fornecedor da firma por muitos anos, não podia aceitar a falta de pagamento de três faturas, totalizando 72 mil dólares. O CEO saiu do helicóptero e teve uma conversa tranquila com o dono da empresa de serviços e, em seguida, pegou o cartão de crédito. Mesmo para pessoas de seu nível salarial, os limites do cartão de crédito não são tão altos, mas o seu cartão foi felizmente aceito e, após um telefonema para a operadora de crédito, o helicóptero finalmente foi abastecido. Os helicópteros são bem barulhentos por dentro, mas o silêncio constrangedor de dez minutos após a decolagem podia ser "ouvido" por todos, enquanto o CEO refletia sobre como aquela situação absurda podia ter surgido.

E o incidente teve consequências. O membro da diretoria responsável pela questão foi dispensado, assim como os consultores responsáveis, e o projeto foi redimensionado para uma escala mais razoável e gerenciável. E, o mais importante, todos puderam voltar a se concentrar no que realmente importava: o negócio e os clientes.

Há três aspectos no desafio de garantir que você receba informações sólidas para embasar um julgamento equilibrado. Em primeiro lugar, corre-se o risco de a organização construir um salão de espelhos em volta dos líderes. Isso impede a chegada de informações claras, e os "reflexos" que eles veem nos espelhos não passam, na verdade, de bajulação sustentada pelas pessoas ao seu redor. E, quanto mais alto eles sobem, pior fica. Em segundo lugar, se o gerente sênior também tem um estilo de liderança dominante e autoritário, com a tendência de matar o mensageiro que traz más notícias, então qualquer informação será ainda mais maquiada antes de chegar a ele, ao ponto de não ter falhas nem fatos! O terceiro perigo é o de erguer outra camada de espelhos se o gestor tiver uma atitude egocêntrica, presunçosa e excessivamente autoconfiante — não incomum nesse nível —, o que pode distanciá-los ainda mais da realidade. E, se as coisas não funcionarem como ele pensava que deveriam, o gerente fica completamente perdido, sem entender o porquê.

O mapa não é o território[7]

Todos os dias, um representante de vendas recebe feedback direto do cliente sobre os produtos e serviços da empresa. Seu chefe, o gerente regional, conta principalmente com os relatórios dos representantes, além das diversas estatísticas e resumos de vendas dos seus colegas. O diretor de vendas e marketing conta com relatórios da gerência de vendas nacional e dados do departamento financeiro. Finalmente, o CEO termina de montar o quebra-cabeças de desempenho comercial usando ainda mais informações destiladas, editadas e filtradas. A imagem que vê é muito mais ampla do que a dos representantes que estão na base do trabalho, mas ao mesmo tempo sua resolução não é tão alta. É como um mapa, que aumenta de escala ao cobrir uma área maior. Não, o mapa não é o território, e os gestores devem entender a diferença e tomarem medidas para compensar a desvantagem de só ter o mapa de maior escala na mão. Aqueles executivos que mantêm contato direto com os clientes e o ambiente competitivo se saem melhor nesse quesito.

Então, como você pode, em uma posição sênior, compensar as diferenças inerentes entre o mapa e o território real? Bem, de vez em quando, deixe a nave ocupada pelo círculo interno da alta gerência e vá ouvir as opiniões e experiências dos funcionários, clientes e outros stakeholders. Para muitos gestores seniores, pensar nisso é na verdade estressante, mesmo que nunca quisessem admitir, porque a nave é também um refúgio, um abrigo, oferecendo proteção contra interações inesperadas. Muitos executivos seniores têm medo de fazer papel de tolo ao conversar com clientes-chave por estarem distantes dos negócios e dos produtos da empresa. Outros líderes acham difícil abordar os funcionários de chão de fábrica porque isso significa sair da zona de conforto, deixando a familiaridade das discussões comuns com os seus pares de alto escalão. Mas, se você realmente quiser descobrir como é o território, em vez de confiar no mapa usado no dia a dia, então não há como evitar essas incursões no mundo real dos negócios que é a sua organização. Idealmente, faz parte do seu DNA gerencial realizar verificações regulares de questões que normalmente pousam na sua mesa na forma mais abstrata de um conceito, rascunho de resolução, relatório, apresentação ou planilha.

Uma de nossas entrevistadas, Iris Löw-Friedrich, comenta o assunto:

> É importante pensar na forma como tomamos decisões no conselho e até onde queremos ou somos capazes de ir. Deve-se valorizar o conhecimento. É claro que você tem que falar com alguém em quem confia, que sabe do que está falando, e depois fazer um julgamento, idealmente, você deve conversar com várias fontes independentes. Afinal, todos nós temos certos preconceitos, por isso devemos nos esforçar para obter uma imagem completa, 360 graus, mesmo que às vezes seja desconfortável.

"Café da manhã com Andreas Krebs" era o nome da reunião bimestral para a qual eram convidados de dez a doze funcionários de todos os níveis. Como diretor executivo recém-nomeado, Andreas queria conhecer a organização e ouvir o que as pessoas tinham a dizer. Ele as convidava para um café da manhã em sua sala e as encorajava a preparar duas perguntas cada uma; nós mencionamos a ideia no capítulo sobre liderança. E, claro, os membros da equipe de gestão tinham que acompanhar e responder posteriormente a quaisquer perguntas das suas áreas de responsabilidade que não puderam ser respondidas de imediato. As pessoas logo perceberam que era possível, e até encorajado, expor abertamente suas queixas e questionar se deficiências específicas na forma como a empresa operava eram decisões deliberadas da gerência ou tinham se tornado prática rotineira, a despeito de realmente fazerem sentido. Mas, por favor, não pense que basta organizar uma ou duas reuniões no café da manhã ou uma pequena série de eventos semelhantes. Leva muito tempo, às vezes de seis meses a um ano, até que se espalhe a notícia de que, nessas ocasiões, pode-se falar direta e abertamente e fazer perguntas difíceis e incômodas. É preciso confiança, e isso só é garantido se você mostrar que leva as reuniões a sério, que realmente quer ter uma noção adequada e completa do que acontece, que aceita as sugestões e críticas, e depois mantém os funcionários informados sobre os resultados concretos. E, acima de tudo, você nunca penaliza ninguém de nenhuma forma por ter a coragem de fazer uma pergunta difícil.

Além desse tipo de evento, você também pode praticar a técnica bem conhecida de "gerenciar enquanto caminha por aí". Trata-se de dar uma volta por vários departamentos regularmente, incluindo a linha de produção e, mais importante, assegurar que você seja acessível, o que significa que não está cercado por uma comitiva de guarda-costas e mentores. E, mais uma vez, isso só funciona se você o faz de forma contínua, está genuinamente interessado nas preocupações e questões que as pessoas levantam e fala com elas direta, aberta e honestamente. Os principais hotéis do mundo dão um bom exemplo, pois até os estagiários aprendem muito cedo que o gerente deve passar de uma a duas horas por dia em rondas pelo hotel, fazendo uma social e interagindo com hóspedes e funcionários. É o que bons gerentes fazem ao longo de toda a sua carreira, e funciona.

Seja visível — e veja por si mesmo!

Andreas Krebs teve a chance de passar um dia com Jürgen Baumhoff, que, na época, era diretor de um hotel cinco estrelas em Hong Kong, e observar como ele praticava a gestão na sua forma mais pura, andando por aí. Baumhoff podia entrar em um salão com mil convidados e dizer se tudo estava indo bem ou se havia um problema com o serviço. Ele podia sentir o estado de espírito dos convidados, se estavam felizes ou se alguns estavam insatisfeitos. Ele explicou: "No momento em que baixamos o padrão de serviço, começamos a perder dinheiro. Um copo de vinho vazio é responsabilidade de um garçom; cem copos vazios são uma perda considerável de oportunidades de negócio." A simples presença do (muito popular) gerente de hotel, que estava só dando uma passadinha para checar como as coisas estavam indo, elevou o desempenho e lhe deu a oportunidade de ficar perto dos clientes e da equipe. E o que realmente conta não é apenas "dar uma olhadinha", mas ter uma rotina regular para garantir que você esteja visível e em contato com as várias partes da organização.

Eventos de incentivo oferecem algumas das oportunidades mais eficazes para que os gestores seniores, incluindo os CEOs, descubram o que realmente se passa na organização. Marcar uma ocasião para homenagear os melhores desempenhos, seja em departamentos de vendas ou técnicos, ou funcionários do mês em outras áreas, é uma fantástica oportunidade de saber onde estão os verdadeiros problemas da empresa. Quando os melhores funcionários se abrem para você, eles não fazem isso porque querem reclamar — esse tipo de colaborador raramente reclama —, mas porque querem ajudar a organização a se aprimorar. Esses eventos também são divertidos; por favor, não tenha medo de promovê-los! Você também pode reforçar sua posição no mercado promovendo eventos atraentes para os clientes, onde tenha a oportunidade de falar diretamente com as pessoas que compram e usam, ou não compram e não usam, seus produtos, e tudo isso dentro dos limites do bom *compliance*, como as companhias aéreas que se conectam com seus passageiros frequentes.

Todo líder se beneficia de ter parceiros críticos no seu círculo interno. Por vezes, isso pode ser desconfortável, mas no longo prazo é de importância vital. Winston Churchill resumiu a questão de forma bastante sucinta: "Se duas pessoas têm sempre a mesma opinião, uma delas é supérflua." As pessoas podem questionar você sem serem punidas de uma forma ou de outra? Você pode ter certeza de que todos aqueles que trabalham ao seu redor observam com muito cuidado como você lida com pessoas honestas e autoconfiantes o suficiente para expressar sua opinião. Poucas pessoas têm coragem de fazer isso, então, se você as desencorajar, vai acabar sendo cercado de quem só diz sim.

Se, apesar da sua disposição para diálogos significativos e críticos, você encontrar muita uniformidade em determinado grupo ou em relação a um tópico específico, então uma opção é olhar para o Oxford Union Debate como um modelo para quebrar o silêncio. A Oxford Union Society, fundada em 1823, é o clube de debate da Universidade de Oxford. Os debates são organizados com uma clara separação de papéis entre proponentes e oponentes de uma moção, sendo presididos por um moderador. Durante um debate, alguns dos participantes têm a oportunidade de adotar uma posição que contradiz a sua opinião original.[8] A proposta de forçar as pessoas a considerar uma perspectiva mais ampla no contexto de uma encenação já existe há muito tempo e era aplicada nos mosteiros de antigamente na forma de uma "disputa escolástica". O prelado escolhia dois monges, um para representar uma tese e o outro a antítese, então eles tinham que defender os pontos de vista que lhes foram atribuídos. O verdadeiro truque não era apenas mudar os papéis, mas, antes de dar sua resposta, cada participante tinha que repetir, com muita precisão, o que o oponente tinha dito. Assim, tanto o debate quanto a disputa escolástica forçam os participantes a exercitar a capacidade de escuta, um exercício extremamente desafiador mas muito eficaz e revelador, especialmente para muitos gestores seniores. Experimente e descubra por si mesmo.

Paul Williams usa essas técnicas quando treina equipes executivas e os resultados são sempre impressionantes. Questões que de outra forma seriam abafadas são trazidas à tona. Os tópicos que foram identificados atrás de portas fechadas como tabu são trazidos para fora e, no fim, não há mais nenhum elefante na sala. A escuta focalizada — que força as pessoas a olhar para as questões de um ponto de vista diferente —, a abertura, a honestidade e (para não esquecer) o bom humor que se tornam possíveis em uma encenação, uma "brincadeira", quebram barreiras e facilitam uma genuína troca de perspectivas. O contraste com o típico bate-boca de uma reunião, quando a política, o poder e as posições pessoais se sobrepõem a todas as tentativas de alcançar soluções construtivas, é impressionante. Retomando o título desta seção, métodos como esses permitem aos adversários trocar mapas entre si e, ao fazê-lo, chegar a conclusões e decisões de maior qualidade, em vez de seguir o caminho normal de discutir sobre quem tem o melhor mapa.

"Todo homem que caminha pode se extraviar"

...diz ninguém menos que "O Senhor" no prólogo de *Fausto*, famosa obra de Goethe. Quando você olha para as decisões que tomou, quantas você diria que foram certas, quantas foram mais ou menos boas, e quantas foram claramente erradas? Depois de pensar nisso por alguns instantes, você provavelmente chegará à conclusão de que dar uma resposta clara é difícil, se não impossível, porque, em muitos casos, você nunca saberá o que teria acontecido se tivesse tomado uma decisão diferente. Muitas decisões são tomadas com base em informações limitadas e/ou opiniões e recomendações diferentes de especialistas. Se tivéssemos certeza absoluta a respeito de uma situação, então a decisão não seria mais uma decisão, o que precisava ser feito seria óbvio. E quanto às opiniões de especialistas? Tivemos o privilégio de trabalhar com uma série de líderes brilhantes em seus respectivos campos. No entanto, é vital garantir que você tenha uma compreensão geral de determinado tópico para julgar se um especialista ainda está atualizado ou se, talvez, já passou da sua melhor fase. Quando é admissível, ou mesmo necessário, contestar as opiniões de um especialista? Como impedir que decisões sejam tomadas com base em conhecimentos ultrapassados ou teorias que funcionaram bem no passado, mas que já não se aplicam? A meia-vida das ideias, métodos, abordagens e soluções está ficando cada dia mais curta. O Inca Atahualpa deve ter perguntado aos sacerdotes e conselheiros de maior confiança como deveria lidar com os recém-chegados, mas, no fim, é como se ele, sozinho, tivesse conduzido o império à derrota e, com isso, precipitado sua própria morte.

Winston Churchill recorreu a inúmeras opiniões de especialistas quando foi secretário do tesouro, secretário de assuntos institucionais e primeiro-ministro. Ele fez a irônica observação: "Especialista é alguém que, após o evento, pode dizer exatamente por que seu conselho estava errado." Mas não pedir a opinião de especialistas também não é a solução. Durante a crise de Covid-19, alguns chefes de governo ilustraram graficamente o quanto isso é perigoso. Deve-se ter em mente que cada especialista vê o mundo através de seu mapa particular, o viés estreito da sua área especializada. E nenhum mapa lhe diz tudo sobre o que está em questão. Em uma situação difícil, sem dúvida é útil procurar as opiniões divergentes de mais de um especialista e, em uma crise, é útil pedir opiniões contrastantes para evitar ser levado a tomar uma decisão baseada naquilo que é apenas uma moda fugaz, não uma tendência sustentável ou uma mudança completa de paradigma. Também é interessante realizar uma "verificação da realidade" na organização, falando com aqueles diretamente afetados pelas mudanças percebidas no mercado e aqueles que terão que colocar em prática suas decisões. A almirante Grace Hopper, pioneira em computação e oficial da Marinha dos Estados Unidos, afirmou: "Uma medida precisa vale mais do que mil opiniões de especialistas." Isso foi confirmado pelo departamento de planejamento e desenvolvimento de uma autoridade local, que designou especialistas para construir um novo hospital e deixou-os se virar. O resultado? As portas do edifício são tão estreitas que é muito difícil entrar ou sair com macas, e as distâncias entre as enfermarias e as salas de operação são enormes. Para piorar a situação, o hospital foi construído em terreno pantanoso, e por isso as paredes e janelas estão rachando. Os agricultores locais tentaram avisar os tomadores de decisão, mas os "especialistas" é que estavam certos.[9]

Especialistas podem errar e, como nós, também estão propensos a cair no efeito manada. Nas palavras de Margaret Thatcher, outra ex-primeira-ministra britânica conhecida por falar o que pensava, "Não há nada mais obstinado do que o consenso". E a maioria de nós tende a preferir o conforto da reafirmação à ideia de que precisamos mudar opiniões e ações. Prestamos mais atenção ao que condiz com nossas opiniões, mesmo que surjam provas de que elas podem estar erradas. Demoramos mais a reverter más decisões depois de já termos investido uma grande quantidade de tempo, esforço e reputação do que se a decisão ainda não começou a ser implementada; as implicações financeiras e intangíveis dessa estratégia de "fechar os olhos e esperar pelo melhor" podem ser graves. E vivemos em um mundo cada vez mais complexo, onde cada vez mais pessoas estão à procura de verdades e soluções simples. Com isso vem uma tendência crescente de se agarrar a uma mentira conveniente em vez de encarar os fatos menos convenientes. Esperamos que a maioria dos tomadores de decisão esteja preparada para se posicionar contra o *zeitgeist* da pós-verdade.

A propósito, *postfaktisch*, que em alemão significa "pós-verdade", foi eleita a "palavra do ano" da Alemanha em 2016, mas as pessoas estão propensas a se enganar e à cegueira seletiva desde sempre, e pagamos um preço muito alto por isso. Em um de seus muitos livros fascinantes, o biólogo evolucionista e geógrafo Jared Diamond abordou a questão: "Por que as sociedades sobrevivem ou desaparecem?"[10] Em certo capítulo, ele examina um aspecto particularmente fascinante: "Por que algumas sociedades tomam decisões desastrosas?" Não é preciso imaginação fértil para aplicar às empresas as observações e conclusões desse vencedor do Prêmio Pulitzer. Aqui está um breve resumo de algumas das coisas que ele diz, incluindo algumas ideias nossas.

Por que as sociedades (e empresas) tomam decisões desastrosas (Jared Diamond)

1. Um problema não é antecipado

Por exemplo, os primeiros colonos, ao chegarem à Austrália, introduziram coelhos. Desde então, o país sofre com uma praga desses mamíferos. As razões:

a. Nenhuma experiência com o fenômeno (introduzir espécies em ambientes novos).

b. Fazer analogias falsas. Por exemplo, o nosso exemplo dos Incas, que se aproximaram dos espanhóis como se fossem mais um rival regional.

2. Um problema não é percebido como tal

Por exemplo, o esgotamento do solo antes da existência de técnicas analíticas modernas. As razões:

a. Basicamente, o problema é invisível (ver exaustão do solo).

b. Os tomadores de decisão responsáveis estão muito longe do problema (como em problemas em filiais estrangeiras).

c. "Véu da normalidade": o problema se esconde atrás de uma tendência lenta, variável e, portanto, difícil de observar (ver mudanças climáticas).

3. Um problema é reconhecido, mas não resolvido

As razões:

a. "Comportamento racional": o que é bom para o indivíduo pode ser ruim para a sociedade. Por exemplo, ter um carro potente enquanto está consciente e preocupado com os problemas de emissões de carbono.

b. "A tragédia da propriedade coletiva": se eu não o fizer, outra pessoa o fará. Por exemplo, a pesca predatória nos oceanos e a geração de negócios através do suborno.

c. A incapacidade de abandonar comportamentos e atitudes tradicionais e duradouros. Por exemplo, o desmatamento de ilhas e regiões inteiras.

d. Pensar que você já investiu demais. Trata-se do "custo irrecuperável", por exemplo, vender ações em queda tarde demais.

e. A(s) pessoa(s) que aponta(m) o problema também é(são) ignorada(s), assim como qualquer solução sugerida. Por exemplo, as sugestões de melhoria feitas pelos parceiros "juniores" para a fusão.

f. "Conflito irracional entre motivos de curto e longo prazo." Por exemplo, a prática de pesca com dinamite entre pescadores pobres,[11] que estão destruindo a base da sua subsistência no longo prazo.

g. "Efeito manada": acontece, principalmente, quando um pequeno grupo é pressionado para chegar a uma decisão em circunstâncias difíceis. O estresse e a necessidade de afirmação podem levar à supressão de argumentos contrários, dúvidas e críticas. Por exemplo, Kennedy e a invasão da Baía dos Porcos.

h. Negação: percepções particularmente dolorosas são reprimidas. Por exemplo, o fenômeno de que as pessoas que vivem perto de uma grande barragem são as que menos receiam uma ruptura. Ou a ideia de não querer "pensar o impensável", mencionada no Capítulo 5.

4. Tenta-se, sem sucesso, resolver um problema

As razões:

a. As tentativas de resolução chegam tarde demais. Por exemplo, a história da Nokia.

b. As tentativas são tímidas demais. Por exemplo, os intermináveis debates sobre reformas necessárias no sistema previdenciário em vários países europeus.

c. As tentativas são contraproducentes. Por exemplo, o esforço na Austrália para controlar insetos trazendo sapos para o país. Agora, o problema são os sapos.[12]

Esse resumo é perspicaz e inquietante ao mesmo tempo. Como podemos ver, há razões e tentações de sobra para desviar o olhar dos problemas, e você encontra todas essas desculpas também no mundo corporativo. Questionar o próprio julgamento o tempo todo continua a ser uma tarefa fundamental para qualquer pessoa em posição de responsabilidade. Como conclusão, nós gostamos particularmente de algo que Heinz Erhardt, um humorista alemão dos anos 1950, disse certa vez: "Não acredite em tudo o que você pensa!"

Protestos em Berlim! Quem é objetivo de verdade?

"O Império Inca foi difamado como um regime explorador ou celebrado como um paraíso socialista, devido à sua rede de redistribuição abrangente", escreveu o respeitado jornalista Michael Zick.[13] Qual é a visão correta? O que é fato e o que é ficção? Quer tenham sido os primeiros cronistas incas dos séculos XVI e XVII, quer os sacerdotes ou soldados espanhóis, quer os primeiros aventureiros e pesquisadores — como Hiram Bingham, que afirmou ter descoberto Machu Picchu em 1911 —, cada um deles retratou a própria "verdade" e, presumimos, estava convencido de sua objetividade ao fazê-lo.

Nós julgamos o mundo com base nas nossas convicções pessoais, formadas pela educação, experiência, influências culturais e traços de caráter que herdamos. Na nossa cabeça, temos ideias claras sobre como o mundo é e como deve ser. Essa é a base sobre a qual percebemos, julgamos e interpretamos o que se passa à nossa volta. Nós "construímos" a nossa realidade, como descrito por filósofos construtivistas como Paul Watzlawick, Heinz von Foerster ou Ernst von Glasersfeld. As diferenças culturais são muitas vezes o fator mais óbvio e visível para explicar as variações nessas construções.

Por exemplo, muitos europeus têm dificuldade para compreender a relação de alguns americanos com a posse de armas de fogo.[14] Da mesma forma, se um americano sugerisse a imposição de um limite de velocidade nas autoestradas alemãs por razões ecológicas e de segurança, também seria incompreendido! E a exceção comprova a regra em ambos os casos. Nem todos os americanos guardam uma arma em casa, claro. E nem todos os alemães se divertem dirigindo a 200 km/h na autoestrada. Quando Andreas Krebs fazia parte do conselho administrativo de uma grande empresa americana, todos os anos, no fim de abril, recebia uma mensagem do Departamento de Segurança Corporativa com a manchete "Alerta de viagem — Alemanha", por causa dos tradicionais protestos de rua que ocorrem em Berlim-Kreuzberg no dia 1º de maio. Essa ocorrência era de se esperar, portanto a cidade deveria ser evitada. Ele foi incapaz de contextualizar essa reação exagerada, devido à percepção da Segurança Corporativa sobre os perigos do mundo.

Sim, vivemos no mesmo planeta, mas em mundos diferentes, e embora haja muitas afinidades entre a nossa visão do mundo e a dos colegas, também há muitas diferenças. A sua percepção de como o (seu) mundo funciona e como deve ser tratado é influenciada pelo fato de ter crescido em uma família abastada ou da classe operária, se os seus pais eram advogados ou músicos, ou se nasceu e foi criado em Londres ou Sontra, uma cidadezinha rural da Alemanha. Todos nós temos pontos cegos quando se trata de como vemos a nós e aos outros, e um dos pensamentos mais perturbadores para a maioria de nós é não saber que não sabemos de algo. Esses pontos cegos são um aspecto importante da autoliderança e um tópico trabalhado no coaching executivo. Por exemplo, uma queixa típica dos executivos é: "Eu nunca descubro nada dos meus funcionários, mesmo sendo tão acessível!" Se você for perguntar, percebe que essa mesma pessoa ignora o fato de que está sempre com pressa e indo para algum lugar, reage muitas vezes de forma impulsiva e negativa quando lhe dirigem a palavra fora do escritório, sem mencionar seu assistente leal e protetor, e isso tudo mostra o quanto ela é inacessível.

Na luz do dia, ninguém pode ser completamente objetivo, mesmo que tentemos bloquear os preconceitos, evitar omitir fatores importantes e desconfiar sempre de correlações e outras potenciais armadilhas. Então como podemos reduzir o risco de sermos vítimas de meias-verdades ou decepções? Bem, aqui estão algumas ideias básicas, mas potencialmente eficazes:

- Pergunte novamente, para ter certeza de que realmente entendeu a mensagem e a argumentação. Como vimos no Capítulo 2 ("Mais talento do que tempo de casa"), a capacidade de ouvir atentamente diminui conforme se sobe na hierarquia corporativa. Temos dois ouvidos, mas apenas uma boca lhe permite tomar decisões melhores.
- Obtenha uma segunda opinião e seja cauteloso em sua resposta se você tiver um mau pressentimento sobre algo. A nossa intuição muitas vezes está correta. Afinal, é o resultado do agrupamento das nossas experiências de vida, classificadas e interligadas no nosso cérebro, o que pode significar um valioso atalho analítico.
- Resista à pressão artificial do tempo. A palavra "prazo" deve ser usada com maior cuidado e de preferência somente quando seu não cumprimento trouxer consequências sérias para a organização.
- Esteja preparado para olhar com uma lupa, abaixo da superfície, e não se deixe desencorajar pelo pensamento de que você pode encontrar algo negativo. Quanto mais maior for sua reputação de alguém que não permite que escondam as coisas de você, menos provável é que as pessoas tentem fazer isso.

Gerd Stürz, um dos nossos entrevistados, tem uma posição clara sobre isto:

> Todos já passaram por situações em que apenas uma parte da verdade lhes foi mostrada. Se alguém afirma ser imparcial, provavelmente é o oposto. Se, por exemplo, ouço alguém dizer "Sou imparcial

nesta questão", já fico desconfiado. E, se eu tiver a sensação de que alguém está me dando informações cuidadosamente editadas com a intenção de que eu faça algo pelas razões erradas, explico minha forma de pensar.

Um teste de estresse para o seu julgamento

Você realmente tem uma visão de 360 graus ou, na melhor das hipóteses, apenas um conhecimento parcial dos fatos? O seu mapa de negócios continua atualizado, ou está na hora de dar uma nova olhada no território? Nunca se pode ter certeza de nada, mas há sempre coisas que você pode fazer para aguçar sua capacidade de julgamento. Mas é claro que esta é apenas a nossa visão das coisas!

Insight verdadeiro ou um tiro no escuro? Vamos descobrir! Sim ou não?

1. Você conversa regularmente com funcionários de todos os níveis da organização. ☐
2. Você não ouve apenas os mesmos três ou quatro conselheiros. ☐
3. Você também conversa diretamente com os clientes ou participa de reuniões com eles. ☐
4. Você reconhece informações que podem ser importantes e verifica se elas são plausíveis e confiáveis. ☐
5. Você também considera os argumentos de pessoas de quem não gosta. ☐
6. Você faz um esforço para driblar os pontos cegos de suas percepções, por exemplo, buscando um feedback honesto de um colega de confiança ou de um coach experiente. ☐
7. Você sabe que as suas opiniões sobre algo não serão necessariamente partilhadas por colegas, conselheiros ou parceiros de negócios. Você tenta entender *por que* as diferenças existem antes de se apressar em fazer um julgamento. ☐
8. Você não depende de apenas um especialista quando se trata de questões importantes e profundas. ☐

9. Você presume que o outro possa ter boas intenções, mas aceita que um dos principais motivadores do ser humano é o interesse próprio. Embora não condene, você mantém isso em mente sempre que algo parece ir contra os melhores interesses da organização. ☐

10. Você tem consciência de não saber de tudo e toma decisões segundo seus conhecimentos e sua consciência. ☐

NCA INSIGHTS

- **As certezas de hoje podem preparar o terreno para os fracassos de amanhã.**
- **Quem está me dizendo o quê? E por quê? Essas perguntas podem protegê-lo de decepções, frustrações e até mesmo de desastres.**

8. Ego maior que a realidade

(para quem ou para que faço isso?)

> "Com frequência sou vítima do meu ego, superestimando as minhas capacidades e depois tendo que resolver as coisas novamente. Aqueles que exigem muito de si mesmos também correm um risco maior de fracassar. Uma das razões pelas quais raramente falhei é que tive ajuda no momento certo e consegui dar a volta por cima a tempo."
>
> **RÜDIGER LENTZ, DIRETOR DO INSTITUTO ASPEN**

É trágico quando uma derrota não se deve a circunstâncias externas, mas à própria cegueira. Esse é o cenário em que se baseiam muitos dos grandes dramas da literatura mundial, e a história econômica é igualmente rica em tais exemplos. No caso dos Incas, a queda do império foi acelerada por uma amarga guerra entre dois meios-irmãos. Desde a morte do Inca Huayna Cápac em 1527 até a chegada dos espanhóis em 1532, a história desse povo se resume a morte e destruição. Após a decisão fatal de Huayna Cápac[1] de dividir a sucessão entre dois de seus filhos, Huáscar e Atahualpa, o assassinato e o massacre generalizado seguiram-se sem considerar as consequências. O problema começou quando Huáscar, governando a região ao sul de Cuzco, mandou executar outro irmão por conspiração, enquanto Atahualpa, no norte, reunia um exército de grupos étnicos hostis aos Incas do sul devido a conquistas anteriores. Huáscar tomou a decisão de eliminar de vez todos os seus irmãos e rivais e os convidou para ir a Cuzco sob falsos pretextos. Atahualpa foi avisado do plano e enviou em seu lugar mensageiros, que passaram por maus bocados. Isso desencadeou uma guerra que dividiu a lealdade das diversas tribos entre os dois irmãos. Os generais de Atahualpa devastaram vastas extensões de terra e mataram qualquer um suspeito de ter feito um pacto com o lado oposto.

Por fim, Huáscar e toda a sua família foram capturados e mortos, assegurando o reinado de Atahualpa. Embora isso o tenha deixado livre para se proclamar o "único Inca", vários grupos étnicos permaneceram hostis, e os apoiadores de Huáscar nunca o consideraram seu legítimo governante. Mesmo após sua captura pelos espanhóis em novembro de 1532 e sua execução quase um ano depois, muitos governantes locais continuaram se aliando aos invasores estrangeiros na esperança de se livrar da ocupação inca. Isso deu certo, mas a que preço? Em 1571, após uma série de avanços e recuos, o último governante dos Incas, Tupac Amaru, foi decapitado em Cuzco. O império mais poderoso jamais visto no continente sul-americano ficou para a história, e a potência colonial da Espanha saiu triunfante.[2]

Foi durante essa guerra fraternal que as forças e virtudes dos Incas revelaram o seu lado negativo: a sede de poder tornou-se luxúria sanguinária, a tenacidade tornou-se fúria destrutiva, a capacidade de suportar dor e privações tornou-se um banho de sangue interminável. Juntos, esses fatores empurraram os Incas para o abismo. Quinhentos anos depois, só podemos especular sobre as motivações dos irmãos rivais, embora fosse pouco provável que incluíssem a preocupação com o reino outrora próspero. Afinal, se você realmente quer o melhor para o seu país, não deixa um rastro de terra arrasada e massacres. Não somos historiadores e, portanto, não estamos subordinados ao rigor acadêmico, por isso vamos nos permitir especular que Atahualpa e Huáscar se tornaram vítimas do próprio ego descontrolado. Suas reivindicações pessoais ao poder tornaram-se mais importantes do que o bem do império. Eles eram movidos pelas mesmas qualidades que, em certa medida, permitiam que governassem seu povo: sede de poder, determinação e disposição de fazer grandes sacrifícios.

Não temos de ir até as trincheiras modernas para encontrar paralelos. Apesar de travarem batalhas sem derramamento de sangue, fortes líderes empresariais enfrentam um dilema semelhante, na medida em que as características que os capacitam para a liderança — uma crença quase obsessiva em suas convicções e a vontade de vencer a oposição — são também seu calcanhar de Aquiles, com o risco constante de que um ego forte em algum momento se transforme em arrogância. "Alguns executivos anseiam por momentos de massagear o ego, seja em um camarote em estádio de futebol, viagens de primeira classe ou jatos corporativos, como se fossem vitais como o ar, e isso se torna cada vez mais perigoso para a empresa quanto mais longe e mais alto essas pessoas avançam", nas palavras de um colega. Uma pergunta interessante e reveladora para fazer a si mesmo é: para quem você está fazendo isso? Para a empresa, para o assunto em questão, ou para si próprio? É disso que se trata este capítulo.

Indiana Jones manda um abraço

O dr. Henry Walton "Indiana" Jones Jr. é uma das figuras mais amadas da cultura popular. Desde 1981, o professor universitário e arqueólogo realizou quatro expedições, cada uma delas em busca de achados espetaculares, templos misteriosos, pedras preciosas e, em sua aventura mais emocionante, uma suposta caveira de cristal dos Incas. No clássico enredo do *blockbuster*, as aventuras de Indiana sempre terminam bem, mas não antes dos habituais momentos de tiro, porrada e confusão, pois ele heroicamente sempre deixa para trás um rastro empoeirado de devastação. Tesouro recuperado, templo(s) e todos os outros monumentos insubstituíveis destruídos para sempre! Assim, os filmes pouco se assemelham ao trabalho meticuloso de escavação dos verdadeiros arqueólogos, que não estão armados de chicote e revólver, mas de pinça e escova — e ainda assim, talvez precisamente por essa razão, os fãs já anseiam pelo próximo filme. Paul Williams não tem vergonha de admitir que *Indiana Jones e os caçadores da arca perdida* é o único filme que ele já viu duas vezes. E no mesmo dia!

Indiana Jones é um aventureiro para quem o triunfo pessoal é tudo e o trabalho de arqueologia acadêmica pouco importa. Contanto que a sua busca termine com um achado misterioso e a sensação que o acompanha, não há destruição que o seu ego não justifique. A maioria dos espectadores consegue se identificar com o seu charme atrevido. E não é de se admirar, pois todos já tivemos os nossos momentos de Indiana Jones, em que o sucesso pessoal importa mais do que a tarefa em mãos ou o contexto. Não surpreende que o personagem mais famoso de Harrison Ford seja inspirado em uma figura histórica real: o arqueólogo norte-americano Hiram Bingham, que realizou seis expedições à América do Sul entre 1908 e 1924 e mais tarde reivindicou o título de descobridor de Machu Picchu, embora essa afirmação permaneça controversa até hoje.[3] Ele também não foi muito fiel à verdade em outras ocasiões,[4] contanto que sua versão da história servisse para aumentar sua fama.

Andreas Krebs ainda se lembra vividamente da vez em que, há muito tempo, o seu ego tomou o controle...

Belize: Andreas na trilha de Indiana Jones

Quando era gestor nacional na Guatemala, o jovem Andreas Krebs teve a ideia de estabelecer um escritório de vendas no país vizinho Belize, embora um acordo de distribuição local já bastasse. Para aqueles que não conhecem Belize, o país tem belas praias, margeadas por um recife de corais, vegetação exuberante e uma população de cerca de 375 mil habitantes. O chefe da empresa na América Central era contra o plano, mas, com a tenacidade, o entusiasmo e a ousadia da juventude, Andreas levou seu (des)empreendimento até o fim. O investimento foi substancial, o retorno... bem, modesto seria uma descrição generosa. No entanto, e felizmente para Andreas, o projeto foi na verdade visto como um sucesso parcial. Mas o que o motivou a fazer isso? A singular e honrosa ambição de impulsionar o negócio regional? Ou o desejo de ser o primeiro a entrar em uma terra incógnita e deixar uma marca indelével na história da empresa como o intrépido descobridor de novos mundos? Bem, vamos ser honestos: há lugares piores para viajar do que Belize...

A beleza da inteligência humana é que somos muito criativos quando se trata de encontrar razões racionais para um comportamento irracional. Dirigimos um SUV pelas ruas asfaltadas da cidade, em vez de usar o transporte público, por razões de segurança, compramos relógios caríssimos apenas como investimento, e certificamo-nos de que a nossa torre de escritórios seja mais alta do que o edifício do rival ao lado apenas porque precisamos do espaço extra. Se formos honestos conosco, o ego e o status desempenham um papel importante em tudo isso — desde a sala de reuniões até os subúrbios, onde o vizinho parece sempre ter um carro um pouco mais novo do que o nosso. O desejo de impressionar e superar os outros parece parte da natureza humana, em maior ou menor escala.

Não é despropositado que algumas grandes corporações tenham desenvolvido um sistema de insígnias que envergonharia a realeza. Quem tem apenas uma mesa e uma cadeira básicas? Quem tem uma sala com sofá? Quem tem três janelas? E quem tem aquele símbolo máximo de status, a sala de esquina? Algumas carreiras de gestão parecem uma interminável *egotrip*: carros corporativos grandes e potentes, hotéis cada vez mais luxuosos, jantares e mais jantares em restaurantes chiques e voos de primeira classe, tudo isso pode levar a uma perigosa perda de contato com a realidade. Dito isso, todos começam devagar.

Há alguns anos, em uma grande empresa do Euro Stoxx, Andreas Krebs foi promovido de uma mesa de reuniões quadrada para uma mesa de reuniões redonda, muito antes da sua promoção oficial a executivo sênior, o nível em que teria direito a tais luxos. O "sistema de mesas" havia sido explicado a Andreas pelo coordenador de instalações com forte sotaque hispânico e, como Andreas havia estudado na escola latino-americana de gestão de stakeholders, começou a construir uma relação com esse valioso colega. Alguns meses depois, chegou o momento em que Andreas sentiu que valia a pena sentir o clima para ver se poderia passar por uma atualização de móveis, e eis que teve sorte. O coordenador de instalações, que havia se tornado seu amigo, estava transferindo os móveis do escritório de um vice-presidente sênior aposentado para o porão, e não haveria problema algum em levar um ou dois itens para a sala de Andreas. Um colosso redondo de madeira foi, assim, cuidadosamente transportado para o quarto andar e, no corredor, os colegas saíram das suas salas para felicitar Andreas, não pela magnífica mesa, mas pela promoção! Para eles, uma mesa redonda só poderia significar uma coisa.

Quando o ego guia os comportamentos, isso pode custar caro para um negócio, pois nem sempre as coisas dão certo como na aventura de Belize. Fatores de risco incluem membros da diretoria que querem se vingar de sua antiga empresa desenvolvendo e lançando um produto concorrente sem razões econômicas para isso (ver Capítulo 5: "Enfrentando o verdadeiro oponente") ou PEPs (projetos de estimação do presidente) no alto escalão da administração. Um exemplo de projeto desse tipo foi o Bugatti Veyron, um carro de mil cavalos de potência que custou milhões de euros, desenvolvido pela Volkswagen a pedido pessoal de Ferdinand Piëch. "Ficou claro para todos os interessados que, do ponto de vista comercial, a ideia era insana", comentou um dos nossos entrevistados. De acordo com a imprensa, Piëch, na época CEO e mais tarde presidente do conselho, ainda hoje tem uma dessas bebedoras de gasolina em sua garagem.[5] O ego sobe à cabeça da maioria dos executivos em algum momento, pela simples razão de que um ego forte é mais propício a ter uma carreira de sucesso. Raramente isso é descrito com uma combinação tão charmosa de honestidade e bom humor como pelo entrevistado a seguir:

> Ao assumir o novo cargo, "herdei" do meu antecessor seis ingressos, que valiam para toda a temporada, para o camarote de um dos clubes de futebol da Premier League. Claro, eu não poderia devolvê-los. Quero dizer, tem gente que fica um ano na lista de espera para conseguir essas coisas. Mas seis? Por isso, tomei uma decisão com a cabeça fria e, pensando nos custos, reduzi brutalmente o número de bilhetes... para quatro. Quatro parecia ser um bom número, e seguindo

> uma excelente dica do meu chefe americano, os bilhetes restantes foram documentados de acordo com os padrões de conformidade da empresa: ele recomendou registrá-los como "retenção e motivação de pessoas-chave".

Você pode querer deixar o livro de lado por um momento e refletir em que circunstâncias você mesmo se tornou uma vítima do seu ego. Quando teve o seu momento de Indiana Jones? Tudo o que você já fez foi motivado puramente por razões "objetivas", ou vez ou outra cedeu ao impulso de obter fama, status, poder ou vingança e fez coisas que beneficiaram você, mas não necessariamente a empresa? Antes de considerar tais atos como compensação legítima por todo o trabalho duro de subir na carreira, um aviso: quem se rende ao ego pode se tornar manipulável. Um colega espertinho ou um oponente pode sentir a vaidade e reconhecer quais botões apertar para obter o que quiser de você. Veremos mais sobre isso neste capítulo, mas por enquanto vamos falar da dramática queda de um executivo sênior cujo ego levou-o a ser expulso da firma.

CEO hoje, na rua amanhã

Quando a revista americana *Forbes* soube de uma tragédia grega, realizou mais de cem entrevistas e passou meses apurando informações. Não existe um gestor cujo destino esteja tão bem documentado como o de Jeff Kindler, sua ascensão e queda são um protótipo para CEOs e diretores executivos de vários mercados.

Kindler entrou na Pfizer em 2002 como vice-presidente executivo e conselheiro-geral, ocupou o cargo de CEO de 2006 a 2010 e foi demitido pela diretoria em 4 de dezembro de 2010, em uma breve reunião convocada especialmente para esse fim.[6] Como Macbeth ou o rei Lear de Shakespeare, a queda de Kindler também resultou de um fatal erro de cálculo: ele acreditou até o último momento que poderia convencer a diretoria de seus méritos. Sua história pode ser resumida da seguinte forma:

Em 2006, Kindler sucedeu Henry (Hank) McKinnell, CEO desde 2001 e responsável por uma queda de 47% nas ações da Pfizer. Uma disputa interna de poder em torno da sucessão tinha dividido a empresa em duas. Quando Kindler despontou como vencedor, isso foi uma surpresa para muitos, em parte porque estava na Pfizer havia relativamente pouco tempo e normalmente eram funcionários de longa data que assumiam as rédeas na empresa, e em parte porque era advogado de formação, portanto não estava familiarizado com as peculiaridades do mercado farmacêutico. O ex-CEO William (Bill) Steere, que tinha chefiado a Pfizer nos dias de glória do Lipitor e do Viagra e continuava a mexer os pauzinhos como "o conselheiro" da Pfizer nos bastidores, desempenhou um papel fundamental na nomeação. Tudo isso significava que Kindler estava enfrentando um desafio muito difícil, além de ele próprio ser considerado uma pessoa não muito fácil de se conviver.

A nomeação foi, nas palavras da revista *Forbes*, "um choque", e um dos futuros colegas de Kindler, um advogado com 26 anos de casa, se demitiu um dia depois. "No fim das contas, você tem que ter algum respeito pela pessoa para quem está trabalhando", disse George Evans à *Forbes*. "Observei Jeff ao longo dos anos e não poderia trabalhar para uma empresa que o tivesse como CEO." Você poderia achar que se tratava de uma animosidade pessoal, só que outras vozes expressaram preocupações semelhantes. Kindler era notório por sua grosseria, muitas vezes interrogando os funcionários como se fossem testemunhas e oponentes em um tribunal. Ele os chamava a qualquer hora do dia ou da noite, às vezes para gritar e insultá-los, e no dia seguinte fazia um longo pedido de desculpas. Não confiava em ninguém, ele mesmo se encarregava dos mínimos detalhes e esperava respostas imediatas, não importando onde o interlocutor estivesse ou quão importante ou trivial o assunto fosse.

Enquanto isso, a empresa procurava desesperadamente uma nova fórmula mágica, um medicamento que sucedesse o Lipitor ou o Viagra. Kindler levou à exaustão três chefes de P&D em quatro anos e meio, e outros executivos seniores também deixaram a empresa.[7]

Recorreu ao conselho de consultores externos e antigos colegas, reestruturou, comprou, reestruturou novamente, mas a empresa continuou em declínio. Também contratou como chefe global de RH Mary McLeod, que havia sido demitida da empresa anterior por causa de dúvidas sobre sua integridade e questões de caráter. McLeod não se importava em se deslocar de Delaware para Nova York de helicóptero quase todo dia enquanto cortava milhares de empregos. Mesmo ignorando esses avisos desastrosos, seu desempenho não convenceu: uma auditoria externa classificou-a como "incompetente". Mas ela era incondicionalmente leal a Jeff Kindler, controlava o acesso a ele, difamava outros executivos e embolsava um dos cinco maiores salários da Pfizer. Esta história daria uma boa tragédia dos tempos modernos!

O preço das ações continuou a cair e outros funcionários-chave consideravam se demitir ou se aposentar até que a diretoria pisou no freio, ordenou que Kindler fosse para a Flórida e, apesar de seus apelos, o mandou embora. Kindler deveria ter atentado para o fato de que seu antecessor, Hank McKinnell, também tinha sido demitido após se dar um aumento salarial de 72%, a despeito da drástica queda no valor da empresa sob seu comando. Quanto mais alto na organização, mais prevalente e perigosa parece ser a ilusão de invencibilidade.

Algum tempo depois, Andreas Krebs participou de uma conferência internacional de liderança na qual, em uma sessão sobre a contratação e demissão de CEOs, três executivos que viveram situações semelhantes à de Kindler compartilharam seus aprendizados e refletiram sobre o acontecido. Eles dividiram suas experiências com honestidade impiedosa e inabalável, tendo entrado em mais detalhes em conversas individuais. Suas principais mensagens, registradas na memória, foram:

- "Um grande erro foi não confiar em ninguém. Eu desconfiava de todo mundo, especialmente os confidentes do meu antecessor. Mas muitas dessas pessoas eram, na verdade, muito boas."

- "Como advogado, pensei que pudesse fazer qualquer coisa. Advogados tendem a pensar assim. Eu já tinha lidado com tudo quanto é coisa, por que seria diferente agora que eu era CEO?"
- "Procurei um pequeno círculo de confidentes e coloquei a lealdade acima da qualidade... um grande erro."
- "Eu não estava preparado para a tarefa. Afinal, quem está pronto quando assume o cargo? Mas também falhei em procurar aliados — colegas em situações semelhantes ou CEOs experientes — com quem poderia ter falado abertamente sobre como melhorar."
- "Criei uma espécie de círculo interno isolado. Os poucos confidentes que eu tinha quase não deixavam ninguém se aproximar de mim sem sua aprovação. Quase não tive conversas individuais com colegas fora desse círculo, e, nas poucas que tive, o tema da conversa foi verificado e filtrado com antecedência. As pessoas tinham um briefing sobre o que discutir comigo e o que não discutir. Percebi isso tarde demais."
- "Eu estava cego pelo universo do tapete vermelho. Uma visita à filial brasileira, por exemplo, envolveu uma delegação de 15 a 25 pessoas mais guarda-costas. Vários jatos corporativos foram levados para a viagem. Como é que eu ia manter uma conexão com a realidade?"
- "Esse pequeno círculo acabou por selar o meu destino quando a direção me acusou de concessões inapropriadas a confidentes próximos."

Dois dos CEOs chegaram ao ponto de dizer que era certo demiti-los, e temos que dar crédito aos três por serem capazes de refletir sobre sua experiência com tal equilíbrio e descrever seus aprendizados de forma tão aberta. Nem todos são capazes de fazer isso! Esses exemplos também são típicos de quando a autoestima inflada e a arrogância, mais cedo ou mais tarde, podem levar à queda. A pessoa se torna cada vez mais impiedosa, incapaz de ver o perigo, criando inimigos pessoais, e, ao se concentrar cada vez mais em si mesma, propensa a tomar decisões erradas. Você acha que esse pode ser o seu caso? Pedimos a alguns executivos que fizessem um balanço da sua experiência de gestão e compilamos uma lista de sinais de alerta:

O egômetro — quão inflado seu ego é?

Sendo bem franco, quais dos seguintes pensamentos já passaram pela sua mente?

- "O que seria da empresa sem mim?!" ☐
- "As regras que se aplicam a todos não se aplicam necessariamente a mim." ☐
- "Sou o melhor; atuo em outro nível." ☐
- "É melhor que eu mesmo faça!" ☐
- "O que poderia acontecer comigo?" ☐
- "Se não está comigo, está contra mim!" ☐
- "Não se pode confiar em ninguém." ☐
- "Para mim, só o melhor é bom o suficiente — e eu ganhei o direito de dizer isso." ☐
- "Quanto mais, melhor! O céu é o limite." ☐
- "Não se pode fazer uma omelete sem quebrar alguns ovos." ☐
- "Lealdade é mais importante do que desempenho e conhecimento!" ☐
- "Eu espero ter apoiadores incondicionais, não pessoas pragmáticas ou que pensam saber o que é certo." ☐

Desnecessário dizer que não é para levar o egômetro a sério demais e seu método não é, de modo algum, científico. No entanto, se você marcou mais de dois ou três itens, é bom continuar lendo!

Admiração em doses homeopáticas

Por que alguns gestores se tornam cegos para os perigos que enfrentam, surdos para todos os avisos que ouvem e insensíveis às necessidades dos outros, e seguem em frente, impelidos por puro ego, até sua queda? No Capítulo 5 abordamos o assunto, observando que a linha entre a autoconfiança saudável e auto-obsessão destrutiva é muito tênue. Quem está em uma posição de liderança precisa ser resiliente, capaz de lidar com retrocessos, além de tomar decisões impopulares. A maioria das pessoas que foi bem-sucedidas em chefiar equipes ou organizações durante um longo período inevitavelmente cultivou algumas dessas características que as ajudaram a alcançar o sucesso no fim das contas. Acrescente-se a isso o fato de as vozes críticas e dissidentes se tornarem cada vez mais silenciosas quanto mais alto se sobe e mais influente se torna até, finalmente, chegar ao "salão dos espelhos", como descrito no Capítulo 7. Uma vez lá, o líder só escuta dos outros o quanto é maravilhoso, a menos que consiga sair da jaula e encontrar parceiros preparados para serem abertos e honestos. Esses erros não se encontram apenas nas grandes corporações e empresas públicas. Você também pode encontrar muitos patriarcas em empresas familiares transbordando de confiança com base em sucessos passados, que podem se mostrar muito perigosos para suas organizações, porque eles não aceitam que possam estar errados.

Felizmente, nem todos os que tiveram uma carreira de sucesso sucumbiram à egolatria, mas esse fato é frequente a ponto de ser tema de algumas publicações muito interessantes, como o livro *The Neuroses of the Bosses* [As neuroses dos chefes], que os psicólogos Jürgen Hesse e Hans Christian Schrader escreveram há alguns anos.[8] Eles citaram as influências da primeira infância, como uma educação sem amor ou muito focada no desempenho, como possíveis causas para a posterior necessidade de reconhecimento, a tendência de ignorar críticas ou a falta de empatia. Mas nós não somos psicólogos e não pretendemos ir tão fundo. E só porque uma pessoa não se comporta de forma particularmente altruísta ou cooperativa, não significa que tenha algum distúrbio de personalidade! No entanto, o trabalho de um gestor carrega consigo o risco inerente de sofrer deformação profissional, de virar um Indiana Jones, o que não é bom nem para a pessoa nem para o seu local de trabalho. Então, como lidar com o ego? Como estabelecer a linha tênue que separa uma autoestima robusta do excesso de confiança? Como evitar a obstinação cega e a arrogância perigosa? E como proteger os outros e a empresa dos efeitos colaterais do seu ego?

O ponto fundamental que permite responder a essas perguntas é entender mais sobre sua autoestima e em que ela se baseia. Autoestima é o quanto nos valorizamos e apreciamos. Quanto respeito você tem por si mesmo, até que ponto você está satisfeito consigo mesmo? Acima de tudo, o que influencia a sua noção de valor próprio? Em suas sessões de coaching, Paul Williams às vezes usa uma imagem simples: o tanque da autoestima. Imagine que seu senso de autoestima é como um tanque ou barril, com uma abertura em cima e uma saída embaixo, que é controlada por uma torneira. Tanto a entrada como a saída do tanque são acessíveis a todos. Todos os dias colocamos bolinhas de autoestima no tanque e todos os dias perdemos algumas delas. Às vezes as bolinhas vêm de influências externas, como elogios e reconhecimentos, recompensas materiais, títulos, símbolos de status, e, em todos esses casos, confiamos, exclusivamente ou em grande parte, em outras pessoas para complementar a nossa autoestima, na forma de reações e comportamentos em relação a nós. Por outro lado, às vezes o nosso tanque é abastecido por dentro, como quando estamos sozinhos, mergulhados em uma tarefa — ocasionalmente até o ponto de atingirmos o chamado "fluxo" —, e atingimos sozinhos, sem ajuda externa, um objetivo importante para nós. A parte interessante é que, nesse caso, o preenchimento do tanque é feito de forma independente e sob nosso controle individual. Por sua vez, o caminho externo depende, como mencionado, das reações de outras pessoas, que também podem, naturalmente, ser negativas, sob a forma de críticas injustas, desrespeito ou outros atos semelhantes. E todas essas reações irão abrir a torneira e deixar que as bolinhas de valor próprio escapem do tanque.

A maioria de nós prefere um desses dois métodos para aumentar a autoestima, o externo ou o interno, e é importante descobrir qual funciona melhor para você, qual é o gatilho. Líderes e gestores mais extrovertidos — aqueles que, curiosamente, são muitas vezes vistos como modelo clássico de liderança — dependem mais de afirmações externas. Na verdade, às vezes eles parecem quase viciados em elogios e admiração. É um perigo, pois, assim, delegam a outras pessoas o controle sobre sua própria felicidade e autoestima. Continuando na analogia do tanque, significa que muitas pessoas também podem abrir a torneira e deixar escapar um monte de bolinhas! Se isso acontecer, o gestor tem que se esforçar ainda mais para compensar essas "perdas", e normalmente o faz buscando mais reconhecimento, alimentando uma espécie de vício com doses cada vez mais altas de elogios externos. Isso não só leva a um fenômeno chamado adaptação hedônica, mas também pode empurrar o gestor cada vez mais para a armadilha do ego, pois ele acaba se cercando de admiradores acríticos (quem só sabe elogiar) e gente que só diz sim, dividindo o mundo entre amigos e inimigos. O que também pode levar a pessoa a fazer (ou não) coisas para obter reconhecimento em vez de ser motivado pelo interesse da empresa. Isso explica, pelo menos em parte, por que se constroem novos e suntuosos edifícios corporativos, mesmo que não sejam necessários nem viáveis financeiramente, ou por que projetos inúteis são implementados, embora não sejam rentáveis. E há, sem dúvida, fusões e aquisições que foram iniciadas e até concluídas com base, em grande parte, na fantasia de se tornar o número um, mesmo quando o *case* é fraco e com probabilidade de fracassar. Além disso, falamos já no Capítulo 1 que a vontade de ser o número um raramente motiva comportamentos sensatos.

Por outro lado, existem as pessoas mais introvertidas, muitas vezes do tipo gênios ou especialistas, que normalmente ficam extremamente felizes se são deixadas sozinhas para trabalhar e fazer aquilo que gostam. Sua autoestima depende muito menos do reconhecimento de outras pessoas e, mesmo quando isso acontece, o respeito próprio que resulta do feedback positivo de um especialista ou colega é muito mais importante do que um reconhecimento público mais amplo. Geralmente, uma palmadinha nas costas é mais do que suficiente, e isso as torna menos dependentes do julgamento e do feedback dos outros. E, como sempre, a exceção também comprova a regra.

Para não cair na armadilha do ego, a primeira coisa é compreender e ser honesto consigo mesmo sobre o que impulsiona o seu senso de autoestima. Se você, ou alguém que o conhece bem, notar que ter a admiração dos outros está se tornando muito importante para você, então é interessante tentar contrapor isso, evitando que os outros possam abrir aquela torneira do tanque. Uma boa maneira é encontrar ambientes, idealmente fora da organização, que melhorem a sua autoestima sem que você precise impressionar as pessoas, e onde o seu status e cargo sejam irrelevantes ou desimportantes. Encontrar satisfação e sucesso fora do local de trabalho não é apenas fonte de diversão, mas também um bom exercício para essa questão da autoestima. Afinal, se o seu trabalho é a sua vida, e a sua vida é o seu trabalho, então o que resta quando você não está trabalhando? Se o seu ego e o seu cargo na empresa estão tão intimamente ligados que se tornam uma entidade, isso se torna particularmente perigoso para a organização, especialmente quando você está no topo. Como regra, esse tipo de pessoa irá lutar pela posição e não pelo negócio. Ela quer ter boa aparência e ser elogiada pela mídia, e o resultado é um trabalho feito para si mesmo, muitas vezes às custas dos acionistas ou funcionários. Os executivos seniores inteligentes têm isso em mente ao tomar decisões de contratação para posições de topo, como ilustrado no exemplo seguinte, compartilhado por Christoph Straub:

> Depois de ter sido nomeado para um cargo no conselho pela primeira vez, perguntei a um dos tomadores de decisão por que ele estava tão convencido de que aquela vaga deveria ser minha. Eu trabalhava na empresa havia apenas três anos como gerente de desenvolvimento de negócios. Ele respondeu: "Porque você era o único aqui que não estava louco pela vaga." Ele estava certo.

Isso nos faz lembrar Maquiavel e sua observação astuciosa: "Não são os títulos que ilustram os homens, são os homens que ilustram os títulos." Christoph Straub chamou a nossa atenção para outro aspecto ligado à questão do ego: a encarnação física do poder.

> No fim das contas, o direito de fazer uma demonstração de poder anda de mãos dadas com a liderança. Não é algo que eu me sinta

> confortável em fazer, o que não é necessariamente positivo, porque os líderes podem usar isso para fortalecer a sua capacidade de resolver as coisas. Assim, eles deixam claro que são eles que mandam e ao mesmo tempo enviam o sinal: "Não estou realmente muito interessado em vocês. Eu vou entrar e fazer o que eu quiser."

Quando um chefe encomenda um Mercedes-Maybach como carro da empresa e ao mesmo tempo impõe um duro programa de redução de gastos na organização, ele está levando esse jogo de poder longe demais, e o mesmo se aplica a um membro do conselho que, em circunstâncias semelhantes, vai para o trabalho de helicóptero. O exemplo da Maybach é uma história real de um negócio cotado no Euro Stoxx. É tudo uma questão de dosagem, e o importante é estar consciente do que se está fazendo e das mensagens que está enviando. Há uma grande diferença entre deixar deliberadamente sua marca na organização e fazer exigências excessivas e excêntricas, puramente baseadas no fato de que você acha que é seu direito, independentemente do que está acontecendo no mundo real. Angela Maier e Christoph Nesshoever resumiram muito bem a questão em um artigo publicado recentemente em uma importante revista europeia de negócios: "É a mesma ladainha de sempre: o sucesso lhe torna complacente. E os melhores — seja em outra empresa, no esporte ou em outros contextos — tornam-se seu principal oponente no fim da carreira."

E agora as nossas reflexões finais sobre o tema. Um ego saudável requer uma distância saudável das exigências da vida profissional. Quem se dedica de corpo e alma à empresa vive tão perigosamente quanto a pessoa que usa a empresa como veículo para saciar a sua sede de reconhecimento. Há décadas Jim Collins reflete sobre o sucesso excepcional nos negócios e observou uma mistura paradoxal de "ambição" e "humildade" nas grandes personalidades da liderança, o que permite à pessoa fixar e atingir objetivos ambiciosos, ganhando dinamismo, ao mesmo tempo em que nunca esquece o risco sempre presente de fracassar.[9] Isso, mais uma vez, protege tanto contra a ilusão de invencibilidade quanto contra o perigo de depositar toda a sua autoestima na obtenção e manutenção de um status hierárquico específico.

Parceiros, não bajuladores

Até hoje, quase todas as crianças conhecem a história "A nova roupa do rei". Nesse conto de fadas de Hans Christian Andersen, o rei, obcecado pela pompa, cai na lábia de dois vigaristas que o convencem de que podem tecer as roupas mais bonitas. Essas roupas são, no entanto, invisíveis para quem não está à altura das exigências de um alto cargo. O rei entusiasmado arranja ouro e a melhor seda, e os trapaceiros se preparam para trabalhar no embuste. De tempos em tempos, os ministros passam para monitorar o progresso, nenhum deles vê nada, mas cada um assegura à vossa alteza que as novas vestes estão ficando magníficas! O rei eleva os impostores a tecelões da corte, concede-lhes medalhas e ao ser vestido, antes da grande procissão cerimonial, os elogia pelo magnífico manto de penas. A multidão que se amontoa na rua começa a rir até que, finalmente, uma criança pequena grita: "O rei está nu!" A multidão cai na gargalhada ao ver que o rei está envergonhado. "Preciso ir em frente", pensa o rei corajosamente. Andersen termina com: "E os camareiros da corte continuaram carregando o manto que não estava lá."[10]

As crianças adoram essa história, porque, finalmente, parecem ser mais espertas do que os adultos. Muitos adultos, por outro lado, reagem com um ligeiro mal-estar. Será que eles teriam tido a coragem de falar a verdade ou teriam, como os ministros, continuado fingindo? O conto de Andersen não está assim tão longe da realidade de muitos negócios. Um executivo ou patriarca vaidoso tem uma ideia duvidosa. Quem ousa ser contra é automaticamente considerado incompetente e desleal e deve esperar pagar o preço por ser linguarudo. Então, todos continuam a pensar que é uma ideia incrível, mesmo depois de ter sido exposta como um completo disparate.

O Volkswagen Phaeton, batizado com o nome do filho de Hélio, o deus do Sol, com o qual Ferdinand Piëch pretendeu assumir a liderança do mercado e derrotar as limusines de luxo da Mercedes e da BMW, acabou por ser um enorme fracasso e a fabricante nem sequer chegou perto de atingir seus objetivos de venda.[11] No exército de gestores da Volkswagen, não havia ninguém que pudesse dizer que "Volkswagen" e "luxo", do ponto de vista da marca e do marketing, não ficam bem na mesma frase? Assim como o rei e sua roupa nova, quando o último Phaeton saiu da linha de produção em Dresden, alguns membros da gerência sênior da Volkswagen ainda pareciam convencidos de que o projeto tinha sido uma excelente ideia. A sede da Volkswagen emitiu uma declaração dizendo: "O Phaeton é e continua sendo um projeto importante para a Volkswagen. É fundamental para o posicionamento da marca e para mostrar nossa capacidade técnica."[12] Lembramo-nos do maravilhoso verso do poeta alemão Christian Morgenstern: "E assim, na opinião deles, o que não lhes convinha não podia ser verdade!"

Quem trata funcionários altamente qualificados, experientes e bem pagos como bajuladores da corte, prejudica a si próprio em primeiro lugar, porque está jogando fora o dinheiro pago nos salários pelos conhecimentos especializados, pela experiência e pelas ideias dos funcionários. Alguns dos nossos entrevistados tinham histórias para contar sobre isso. Aqui estão alguns exemplos. O primeiro vem de Iris Löw-Friedrich:

> E então temos a questão da ignorância: "Eu sei de tudo, mas também não posso me dar ao trabalho de dar uma olhada com calma." Acho que esse fenômeno também está relacionado com a forma como escolho a minha equipe. Tenho coragem não só de aturar as pessoas que expressam opiniões diferentes e respeitá-las, mas também de me cercar delas conscientemente? A vontade de se conformar é muitas vezes forte. Até que ponto estou aberto a opiniões diferentes, até que ponto estou disposto a encorajar abordagens alternativas e acatá-las?

Já Werner Spinner, ex-diretor do Bayer e presidente do FC Cologne (2012-2019), diz o seguinte:

> Você entra em um novo ambiente — por exemplo, o futebol — e de repente se depara com pessoas que têm medo. Com base na experiência delas com outros gestores, elas têm tanto medo que só dão respostas que tenham sido maquiadas ao máximo. Não é fácil mudar essa cultura porque você precisa de pessoas que não tenham medo, que se aproximem do problema e sejam destemidas em suas decisões.

A melhor maneira de não cair na armadilha do ego é se rodear de parceiros. Você promove uma cultura de abertura na sua equipe de gestão? Pode mostrar a um colega (ou ele a você) um "cartão amarelo" se um de vocês estiver indo na direção errada? Se faz muito tempo que ninguém o contraria ou contradiz em alguma questão, é claro que é possível que você seja um líder fantástico que tem uma mente brilhante e nunca comete erros. Mas é muito mais provável que esteja cercado das pessoas erradas ou tenha conseguido fechar a boca da equipe. Você deve ficar atento se os melhores funcionários se demitirem inesperadamente e isso lhe surpreender, porque achava que tudo estava indo bem. Não se ofenda, deixe de lado o orgulho e pergunte-lhes quais são as verdadeiras razões para escolherem partir. Sempre nos surpreendemos com a quantidade de colegas que não incluem entrevistas demissionais como parte formal (e infelizmente a última parte!) do processo de contratação e desenvolvimento de RH. Essa é a última oportunidade para fazer perguntas abertas e obter respostas honestas, desde que, claro, você já tenha lhes dado bons exemplos. Você está preparado para ouvir algumas verdades críticas e desconfortáveis sobre si mesmo e sua organização?

Colegas críticos e confiáveis são, portanto, inestimáveis para dar feedback, permitir a reflexão e, em certas circunstâncias, impedir que se tomem más decisões. Mas se você não tem um colega assim à mão agora, também pode fazer isso por conta própria com algumas perguntas úteis:

- Se eu atingir meus objetivos, quais são os pontos positivos para mim, para os meus colegas e para a organização?
- Se eu atingir meus objetivos, quais são os pontos negativos para mim, para meus colegas e para a organização?

Se você responder honestamente, descobrirá se os seus objetivos são guiados pelos interesses do negócio ou pelo seu ego, e se vale a pena o preço a ser pago, se for o último.

Outra boa maneira de manter os pés no chão é assumir papéis em que você não seja a pessoa mais importante. Procure oportunidades em que você seja simplesmente "fulano" e não o CEO, o chefe de departamento ou o chefe. Cerque-se de pessoas positivas, honestas e coerentes, que trabalham duro e se divertem muito, em uma interpretação livre da citação de Colin Powell, no início do livro. O cônjuge ou um grande amigo também podem ajudar. Eles às vezes conhecem nossas fraquezas melhor do que nós mesmos e podem destacar questões difíceis com sensibilidade. Muitas pessoas fazem o exercício aparentemente simples, mas muitas vezes desafiador, de explicar ao seu filho de oito anos o que fazem o dia inteiro. Depois do terceiro "por quê?", você sente os pés bem firmes no chão. Outro bom exercício de modéstia e humildade é aprender algo novo e divertido, seja um esporte, um instrumento, ou alguma outra forma de expressão artística: qualquer coisa que você não saiba fazer e na qual não tenha nenhum status especial devido a privilégios adquiridos. E, finalmente, não esqueçamos o quanto é importante aprender com os erros e as más decisões tomadas quando deixamos o ego subir à cabeça.

Paul Williams teve o seu momento de Indiana Jones quando ainda era estudante.

"Você só tira um coelho da cartola se tiver uma cartola!" — Paul na trilha de Indiana Jones

Meu momento ególatra aconteceu cedo, antes de começar a trabalhar. Eu estava na Universidade de Londres, curtindo a vida universitária. Na residência estudantil em que eu morava com outros 130 jovens, havia uma comissão de gestão que foi escolhida pelos outros residentes, e, no meu segundo ano, fui eleito representante sênior. Até aí, tudo bem.

Todo mês de maio era promovido um jantar anual na residência, onde todos podiam convidar alguém e os alunos se arrumavam e jantavam juntos em um ambiente mais formal. E, por alguma razão desconhecida, voluntariei-me para fazer um discurso no evento. Eu não tinha que fazer isso — esperava-se que um aluno sênior desse um pronunciamento, mas não um representante. Mas eu claramente quis aproveitar a chance de demonstrar a um público mais amplo minha habilidade retórica brilhante e minha inteligência, então, sem pensar muito nisso, confiantemente presumi que inventaria algumas histórias hilárias, anedotas divertidas e sátiras afiadas para a diversão de todos os presentes. Eu estava errado.

A noite se aproximava, e eu continuava adiando a escrita do discurso. Aos poucos fui percebendo que não tinha ideia do que queria dizer. Mas era orgulhoso demais para admitir isso a alguém e ainda me sentia bastante confiante de que iria correr tudo bem. Por fim, consegui juntar algumas piadas para formar uma história coesa, mas me sentia desconfortável e despreparado. O discurso foi um desastre. Foi chato, entediante, não tinha uma mensagem a passar e o público quase não riu. Eu estava nervoso o tempo todo e quase morri enquanto falava. Foi um gesto egoísta, vaidoso e desnecessário — um clássico momento Indiana Jones!

Então, como era o "templo pessoal" que eu tinha destruído? Bem, uma boa dose de autoconfiança e egolatria escorreram pelo ralo. O desejo de me levantar e fazer qualquer tipo de discurso em uma reunião semelhante desapareceu durante um bom tempo, assim como parte de uma reputação arduamente conquistada entre os meus pares.

Em resumo, eu tinha causado um trauma de tamanho médio na minha autoestima. Mas, felizmente, houve um lado positivo nesse fiasco, embora tenha levado um tempo para perceber. Entre outros aspectos, o fracasso me levou a preparar tudo muito bem, ao ponto de quase entrar em pânico se sentisse que não estava pronto, independentemente da tarefa. Somente há pouco tempo aprendi a canalizar isso e me dedicar a algo na medida certa, compatível com a complexidade da ocasião. Então, esse episódio teve um lado bom no longo prazo, mas me custou muita energia até o ponto em que comecei a transformá-lo em uma influência positiva na forma como trabalho e lido comigo mesmo. Eu não sonharia em dizer que isso me curou para sempre da armadilha do ego, mas certamente ajudou a me sensibilizar para a importância de ficar de olho nela no futuro.

Um teste de estresse para o seu ego

Você tem o seu ego sob controle? Esse é um tema tão espinhoso que há alguns anos, na *Harvard Business Manager*, foi feita uma proposta para um "juramento hipocrático para gestores", incluindo: "Prometo que não vou colocar meus interesses pessoais à frente da minha empresa ou sociedade... Reconheço que meu comportamento deve ser um exemplo de integridade, suscitando confiança e estima daqueles a quem sirvo."[13] Hmm, até agora o juramento parece não ter sido completamente compreendido. Vamos terminar com alguns pensamentos sobre o ego.

Lutando pela causa ou só mais um ególatra?

Para quem ou para que você está fazendo isso?

1. Há pessoas no seu círculo imediato que lhe dizem aberta e honestamente o que pensam sobre você e o que está fazendo. ☐
2. Não faz muito tempo que você admitiu ter cometido um erro. ☐
3. Alguém no seu círculo de amigos fora do trabalho já o alertou sobre o seu ego em algum momento. ☐
4. Você não confunde lealdade com bajulação ou concordância cega. ☐
5. Quando se trata de projetos importantes, você pondera quem vai se beneficiar ou não com isso. ☐
6. Quando as coisas correm mal, você não se exime da culpa automaticamente. ☐
7. No que lhe diz respeito, os símbolos de status são apenas parte do trabalho, sem valor intrínseco real. ☐
8. Refletindo de forma autocrítica, você se lembra de ocasiões em que o seu ego lhe pregou peças ou tomou o controle da situação. ☐
9. Você não fica aterrorizado quando pensa no que aconteceria se perdesse o emprego amanhã. ☐
10. Você está ciente de que pode falhar. ☐

NCA INSIGHTS

- Aqueles que não se imaginam falhando simplesmente têm pouca imaginação.
- Os verdadeiros líderes não são ególatras. Eles lutam pela causa.
- Quem combina ambição com autoconsciência crítica pode alcançar coisas verdadeiramente grandes!

Conclusão

É aqui que termina a nossa volta ao mundo da gestão. Ao longo do caminho, nós os levamos de volta ao reino dos Incas, aqueles inspiradores experts em organização, inovação e integração, cujo império acabou caindo de forma tão trágica e que pode ser transposta ao universo corporativo de hoje, mesmo tendo ocorrido em tempos passados. Se este livro abriu seus olhos para algumas das possíveis armadilhas em seu trabalho como gestor e líder e lhe mostrou algumas maneiras de evitá-las, então ele serviu ao seu propósito.

O que motivou a escrita do livro foi um comentário feito por um guia durante uma visita a Tipón, no Peru, um dos primeiros locais em que os Incas desenvolveram pesquisas agrícolas. Ao contrário da maioria dos outros conquistadores, esse povo andino conseguiu unir "o melhor dos dois mundos", integrando e aplicando o conhecimento das regiões conquistadas para alcançar um domínio impressionante em arquitetura, agricultura, criação de animais e muitas outras áreas. É por isso que as construções incas sobreviveram a quase todos os terremotos, enquanto as igrejas dos espanhóis sucumbiram. Os comentários espontâneos que fizemos sobre os paralelos entre o mundo inca e o mundo da gestão e liderança nas organizações de hoje trouxeram um sorriso aos lábios do nosso pequeno grupo de amigos na época e foram feitos para ser leves. No entanto, isso logo mudou à medida que investigávamos mais profundamente a história dos Incas — seu know-how e seu sistema social e econômico — e ficamos surpresos ao descobrir que, em muitos aspectos, eles eram mais inteligentes do que nós somos hoje. Mesmo o seu declínio dramático mostrou paralelos impressionantes com a derrocada de alguns dos chamados líderes de hoje. Esperamos que as lições e histórias deste livro o encorajem a refletir sobre os seus pontos fortes e fracos e a reconsiderar positivamente alguns dos elementos da liderança baseada em valores, tanto para você como para a sua organização. Talvez tenhamos sido capazes de fornecer alguns insights para futuras seleções de pessoal, para sua estratégia de desenvolvimento de recursos humanos, para a promoção de futuros talentos ou para a identificação e oportuno treinamento de um sucessor adequado.

Para nós, nosso encontro com os Incas proporcionou vários esclarecimentos, principalmente em relação ao ego, com a compreensão da importância de se ter um ego saudável para ser bem-sucedido em uma organização e do quanto o ego pode se tornar perigoso se tomar as rédeas e nos fizer cair em armadilhas. Essas armadilhas não foram um desafio só para os rivais Huáscar e Atahualpa, o ambicioso arqueólogo Hiram Bingham e seu alter ego fictício Indiana Jones, mas também despontam em nossas vidas, para prender a nós mesmos e, muito pior, aos que nos rodeiam.

Em tempos em que parece que estamos rodeados de ególatras tanto em empresas e organizações quanto no mais alto nível governamental, é inegável que a lucidez, a integridade pessoal e o domínio firme da realidade são mais importantes do que nunca. Se a leitura deste livro o tornou um pouco mais sensível às tentações dos objetivos egocêntricos, das picuinhas sem sentido, dos valores falsos e vazios, das visões prolixas que não inspiram ninguém e da crença inabalável em sua própria importância — enfim, se ajudou a imunizá-lo contra a ilusão de invencibilidade —, então nossos esforços valeram a pena. E se alguma vez você se pegar pensando: "Só eu posso resolver isso!", sugerimos respeitosamente que tome uma ducha fria, uma cerveja gelada, ou que volte a ler nosso livro e reconsidere essa afirmação por um minuto ou dois. O mundo, ou pelo menos sua organização, seu chefe, seus colegas e funcionários, seus parceiros, filhos e amigos provavelmente ficarão gratos, como, de fato, nós ficaríamos!

Andreas Krebs e Paul Williams, Langenfeld, Alemanha
www.inca-inc.com

Epílogo: uma mensagem do dr. Max Hernandez, do Peru

Ex-diretor executivo do Acuerdo Nacional, Peru

Paul Williams e Andreas Krebs se apaixonaram pelo Peru à primeira vista. Não, espere, vou reformular: a paixão de Paul Williams e Andreas Krebs pelo Peru foi à primeira vista, mas eles só começaram a amar o país de verdade depois que estudaram sobre os Incas. Eles se interessaram pela história inca e queriam aprender o que arqueólogos, historiadores, etno-historiadores e antropólogos diziam. Visitaram os arredores de Cuzco, a antiga capital inca, "o umbigo do mundo", várias vezes e tiveram uma visão em primeira mão do cenário e dos elementos físicos e culturais do Império Inca que sobreviveram ao longo dos séculos. O fascínio cresceu e foi um dos principais motivos que levaram à decisão de escrever o livro.

Eles conheceram o trabalho de Raúl Porras, María Rostworowski, John Murra e Franklin Pease, para citar apenas alguns dos mais importantes autores e pesquisadores que estudaram a organização sociopolítica do Tawantinsuyu e a forma como, sem a ajuda de um alfabeto fonético — e, portanto, da escrita —, nem da roda, nem de animais de tração, os Incas foram capazes de governar um território tão vasto. Ao conversar com especialistas na nação inca e membros da sociedade peruana moderna, Paul Williams e Andreas Krebs combinaram os conhecimentos e a experiência do mundo corporativo com o interesse pela história e composição social dos Incas e do Peru.

Este livro é o resultado da pesquisa deles sobre algumas das razões para o sucesso do "empreendimento" inca. Eles compartilharam aqui o que aprenderam sobre a importância da reciprocidade, dos valores embutidos na saudação diária "*Ama sua* [não roubar], *ama llulla* [não mentir] *y ama quella* [não ser preguiçoso]" — princípios hoje adotados pelas Nações Unidas — ou sobre a forma avançada com que os Incas lidavam com assuntos de sucessão. Inicialmente inspirados pela forma como esse povo tratava as pessoas que conquistava, como respeitava e mantinha muitos dos seus costumes e adotava e integrava as suas melhores habilidades, e como isso podia ser aplicado no mundo moderno, Williams e Krebs conseguiram fazer essa ligação com outras áreas e a consequência é esta obra, *A ilusão da invencibilidade: ascensão e queda das organizações — inspirado pelo Império Inca.*

Neste período de desafios contínuos, é verdade que empresários e líderes têm que ir além das atividades usuais de controle, monitoramento, organização e planejamento e estar preparados para refletir como as mudanças ocorrem em sistemas sociais complexos. Esse não é um problema simples de resolver com uma ideia rápida e perspicaz, mas é um desafio multifatorial a ser trabalhado lentamente, passo a passo. Como parte desse processo, a importância de tomar as decisões certas, baseadas em um entendimento claro e comum dos valores que são fundamentais, é um ponto de partida indispensável para melhorar a estrutura, a dinâmica e a liderança das organizações de hoje.

Para Krebs e Williams, na difícil tarefa de formular propostas suficientemente amplas e flexíveis para permitir a coexistência entre eficiência empresarial e valores éticos, a antiga sabedoria prática daqueles líderes e políticos notáveis que foram os Incas pode muito bem ser um exemplo e uma inspiração para criar as condições que podem nos ajudar a lidar mais sabiamente com a realidade das empresas e organizações atuais e futuras.

Para finalizar, permitam-me recontar a última pergunta que os dois me fizeram quando nos encontramos em uma visita deles a Lima em 2016: "É legítimo usar os Incas como inspiração e analogia para a vida empresarial moderna?" Bem, respondi que cada indivíduo seria livre para julgar por si mesmo — tanto como autor quanto como leitor. Mas, como tinham me perguntado, fiquei feliz em compartilhar a minha opinião, mais ou menos da seguinte maneira: "Os Incas enfrentaram um ambiente difícil, com condições e desafios extremos e tiveram que enfrentá-los o melhor que puderam, o que os levou a propor algumas soluções engenhosas. E talvez tenham lidado melhor com alguns desses desafios do que outras culturas, e talvez por isso tenham sido o povo dominante na região por algum tempo. Que inspiração e analogia melhor para o mundo empresarial moderno você gostaria de ver?"

Dr. Max Hernandez
Lima, Peru

Agradecimentos

Gostaríamos de agradecer a várias pessoas que, de diversas maneiras, possibilitaram a escrita deste livro.

Vamos começar com Rosa Oliveira, que foi a razão pela qual Paul foi convidado a viajar ao Peru para começo de conversa. Obrigado, Rosa, pelo grande trabalho em conjunto e, mais tarde, pelo seu apoio na organização de nossa viagem de pesquisa ao Peru em 2016.

Agradecimentos especiais ao prof. Peter May, por seu incentivo desde cedo e por concordar em escrever o prefácio para a edição alemã do livro.

Também gostaríamos de expressar nossa gratidão à dra. Doris Kurella, responsável pelo setor de História Latina e Norte-Americana no Museu Linden em Stuttgart, Alemanha, pelo apoio na primavera de 2016. Agradecemos também a Cecilia Pardo, curadora do Colecciones-Arte Precolombino, no Museu de Arte de Lima, e ao dr. Jeffrey Quilter, do Museu Peabody da Universidade de Harvard, Cambridge, Massachusetts, por sua contribuição e pelas palavras encorajadoras no verão de 2016.

Agradecemos a todos os nossos parceiros de entrevista, incluindo aqueles que escolheram permanecer anônimos, por sua fé em nós e por estarem preparados para compartilhar conosco alguns de seus insights e experiências que enriqueceram muito o livro.

Uma agradecimento especial para os nossos doadores, que gentilmente cederam tempo e experiência para dar um feedback crítico e lisonjeiro sobre as primeiras versões do livro antes de o submetermos às editoras: Jörg Middendorf, Sandra Pfahler, Johannes Thönnessen, Freiherr Michael von Truchsess e dr. Timm Volmer, para a edição alemã. Para a edição inglesa, Nick Boardman, Christine e Neil Darby, dra. Doris Day, Manasi Ramanna e, por último, mas não menos importante, Christian Velmer, que nos deu sua valiosa contribuição em ambas as edições.

Os nossos agradecimentos, por seu entusiasmo pela ideia original, a Martin Limbeck, que nos disse claramente: "Pessoal, vocês têm que fazer isto!", e a Andreas Buhr, por seu incentivo e por suas contribuições durante a fase de concepção, baseado na sua experiência como autor de mais de dez livros.

Gostaríamos de agradecer a todas as pessoas no Peru que tiveram a gentileza de nos receber e por nos motivarem a prosseguir com a nossa ideia de ligar a história dos Incas ao mundo dos negócios de hoje. Um grande *muchas gracias* a Marco Aveggio, por abrir várias portas para a vida acadêmica e política contemporânea no Peru. Um agradecimento muito especial ao dr. Max Hernandez, ex-diretor executivo do Acuerdo Nacional peruano, médico, psicanalista e autor de uma das principais obras sobre El Inca Garcilaso de la Vega, por sua valiosa contribuição e apoio. Estamos particularmente orgulhosos de ter o epílogo deste livro escrito por um membro tão proeminente da sociedade peruana.

Nossos agradecimentos a Chris McGinty, pela tradução inicial do alemão e por fornecer a Paul uma ótima plataforma para afinar a versão inglesa do livro tanto ao seu estilo preciso de inglês quanto ao de Andreas.

Estamos gratos à equipe da Mango Publishing Group na Flórida por sua fé em nós e por seu excelente apoio na produção da edição internacional do livro.

O livro foi escrito em vários lugares, mas o apartamento de Senhalser Höfe, às margens do rio Mosel, na Alemanha, foi particularmente importante e nos proporcionou uma atmosfera maravilhosamente inspiradora e criativa para a montagem do livro.

E, por último, mas não menos importante, agradecemos à dra. Petra Begemann, pelo seu inestimável apoio como nossa professora de redação para a edição alemã e por nos ajudar a transformar a nossa ideia maluca em um livro. Os seus dois incas ficarão eternamente gratos!

Andreas Krebs e Paul Williams

Notas

O que sobe tem que descer?

1. Company.nokia.com e NZZ.

2. Erdle, 2014 e <www.itopnews.de/2013/04>. Último acesso em 15 out. 2016.

3. Ankenbrand/Nienhaus 2011.

4. Froitzheim 2012, p. 63.

5. *Gerente Magazin*, 6/2018, FAZ On-line. Último acesso em 20 jun. 2018.

6. n-tv em 1 mar. 2016.

7. *Spiegel* 34/2013.

8. *Gerente Magazin* 4/19.

9. Probst/Raisch. <www.researchgate.net/profile/Gilbert_Probst/publication/285635057_Organizational_Crisis_-_The_Logic_of_Failure/ links/5a997 b7aa6f-dcc3cbac91a64/Organizational-Crisis-The-Logic-of-Failure.pdf>.

10. Ibid.

11. Collins, 2009.

12. <www.cnbc.com/2018/11/15/bezos-tells-employees-one-day-amazon-will-failand-to-stay-hungry.html>. Último acesso em 22/5/2019.

13. Probst/Raisch. >www.researchgate.net/profile/Gilbert_Probst/publication/285635057_Organizational_Crisis_-_The_Logic_of_Failure/ links/5a997b7aa6f-dcc3cbac91a64/Organizational-Crisis-The-Logic-of-Failure.pdf>.

Capítulo 1

1. Goede Montalván (2013), p. 208, Kurella (2013), p. 46 e seguintes, Schulz (2014), p. 44, Wikipedia, Artikel "Inka", p. 11 e 23.

2. panmore.com/google-vision-statement-mission-statement.

3. Tietz 2011, p. 87.

4. Refere-se a uma conhecida citação: “Apostamos na nossa visão, e preferimos fazer isso a fazer produtos que não são originais. Deixe outras empresas fazerem isso. Para nós, é sempre o próximo sonho”. Disponível em: <en.wikiquote.org/wiki/Steve_Jobs>. Último acesso em 22 ago. 2017.

5. Citado em business-wissen.de: “O que a visão e a missão podem causar em uma empresa”, www.business-wissen.de. Último acesso em 12 set. 2016.

6. <www.amazon.jobs/de/working/working-amazon>.

7. <www.youtube.com/watch?v=pbemFDRcyyg> (“Mercedes-Benz: O melhor ou nada”).

8. <www.mercedes-benz.com/de/mercedes-benz/classic/markenclubs/gottlieb-daimler-gedaechtnisstaette/>.

9. <www.db.com/brazil/pt/content/visao_e_marca.html, www.basf.com/br/pt/who-we-are/strategy.html, https://www.henkel.com.br/empresa/cultura-corporativa, www.rewe-group.com/de/unternehmen/leitbild>. Último acesso em 6 mar. 2020.

10. <www.unicef.org/brazil/missao-do-unicef>, <www.amnesty.de/kontakt, www.ikea.com/ ms/de_DE/this-is-ikea/about-the-ikeagroup/index.html>, <www.youtube.com/watch?v=SGPcSnGvf44> (Syngenta), <www.presseportal.de/pm/57334/3247706>, <https://about.google/intl/ALL_br/>, <rrppplanejamento1.wordpress.com/case/southwest-airlines/>. Último acesso em 6 mar. 2020.

11. <startwithwhy.com/>.

12. Collins/Porras (2004), p. 91. Uma breve definição de Collins pode ser encontrada aqui: <www.jimcollins.com/concepts.html>. Último acesso em 20 set. 2016.

13. “Toyota bleibt größter Autobauer der Welt”, *Handelsblatt*, 27 jan. 2016.

14. Download dos resultados da pesquisa para (2015). Disponível em: <www.gallup.de/183104/engagement-index-deutschland.aspx>.

15. <www.gallup.com>.

16. *Brand eins* (2015, p. 115).

Capítulo 2

1. Stähli 2013, p. 113.

2. Stähli 2013, p. 114.

3. IfM, 2012, p. 6 e seguinte. A transferência para uma filha é uma opção em 32% dos casos; 26% têm “vários filhos” em mente; 7,4%, “outros membros da família”; 5,9%, cônjuge.

4. <Schwartz/Gerstenberger 2015>, p. 1.

5. Grimberg 2010.

6. Ibid.

7. Citado em Krohn 2009.

8. Langenscheidt/maio 2014, p. 95.

9. <Rosenthal-Effekt ver: www.stangl-taller.at/TESTEXPERIMENT/experimentbs-prosenthal.html>. Último acesso em 21 out. 2016.

10. Quellen: karrierebibel.de/koerpergroesse. Último acesso em 24 out. 2016.

11. Hartmann (2013).

12. *Lexicon of Psychology*, "Errors of judgement"; <www.spektrum.de>. Último acesso em 19 out. 2016. Thormann 2016 oferece uma visão compacta dos erros de percepção.

13. Probst/Raisch. <www.researchgate.net/profile/Gilbert_Probst/publication/285635057_Organizational_Crisis_-_The_Logic_of_Failure/ links/5a997b7aa6f-dcc3cbac91a64/Organizational-Crisis-The-Logic-of-Failure.pdf>.

14. Gasche 2016, p. 59.

15. Collins 2011, p. 59 e seguintes.

16. <govleaders.org/powell.html>. Último acesso em 17 out. 2016.

17. Botelho et al. 2017.

18. Cappelli/Tavis 2016.

19. <www.managementpotenzial.de>. Último acesso em 21 out. 2016.

Capítulo 3

1. Stähli 2013, p. 129.

2. "Development over time of the Engagement Index 2001-2015", <www.gallup.de/183104/engagement-index-deutschland.aspx>.

3. Herzberg 1959.

4. Sprenger 2014.

5. <www.wiwo.de/erfolg/beruf/ranking-die-beliebtesten-arbeitgeber-deutschlands/11682336.html>. Último acesso em 14 dez. 2016.

6. Vgl. Neuberger 2002, que deu ao seu livro o título *Führen und führen lassen*.

7. Mayer-Kuckuk 2016.

8. Explicação/pano de fundo: Europa, Oriente Médio, África; aproximadamente oito mil empregados, naquela época, um volume de negócios de aproximadamente seis bilhões de dólares.

9. Para uma descrição concisa, ver Blanchard et al. 2015.

10. <Investors.southwest.com/news-and-events/news-releases/2018/ 01-25-2018-113046083>.

11. <www.brainyquote.com/quotes/authors/h/herb_kelleher.html>.

12. Pundt/Nerdinger, 2012.

13. Gerpott/Voelpel, 2014.

Capítulo 4

1. Wikipédia "Inka", p. 15. Último acesso em 29 ago. 2016; Schulz 2013, p. 152; Noack 2013, p. 146.

2. Stähli 2013, p. 78 e seguinte. Último acesso em 9 nov. 2016.

3. Comunicado de imprensa de 7 abr. 2016: "Creation of social values becomes part of a company's success". Disponível em: <www.pwc.de>. Título do estudo: "Government and the Global CEO" (19th Annual Global CEO Survey 2016) <www.pwc.com/ceosurvey>. Último acesso em 10 nov. 2016.

4. <www.pwc.com/gr/en/publications/19th-ceo-survey-government.pdf>.

5. <www.wertekommission.de/wp-content/uploads/2018/06/Führungskräftebefragung-2018.pdf>.

6. Rochus Mummert, 2012.

7. <de.m.wikipedia.org/wiki/Siemens#Korruptionsaffäre>, Cf. *Handelsblatt* de 12/7/2016: "Heinrich von Pierer: Trial against ex-Siemens managers fails at first attempt"; *Handelsblatt* 27 maio 2014: "Siemens bribe money affair: The big ones get away" (<www.handelsblatt.com>), e *Spiegel* on-line 6 set. 2016: "Bribery scandal Siemens: Federal High Court overturns acquittal of Ex-CEO"

8. Dahlkamp et al. 2008, p. 81.

9. Collins 1995; Rochus Mummert, 2012.

10. <friedhelmwachs.de/book-evangelical-successful-economies/>.

11. <www.accounting-degree.org/scandals/>.

12. Heinrich von Pierer, *Zwischen Profit und Moral* ; Pierer, Heinrich von/Homann, Karl/Lübbe-Wolf, Gertrude: *Zwischen Profit und Moral: Für eine menschliche Wirtschaft*. Munique: Hanser 2003, p. 7 e seguinte e p. 12.

13. Receita em 2018: 2,34 bilhões de euros. Disponível em: <www.dussmann-group.com/dussmann-group/zahlen-fakten/>. Último acesso em 23 maio 2019.

14. Há um filme sobre a experiência disfarçada de Catherine Fürstenberg-Dussmann que pode ser encontrado aqui: <www.swr.de/betrifft/catherine-fuerstenberg-dussmann-undercov/-/id=98466/did=7481992/nid=98466/zvgix9/index.html>. Último acesso em 17 jul. 2017.

15. Dahlkamp et al., p. 88.

16. <www.db.com/cr/en/concrete-cultural-change.htm?kid=werte.inter.redirect#-tab_corporate-values>.

17. Hetzer, 2014.

18. Bertelsmann Stiftung 2016, p. 11 (31% têm confiança nas empresas cotadas).

19. Ernst & Young, 2016, p. 24, 51, 53, 55.

20. <viaconflict.wordpress.com/2015/11/30/managing-conflict-with-the-values-orientation-theory/>.

21. <www.uni-kassel.de/fb4/psychologie/personal/lantermann/sozial08/werte.pdf>. Último acesso em 14 nov. 2016.

22. Brüser 2002.

23. Huntington 1997.

24. Barmeyer/Davoine 2014, p. 37 e seguinte.

Capítulo 5

1. Goede Montalván, 2013 (a), p. 198 e seguinte e (b), p. 207 e seguinte, assim como o documentário *Das Blut des Sonnengottes* em <www.youtube.com/watch?v=C-CWkTfAi97Y>.

2. Goede Montalván (b), p. 208.

3. Dammann 2007, p. 40.

4. Ibid., p. 43.

5. Foco 38/2016.

6. Schuster 2016, p. 60.

7. Krämer 2012. ("Apenas dez a quinze por cento das empresas familiares chegam à quarta geração").

8. Uehlecke 2006.

9. <wirtschaftslexikon.gabler.de/Definition/buerokratie.html>.

10. *Spiegel* on-line, 2 dez. 2016: "Civil servant doesn't come to work for six years—and nobody notices". Último acesso em 23 nov. 2016.

11. Izey Victoria Odiase, www.goodreads.com/quotes/tag/underestimate.

12. *Gerente Magazin* 04/19.

13. *Thinking the Unthinkable* by Nik Gowing & Chris Langdon, 2018, p. 20.

14. *Thinking the Unthinkable* by Nik Gowing & Chris Langdon, 2018, p. 45.

15. Nem sempre é devido à burocracia, muitas vezes há uma abordagem deliberada e sistemática em relação aos atrasos nos pagamentos. As contas a receber são devidas principalmente através de pagamentos mensais e trimestrais. O fluxo de caixa das atividades operacionais é utilizado no fim do trimestre para otimizar a gestão de caixa. O que parece ser uma gestão financeira inteligente é na verdade um abuso do dinheiro do fornecedor e continua a ser uma violação do contrato. E, claro, uma violação dos valores publicamente declarados a que a maioria das empresas está comprometida.

16. Malik 2013, p. 360.

Capítulo 6

1. Por exemplo, Berner o. J. (a) ("mais de dois terços de todas as fusões falham"). Dreher/ Ernst, 2016, p. 5 ("cerca de 56% de todas as fusões e aquisições fracassam").

2. Grube 2014, p. 23.

3. Zick 2011, p. 146 et. seq.

4. Willmann 2013.

5. A partir de 2013.

6. Essa comparação refere-se ao ano de 2012. Fonte de todos os dados: Turner/ Ernst, 2016, p. 42.

7. <de.statista.com/themen/1370/mergers-und-acquisitionss/>.

8. Gaide 2012, p. 124 e seguintes.

9. <www.q-perior.com>.

10. Gaide 2012, p. 126.

11. Ibid., p. 127.

12. *Manager Magazin* (2014): "Five Reasons Why Mergers Can End in a Fiasco", <www.manager-magazin.de>. Último acesso em 15 set. 2016.

13. Büschemann 2013.

14. Hägler 2014.

15. "Pfizer stops Astra-Zeneca takeover—for the time being", *Handelsblatt*, 26 maio 2014; Roland Lindner, "Pfizer mit der Brechstange", *Frankfurter Allgemeine Zeitung*, 28 abr. 2014; John LaMattina, "Pfizer, The Shark That Can't Stop Feeding", *Forbes* 6 maio 2014; Astrid Dörner/Axel Postinett, "Pfizer gets cold feet", *Handelsblatt*, 4 jun. 2016.

16. Conclusão da revista *Manager Magazin* (Lange/Schürmann 2016).

17. *Manager Magazin* (2014): "Fünf Gründe, weshalb Fusionen im Fiasko enden".

18. Dreher/Ernst 2016, p. 33.

19. Dreher/Ernst 2016; Gerds/Schewe 2014, Hirt 2015.

20. Döhle 2011, p. 22.

21. A fim de examinar, com precisão e de antemão, as fusões sem revelar informações internas sensíveis, as empresas de consultoria desenvolveram o conceito de "equipe limpa", um mediador neutro que avalia confidencialmente os dados fornecidos por ambas as partes, os questiona e repassa ao outro lado somente após aprovação explícita (por exemplo, ver Friemel, 2004).

22. <www.umsetzungsberatung.de>.

23. Berner o. J. (a).

24. Ver a narrativa dos eventos no artigo "The Hottest Deal Ever" da *Manager Magazin* (2013).

25. Ebert 2014.

26. Stähli 2013, p. 80.

27. Ver, por exemplo, Antonio R. Damasio, *Descartes' Irrtum. Fühlen, Denken und das menschliche Gehirn*. Munique: List, 6ª edição. 2010, ou Gerald Hüther, *Biologie der Angst*, Göttingen: Vandenhoeck & Ruprecht, 8ª edição 2007.

28. Henkel (2010).

29. Exuzidis/Raschke 2016.

30. "Kollektive Krankmeldungen sind ein schlaues Mittel", *Spiegel* on-line, 10 jun. 2016.

31. Ibid.

32. Gallup 2016, p. 13 f.

33. Hirt 2015, p. 108.

34. Berner o. J. (b).

35. Stähli 2013, p. 78 e seguintes.

36. Apesar de narrarmos aqui uma história de sucesso, a Teva escorregou em sua estratégia de expansão. No verão de 2017, partes da aquisição de quarenta bilhões de dólares da Actavis tiveram que ser depreciadas, e a empresa perdeu mais de dois terços de sua capitalização de mercado desde 2015. Ver também <www.handelsblatt.com/unternehmen/industrie/ratiopharmmutter-in-thecrisise-miese-prices-no-recorrection/20149000.html>. Último acesso em 22 ago. 2017.

Capítulo 7

1. <www.newlearningonline.com>. Último acesso em 5 nov. 2019.

2. <www.tu-chemnitz.de/phil/europastudien/swandel/projekte/madrid/erinnerung/zeittafelneu.html>. Último acesso em 17 jul. 2017.

3. Grube 2014, p. 22.

4. De la Vega 1609 ("The Origin of the Inca Kings of Peru").

5. <www.heute.de/alternative-fakten-trumps-top-beraterin-conway-erfindet-anschlag-46476104.html>. Último acesso em 31 maio 2017. Estamos nos referindo a Kellyanne Conway, que, na falsa afirmação que fez de que a posse de Trump envolveu mais pessoas que a de Obama, falou de "fatos alternativos".

6. Gouedevert, 1996, p. 180.

7. Alfred Korzybski; Wiki. Último acesso em 11 maio 2019.

8. Breves descrições da metodologia podem ser encontradas na internet, por exemplo aqui: <www.iynn.org/sub3/3_2.pdf> (Han-Rog Kan, "What is an Oxford Style Debate?") Último acesso em 28 nov. 2016.

9. A partir do relatório de um empregado afetado.

10. Subtítulo do seu livro *Kollaps* (2005).

11. Livro de Jared Diamond; também: <www.nytimes.com/2018/06/15/world/asia/ philippines-dynamite-fishing-coral.html; www.thewaterchannel.tv/mediagallery/6546-dynamite-fishing-tanzania>.

12. Esse é um breve resumo das observações de Diamond 2005, p. 517-543.

13. Zick 2011, p. 18.

14. <www.n-tv.de/mediathek/sendungen/auslandsreport/US-Amerikaner-kaufen-mehr-Waffen-denn-je-article16587186.html>. Último acesso em 1 dez. 2016.

Capítulo 8

1. Essa decisão é reconhecida hoje por muitos pesquisadores, outros veem Huáscar ou Atahualpa como legítimo sucessor. O fato é que o Império Inca foi dividido após a morte de Huayna Cápac (cf. Goede Montalván 2013 (a), p. 199).

2. Goede Montalván 2013 (a), p. 199 et.seq., ibid. (b), S. 208 et.seq.

3. <www.smithsonianmag.com/history/who-discovered-machu-picchu-52654657/>. Último acesso em 14 maio 2019.

4. Riese 2012, p. 11-27.

5. <www.manager-magazin.de/fotostrecke/sportwagen-dieprominentesten-bugatti-veyron-besitzer-fotostrecke-124148-2.html>. Último acesso em 6 dez. 2016.

6. Elkind/Reingold 2011.

7. Ibid. (Sequência "The Blockbuster Pipeline Dries Up").

8. Hesse/Schrader 1994.

9. <www.jimcollins.com/concepts.html> ("Level 5 Leadership"). Último acesso em 7 dez. 2016.

10. O conto de fadas, em sua íntegra, está disponível em gutenberg.spiegel.de/book/-1227/71.

11. <www.spiegel.de/auto/fahrkultur/60-deutsche-autos-der-vwphaeton--a-626753.html>. Último acesso em 12 ago. 2016. Então: <www.welt.de/ wirtschaft/article153445218/Derletzte-Phaeton-verlaesst-die-Glaeserne-Manufaktur.html>. Último acesso em 12 ago. 2016.

12. Khurana/Nohria 2009, p. 29.

13. Ibid.

Bibliografia

AKTIENCHART NOKIA: www.boerse.de.

ANKENBRAND, Hendrik; NIENHAUS, Lisa. "Das finnische Wunder ist zu Ende". In: *Frankfurter Allgemeine Zeitung*, 14 fev. 2011. Disponível em: www.faz.net. Acesso em: 24 jul. 2016.

BARMEYER, Christoph; DAVOINE, Eric. "Werte in multinationalen Unternehmen — Transfer mit Hindernissen". In: *Wirtschaftspsychologie aktuell*, abr. 2014, p. 37 e seguintes.

BARRENSTEIN, Peter; HUBER, Wolfgang; WACHS, Friedhelm (Org.): *Evangelisch. Erfolgreich. Wirtschaften.* Leipzig: Evangelische Verlagsanstalt, 2016 (Edition Chrismon).

BERNER, Winfried et al. s.d. (a): "Verwundbarkeit: Die Phase der Wehrlosigkeit möglichst kurz halten". Disponível em: www.umsetzungsberatung.de. Acesso em: 31 ago. 2016.

________. s.d. (b): "Fusion, Übernahme, PostMerger-Integration". Disponível em: www.umsetzungsberatung.de. Acesso em: 31 ago. 2016.

BLANCHARD, Kenneth; CIGARMI, Drea; CIGARMI, Patricia. *Der MinutenManager: Führungsstile. Situationsbezogenes Führen (Vollständig überarbeitete Ausgabe für die Manager von heute).* Reinbek bei Hamburgo: Rowohlt, 3.ed., 2015.

BOTELHO, Elena Lytkina; KINCAID, Stephen; POWELL, Kim Rosenkoetter; WANG, Dina. "What Sets Successful CEOs Apart". In: *Harvard Business Review*, maio/jun. 2017, S. 70ff. Disponível em: https://hbr.org/2017/05/what-sets-successful-ceos-apart. Acesso em: 29 maio 2017.

BRÜSER, Wolfgang. "Die Kölner und das Klüngeln oder die Leichtigkeit des Unrechts". In: *Kölner Stadtanzeiger*, 8 mar. 2002. Disponível em: www.ksta.de. Acesso em: 14 jun. 2016.

BÜSCHEMANN, Karl-Heinz. "Pleite nach Lehrbuch". In: *Süddeutsche Zeitung*, 7 maio 2013. Disponível em: www.sueddeutsche.de. Acesso em: 24 jul. 2016.

BERTELSMANN STIFTUNG. "Trau, schau, wem! Unternehmen in Deutschland". Gütersloh, 2016. Disponível em: www.bertelsmannstiftung.de/de/publikationen/publikation/did/trau-schau-wem-unternehmen-in-deutschland/. Acesso em: 11 nov. 2016.

CAPPELLI, Peter; TAVIS, Anna. "Assessing Performance: The Performance Management Revolution". In: *Harvard Business Review*, out. 2016. Disponível em: https://hbr.org/2016/10/the-performancemanagement-revolution. Acesso em: 12 out. 2016.

CHARAN, Ram; DROTTER, Stephen; NOEL, James. *The Leadership Pipeline: How to Build the Leadership Powered Company*. São Francisco: John Wiley (Jossey-Bass), 2.ed., 2011.

COLLINS, Jim. "Building Companies to Last", 1995. Disponível em: www.jimcollins.com/article_topics/articles/buildingcompanies.html. Acesso em: 10 set. 2016.

COLLINS, Jim. "How the Mighty Fall". In: *Business Week*, maio 2009. Disponível em: http://jimcollins.com/books/how-the-mighty-fall.html. Acesso em: 1 set. 2016.

_______. *Der Weg zu den Besten: Die sieben Management-Prinzipien für dauerhaften Unternehmenserfolg*. Frankfurt a. M.: Campus 2011.

COLLINS, Jim; PORRAS, Jerry I. *Built to Last: Successful Habits of Visionary-Companies*. Nova York: HarperCollins, 3.ed., 2004 (dt.: Immer erfolgreich).

DAHLKAMP, Jürgen; DECKSTEIN, Dinah; SCHMITT, Jörg. "Die Firma". In: *Der Spiegel*, 16/2008, p. 76 e seguintes. "Daimler und Chrysler: Hochzeit des Grauens". In: *Süddeutsche Zeitung*, 17 maio 2010. Disponível em: www.sueddeutsche.de.

DAMMANN, Gerhard. *Narzissten, Egomanen, Psychopathen in der Führungsetage*. Berna: Principal, 2007.

DE CASTRO, Inês; KURELLA, Doris (Orgs.). *Inka. Könige der Anden*. Darmstadt: Philipp von Zabern 2013 (catálogo da exposição homônima em 2013).

DE LA VEGA, Garcilaso. "The Origin of the Inca Kings of Peru". In: *Ders.: Royal Commentaries of the Incas* (1609). Disponível em: http://images.classwell.com/mcd_xhtml_ebooks/2005_world_history/pdf/WHS05_016_461_PS.pdf. Acesso em: 28 nov. 2016.

DIAMOND, Jared. *Colapso. Kollaps. Warum Gesellschaften überleben oder untergehen.* Frankfurt a. M.: Büchergilde Gutenberg, 2005.

DÖHLE, Patricia. "Preußisch, mit langer Leine". In: *Brand eins*, set. 2011, p. 19 e seguintes.

DREHER, Maximilian; ERNST, Dietmar. Mergers & Acquisitions, 2. überarbeitete Auflage Konstanz: UVK / Lucius 2016 (= utb 4203).

EBERT, Vince. "Teurer Spaß" (entrevista). In: *Brand eins* 8/2014, S. 54 e seguintes.

_______. *Unberechenbar. Warum das Leben zu komplex ist, um es perfekt zu planen.* Reinbek bei Hamburgo: Rowohlt, 2016.

ELKIND, Peter; REINGOLD, Jennifer. "Inside Pfizer's Palace Coup". In: *Fortune*, 15 ago. 2011. Disponível em: http://fortune.com/2011/07/28/inside-pfizers-palace-coup/. Acesso em: 6 dez. 2016.

ERDLE, Frank. "Die Geschichte von Nokia". In: *Connect*, 21 ago. 2014. Disponível em: www.connect.de. Acesso em: 2 abr. 2016.

ERNST & YOUNG (EY). "Existing Practice in Compliance 2016". Disponível em: www.ey.com/Publication/vwLUAssets/ey-existing-practice-in-compliance-2016-survey/$FILE/ey-existing-practice-in-compliance-2016-survey.pdf. Acesso em: 8 nov. 2016.

EXUZIDIS, Leonidas; RASCHKE, Michael. "Die kranke Airline". In: *Handels blatt*, 7 out. 2016. Disponível em: www.handelsblatt.com. Acesso em: 10 out. 2016.

ERIEMEL, Kerstin. "Saubere Sache". In: *McK Wissen 11* ("Das Magazin von McKinsey"), dez. 2004, p. 96 e seguintes. Disponível em: www.brandeins.de/uploads/tx_b4/mck_12_17_Saubere_Sache.pdf.

FROITZHEIM, Ulf J. "Alles auf Anfang". In: *Brand eins*, nov. 2012, p. 60 e seguintes.

GAIDE, Peter. "Manchmal ist Illoyalität gut — für einen Neuanfang". In: *Brand eins*, maio 2012, p. 124 e seguintes.

GALLUP INC. 2016: "Engagement Index Deutschland 2015" (apresentação). Disponível em: www.gallup.de/183104/engagement-index-deutschland.aspx. Acesso em: 19 set. 2016.

GASCHE, Ralf. *So geht Führung! 7 Gesetze, die Sie im Führungsalltag wirklich weiterbringen.* Wiesbaden: Springer Gabler, 2016.

GERDS, Johannes; SCHEWE, Gerhard. *Post Merger Integration: Unternehmenserfolg durch Integration Excellence*. Wiesbaden: Springer Gabler, 5.ed., 2014.

GERPOTT, Fabiola H.; VOELPEL, Sven C. "Zurück auf Los! Warum ein Überdenken des transformationalen Führungsansatzes notwendig ist". In: *Personalführung*, abr. 2014, p. 17 e seguintes.

GLÜCK, Thomas R. "Strategisches (Wissens) Management", 1999. Disponível em: www.wissensqualitaet.de/wissenschaftlich/nicht-wissen.pdf. Acesso em: 28 nov. 2016.

GRIMBERG, Steffen. "Affäre um Konstantin Neven DuMont: Der beste Mann braucht Hilfe". In: *taz*, 31 out. 2010. Disponível em: www.taz.de. Acesso em: 17 out. 2016.

GRUBB, Thomas M.; LAMB, Robert B. *Capitalize on Merger Chaos: Six Ways to Profit from Your Competitors' Consolidation and Your Own*. Nova York: The Free Press, 2001.

GRUBE, Nikolai. "Menschenopfer waren eine Notwendigkeit" (entrevista). In: *Inka — Maya — Azteken. Die geheimnisvollen Königreiche*. Spiegel Geschichte, nr. 2/2014, p. 19 e seguintes.

HÄGLER, Max. "Porsches übermütiger Plan". In: *Süddeutsche Zeitung*, 10 fev. 2014. Disponível em: www.sueddeutsche.de. Acesso em: 5 out. 2016.

HARTMANN, Michael. "Vor allem zählt der richtige Stallgeruch" (entrevista). In: *Time Zeit Campus*, 28 fev. 2013. Disponível em: www.zeit.de. Acesso em: 24 out. 2016.

HAWRANEK, Dietmar; KURBJUWEIT, Dirk. "Wolfsburger Weltreich". In: *Der Spiegel*, 34/2013, p. 58 e seguintes.

HENKEL, Hans-Olaf. "DaimlerChrysler und andere Katastrophen". In: *Süddeutsche Zeitung*, 21 maio 2010. Disponível em: www.sueddeutsche.de. Acesso em: 31 ago. 2016.

HERZBERG, Frederick et al.: *The Motivation to Work*. Nova York: Wiley, 2.ed., 1959.

HESSE, Jürgen; SCHRADER, Hans Christian. *Die Neurosen der Chefs. Die seelischen Kosten der Karriere.* Frankfurt a. M.: Eichborn, 1994.

HETZER, Wolfgang. "Ist die Deutsche Bank eine kriminelle Vereinigung?" In: *Die Kriminalpolizei*, mar. 2014. Disponível em: www.kriminalpolizei.de. Acesso em: 8 nov. 2016.

HIRT, Michael. "Die perfekte Post-Merger-Integration: Planungs- und Umsetzungsphase". In: *CFO aktuell*, vol. 9, 2015, p. 105 e seguintes.

HUNTINGTON, Samuel P. *Kampf der Kulturen. Die Neugestaltung der Weltpolitik im 21. Jahrhundert.* Hamburgo: Europa Verlag, 3.ed., 1997.

IFM (Institut für Mittelstandsforschung). "Unternehmensnachfolgen in Deutschland — Aktuelle Trends" (=IfM-Materialien n.216). Bonn: IfM 2012. Disponível em: www.ifm-bonn.org.

KALBHENN, Patrick. "Compliance: Die größten Skandale in deutschen Konzernen". In: *Handelsblatt*, 16 maio 2012. Disponível em: www.handelsblatt.com. Acesso em: 8 nov. 2016.

KHURANA, Rakesh; NOHRIA, Nitin. "Die Neuerfindung des Managers". In: *Harvard Business Manager*, jan. 2009, p. 20 e seguintes.

KRÄMER, Christopher. "Familienunternehmen: Die liebe Verwandtschaft". *Spiegel* on-line, 23 abr. 2012. Disponível em: www.spiegel.de. Acesso em: 22 nov. 2016.

KROHN, Philipp. "Unternehmerkinder: Nicht nur Tochter von Beruf". In: *Frankfurter Allgemeine Zeitung*, 17 out. 2009. Disponível em: www.faz.net. Acesso em: 14 out. 2016.

KURELLA, Doris. "Woher kamen die Inka?". In: DE CASTRO, Inês; KURELLA, Doris (Orgs.). *Inka. Könige der Anden*. Darmstadt: Philipp von Zabern, 2013, p. 41 e seguintes.

LANGE, Kai; SCHÜRMANN, Lukas. "Valeants Rezept für ein Desaster". In: *Manager Magazin*, 6 jul. 2016. Disponível em: www.manager-magazin.de. Acesso em: 10 jul. 2016.

LANGENSCHEIDT, Florian; MAIO, Peter (Orgs.). *Familienunternehmen hoch 10*. Deutsche Standards 2014; Offenbach: GABAL Verlag 2014 (p. 91 e seguintes). Peter May, "Die Zukunft. Aktuelle Herausforderungen für Familienunternehmen und Unternehmerfamilien".

LEHKY, Maren. *Die zehn größten Führungsfehler und wie Sie sie vermeiden*. Frankfurt a. M.: Campus, 2007.

MALIK, Fredmund. *Führen, leisten, leben. Wirksames Management für eine neue Zeit. Limitierte Sonderausgabe*, Frankfurt am Main: Campus, 2013.

MASLOW, Abraham. "A theory of human motivation". In: *Psychological Review* 50, 1943, p. 370 e seguintes.

MAY, Peter. *Erfolgsmodell Familienunternehmen. Das Strategiebuch*. Hamburgo: Murmann, 2012.

MAYER-KUCKUK, Finn. "Wie die 'Republik Samsung' funktioniert". In: *Augsburger Allgemeine*, 13 out. 2016. Disponível em: www.augsburger-allgemeine.de. Acesso em: 31 out. 2016.

MCGREGOR, Douglas. *The Human Side of Enterprise*. Columbus, OH: McGraw-Hill Education, edição comentada, 2005 (1.ed.:1960).

MONTALVÁN, Peggy Goede (a). "Huayna Capac und die unklare Erbfolge — das Reich zerfällt". In: KURELLA, Doris; DE CASTRO, Inés (Orgs.). *Inka. Könige der Anden*. Darmstadt: Philipp von Zabern, 2013, p. 196 e seguintes.

______ (b): "Zeit des Umbruchs — die spanische Eroberung des Inka-Reiches". In: KURELLA, Doris; DE CASTRO, Inés (Orgs.). *Inka. Könige der Anden*. Darmstadt: Philipp von Zabern, 2013, p. 205 e seguintes.

NOACK, Karoline: "Die Staatsstruktur". In: DE CASTRO, Inês; KURELLA, Doris (Orgs.) *Inka. Könige der Anden*. Darmstadt: Philipp von Zabern, 2013, p. 142 e seguintes.

NERDINGER, Friedemann W.; PUNDT, Alexander. "Transformationale Führung — Führung für den Wandel?". In: GROTE, Sven (Org.): *Die Zukunft der Führung*. Berlim, Heidelberg: Springer 2012, p. 27 e seguintes.

NESSHÖVER, Christoph. "Konstantin Neven DuMont — einst Medienmann, jetzt Immobilien-Investor". In: *Manager Magazin*, 19 abr. 2016. Disponível em: www.manager-magazin.de. Acesso em: 17 out. 2016.

NEUE ZÜRCHER ZEITUNG. "Nokia: Etappen der 150-jährigen Geschichte", 3 set. 2013. Disponível em: www.nzz.ch. Acesso em: 2 abr. 2016.

NEUBERGER, Oswald. *Führen und führen lassen*. Stuttgart: Lucius & Lucius, 6.ed., revista e ampliada em 2002.

NOKIA. "Nokia. Our Story". Disponível em: http://company.nokia.com. Acesso em: 2 abr. 2016.

PATALONG, Frank. "Der Gutsherr" (Sobre a morte de Alfred Neven DuMont); Spiegel on-line, 31 maio 2015. Disponível em: www.spiegel.de. Acesso em: 17 out. 2016.

PRINGLE, Heather. "Die Inka auf dem Gipfel der Macht". In: *National Geographic*, abr. 2011. Disponível em: www.nationalgeographic.de.

PROBST, Gilbert; RAISCH, Sebastian. "Die Logik des Niedergangs". In: *Harvard Business Manager*, mar. 2004, p. 37 e seguintes.

RAMGE, Thomas. "Der Kampf der Copycats". In: *Brand eins*, 1/2015, p. 114 e seguintes.

RIECK, Sophia. "Das Inkareich — Geschichte, Kultur, Religion und Untergang". Stuttgart: Klett Verlag 2007/2012. Disponível em: www.klett.de.

RIESE, Berthold. *Machu Picchu. Die geheimnisvolle Stadt der Inka.* Munique: Beck, 2.ed., revista, 2012.

ROCHUS MUMMERT. "Studie: Wertekultur in Unternehmen ist oft nur Schall und Rauch", 2012. Disponível em: www.rochusmummert.com. Acesso em: 14 nov. 2016).

SCHULZ, Matthias. "Land der angepflockten Sonne". In: *Inka — Maya — Azteken. Die geheimnisvollen Königreiche.* Spiegel Geschichte, n.2/2014, p. 42 e seguintes.

_______. "Die Söhne der Sonne". In: Spiegel 42/2013, p. 148 e seguintes.

SCHUSTER, Jochen. "Die Oetkers. Patriarch gesucht". In: *Focus*, 38/2016, p. 56 e seguintes.

SCHWARTZ, Michael; GERSTENBERGER, Juliane. "Nachfolgeplanungen im Mittelstand auf Hochtouren: Halbe Millionen Übergaben", 2017; *Fokus Volkswirtschaft* n.91, 23 abr. 2015 (= KfW Economic Research). Disponível em: www.kfw.de. Acesso em: 14 out. 2016.

SCHWEIKERT, Christine. "Generische Compliance-Risiken in mittelständischen und Großunternehmen — Auswertung vorliegender Studien zu Compliance, Integrity und Wirtschaftskriminalität" (= KICGForschungspapier n.8), 2014. Disponível em: https://opus.htwg-konstanz.de.

SPRENGER, Reinhard K. *Mythos Motivation. Wege aus einer Sackgasse.* Frankfurt: Campus, 20.ed., atualizada em 2014.

STÄHLI, Albert. *Inka-Government. Eine Elite verwaltet ihre Welt.* Frankfurt a. M.: Societäts-Medien GmbH, 2013 (= Frankfurter Allgemeine Buch).

THORMANN, Heike. "Dreißig Wahrnehmungsfehler". Artigo de 2 ago. 2016. Disponível em: www.kreativesdenken.com. Acesso em: 19 out. 2016.

TIETZ, Janko. "Delle im Universum". In: *Der Spiegel*, 35/2011, p. 87.

UEHLECKE, Jens. "Bürokratie: Fallstricke für Mitarbeiter". In: *Die Zeit*, n.2., 5 jan. 2006. Disponível em: www.zeit.de. Acesso em: 16 nov. 2016.

WIKIPÉDIA, artigo "Inka" (uma apresentação exaustivamente pesquisada e com inúmeras fontes documentadas, que foi incluída na lista de "artigos que valem a pena ler" em 2005). Acesso em: 29 ago. 2016.

WILLMANN, Urs. "Die Schule der Diktatoren". In: *Die Zeit*, 2 out. 2013. Disponível em: www.zeit.de.

ZICK, Michael. *Die rätselhaften Vorfahren der Inka.* Stuttgart: Theiss, 2011.

Sobre os prefaciadores

Nik Gowing coautor (com Chris Langdon) de *Thinking the Unthinkable* [Pensando o impensável] (publicado em maio de 2018). Ele detalha as conclusões de centenas de entrevistas e conversas altamente confidenciais com líderes corporativos e do funcionalismo público, além de centenas de outros diálogos com millennials. Na era de uma nova ruptura, os líderes revelam que estão "assustados", "confusos" e "sobrecarregados", especialmente pelo novo curto prazo.

Nik Gowing foi âncora no canal de notícias internacional BBC World News, de 1996 a 2014. Apresentou os programas *The Hub with Nik Gowing*, BBC *World Debates*, *Dateline London* e fez a cobertura de algumas das grandes notícias do mundo.

Durante dezoito anos, trabalhou na ITN, onde foi chefe de gabinete em Roma e Varsóvia, e editor diplomático do Channel Four News (1988-1996). Foi membro dos conselhos da Chatham House (1998-2004), do Royal United Services Institute (2005-presente) e do Overseas Development Institute (2007-2014), assim como do conselho da Westminster Foundation for Democracy (1996-2005) e do conselho consultivo do Wilton Park (1998-2012). Em 1994, foi bolsista do Centro Joan Shorenstein Barone na J.F. Kennedy Government School da Universidade de Harvard. Foi membro da direção do Hay Literature Festival (2004-2018) e é membro da Fundação Hay Festival.

Seu estudo *Skyful of Lies and Black Swans* [Céu cheio de mentiras e cisnes negros], revisado por pares na Universidade de Oxford, previu e identificou a nova vulnerabilidade e fragilidade do poder institucional no novo espaço totalmente difuso de informações públicas. Esse estudo se baseia em seu trabalho iniciado em Harvard.

Em 2014, Nik foi nomeado professor visitante no Kings College, Londres e na School of Social Science and Public Policy. Desde 2016, é professor visitante na Universidade de Nanyang (NTU), em Cingapura, com foco no aprofundamento e na ampliação da pesquisa "Thinking the Unthinkable". De 2014 a 2017, foi membro do Conselho da Agenda Global sobre Geoeconomia do Fórum Econômico Mundial. Em setembro de 2017, foi nomeado assessor para desafios de liderança do presidente da Assembleia Geral da ONU.

Recebeu o título de doutor *honoris causa* pela Universidade de Exeter em 2012 e pela Universidade de Bristol em 2015. Ambas as honrarias reconhecem a sua contínua análise de vanguarda e distinta carreira no jornalismo internacional.

Dr. Peter May é um dos principais especialistas em empresas familiares e pioneiro na prestação de consultoria estratégica aos seus proprietários. Em um perfil, um grande jornal de negócios alemão descreveu-o como "o homem que compreende as famílias". O advogado e administrador de empresas aconselha e apoia famílias empresariais conhecidas e é o fundador da PETER MAY Family Business Consulting.

Em 1998, fundou a INTES, a primeira empresa focada em consultoria e qualificação para famílias empresariais na Alemanha, líder em seu segmento. Em 2013, vendeu a INTES para a PwC. Desde então, tem trabalhado como consultor estratégico e em numerosos projetos conjuntos com a PwC e a INTES.

Peter May é professor honorário da WHU-Otto Beisheim School of Management em Vallendar, Alemanha, e já lecionou em várias universidades. De 2008 até 2009, foi presidente do Wild Group de Family Business no IMD em Lausanne, Suíça.

Desde cedo, aplicou uma abordagem independente para a administração de empresas familiares. Com o Princípio INTES, o Modelo Tridimensional, a Estratégia do Proprietário e a Constituição Familiar, ele desenvolveu conceitos importantes para assessorar empresas familiares e famílias empresárias.

Também lançou diversas iniciativas para empresas familiares. Iniciou o primeiro Código de Governança para Empresas Familiares do mundo (2004 na Alemanha e 2005 na Áustria), bem como o Prêmio de Empresário Familiar do Ano (desde 2004), a associação de empresários FBN Deutschland (desde 2000) e o Instituto de Empresas Familiares da WHU. Peter May é presidente da Comissão de Governança, presidente do júri do Empresário Familiar do Ano e diretor-gerente da FBN Deutschland. Com o Business Owner Success Forum do Castelo de Bensberg (desde 1998), também fundou uma das conferências mais importantes para proprietários de empresas familiares.

Peter May é também autor e editor de várias publicações sobre o tema dos negócios familiares. Seus trabalhos *Erfolgsmodell Familienunternehmen* [Empresas familiares como modelos de sucesso] e *Die Inhaberstrategie im Familienunternehmen: Eine Anleitung* [A estratégia do proprietário em empresas familiares: um guia], foram traduzidos para várias línguas.

As áreas de foco do trabalho de Peter May são fornecer apoio pessoal profundo às famílias empresárias (incluindo as atividades do conselho consultivo e de supervisão), bem como assumir mandatos de consultoria difíceis e particularmente estimulantes.

Ele diz: "As empresas familiares são a minha paixão. Estou feliz por ter sido capaz de combinar essa paixão com a minha propensão a compartilhar conhecimentos e experiências e de transformar a minha vocação em uma carreira. Adoro meu trabalho e tudo o que está relacionado a ele."

Sobre os parceiros de entrevista

Dr. Rolando Arellano Cueva é presidente da Arellano Consulting to Grow em Lima, Peru, e especialista em marketing nos países em desenvolvimento. É psicólogo, tem MBA e doutorado pela Universidade de Grenoble. Lecionou em várias universidades da América Latina, América do Norte e Europa e é autor de uma vasta gama de livros sobre sociopolítica, história e temas atuais concernentes ao Peru moderno. Também é um popular orador, tanto no Peru como no exterior.

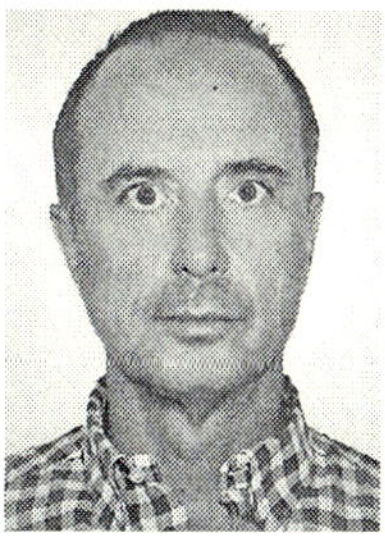

Marco Aveggio nasceu em Lima em 1961. É vice-presidente do Patronato Cultural del Peru, uma organização peruana sem fins lucrativos que dirige o Pavilhão Peruano na Bienal de Veneza, um projeto de vinte anos em parceria com o governo peruano e as universidades e museus mais relevantes do país nas áreas de arte e arquitetura. Também é responsável pelo setor de recuperação patrimonial do Patronato, que administra as escavações arqueológicas em Chavin de Huantar. Marco é formado em administração pela Universidade de Lima, trabalhou como executivo nas indústrias química e plástica e hoje é membro do conselho de várias empresas, fundações e organizações sem fins lucrativos.

Dra. Doris Day é dermatologista certificada, especializada em dermatologia estética na prática privada em Nova York e é professora clínica associada de dermatologia na Langone Health da Universidade de Nova York. Ganhou prêmios por seu trabalho em pesquisa, ensino e promoção da área de dermatologia a laser. É autora de três livros, o mais recente intitulado *Beyond Beautiful: Using the Power of Your Mind and Aesthetic Breakthroughs to Look Naturally Young and Radiant* [Além da beleza: usando o poder da sua mente e as revelações estéticas para parecer naturalmente jovem e radiante]. Também atua como jornalista freelancer, inclusive como apresentadora de seu premiado programa de dermatologia no programa *Doctor Radio* na rádio SiriusXM 110.

Dr. David Ebsworth é gerente sênior com experiência internacional na Europa, no Canadá e nos Estados Unidos. Seus 35 anos de carreira na indústria farmacêutica incluem nomes como a Pfizer Alemanha e Bayer AG. Foi CEO de diversas empresas, entre elas a Vifor Pharma e a Galenica. Atualmente é conselheiro do CEO de uma série de empresas renomadas e presidente do conselho da Verona Pharma.

Catherine von Fürstenberg-Dussman é presidente da Fundação Peter Dussmann desde 2011. Nessa função, ela supervisiona o Grupo Dussmann, que tem 63.500 empregados em dezoito países. Americana, estudou psicologia, literatura inglesa e artes dramáticas. Depois que seu marido adoeceu, em 2008, ela entrou para o conselho fiscal da Dussmann Verwaltungs AG e assumiu a presidência um ano depois.

Dr. Max Hernandez é um dos principais intelectuais do Peru. Psicanalista e historiador, desempenhou um papel de liderança na criação do Centro Peruano para o Desenvolvimento da Psicanálise. Está fortemente envolvido no desenvolvimento de uma visão sustentável para o futuro do seu país e, durante dez anos, foi diretor executivo da Acuerdo Nacional. Publicou um livro aclamado pela crítica sobre Garcilaso de la Vega, um dos primeiros cronistas dos Incas e da conquista espanhola, e foi homenageado por seu país como Grande Oficial da Ordem do Sol do Peru e Comandante da Ordem de Isabel, a Católica, da Espanha.

Anke Hoffmann é CEO da H/P Executive Consulting GmbH desde 2016 e é especialista no recrutamento de personalidades de gestão. Formada em administração, ocupou cargos de gerência no setor bancário antes de ingressar na Kienbaum como sócia e consultora sênior e, a partir de 2006, continuou sua carreira como diretora administrativa para Berlim e os novos Estados Federais. De 2014 a 2016, foi sócia gerente da DEININGER Consulting GmbH.

Rolf Hoffmann é membro de diversos conselhos em toda a Europa e nos Estados Unidos. Trabalhou por três décadas em duas empresas biofarmacêuticas ao redor do mundo. Além dos cargos em conselhos, ensina na UNC Chapel Hill e está envolvido com a Agência Mundial Antidoping.

Rüdiger Lentz é diretor executivo do Instituto Aspen da Alemanha. Entre 2009 e setembro de 2013, atuou como diretor executivo da Fundação e Museu do Patrimônio Histórico Germano-Americano em Washington. De novembro de 1998 até dezembro de 2009, foi chefe do escritório de Washington e correspondente diplomático sênior da *Deutsche Welle*. Anteriormente, serviu como chefe de gabinete da *Deutsche Welle* em Bruxelas. Antes de se juntar à *Deutsche Welle*, Lentz trabalhou como correspondente da revista alemã *Der Spiegel*, depois de ter servido nas Forças Armadas alemãs durante oito anos e como comentarista e repórter de TV na ARD/WDR, a maior estação pública de televisão e rádio da Alemanha.

Dra. Iris Löw-Friedrich é médica e executiva sênior. Ocupou postos de liderança em diferentes empresas farmacêuticas (Hoechst AG, BASF Pharma, Schwarz Pharma AG). Desde 2008, é membro do Comitê Executivo da UCB S.A. em Bruxelas, diretora clínica hospitalar e chefe de desenvolvimento. É membro de vários conselhos (Evotec desde 2014, TransCelerate BioPharma Inc. desde 2015, Fresenius SE desde 2016). Além disso, é professora adjunta de medicina interna na Universidade de Frankfurt.

Dr. Alexander von Preen é CEO da Intersport (IDEA) desde 1º de novembro de 2018. Durante muitos anos, foi diretor-geral da Kienbaum Consultants International GmbH e presidente da Kienbaum AG, em Zurique. Após se formar para ser administrador, von Preen estudou na LMU, em Munique antes de se juntar ao Kienbaum, em 1997, como assistente do diretor-geral. Ele assessorou empresas nacionais e internacionais em todos os aspectos da governança corporativa, prospecção de executivos, implementação de estratégias, controle e remuneração. Tem presença em vários conselhos de supervisão.

Dr. Jeffrey Quilter é associado do Museu Peabody de Arqueologia e Etnologia da Universidade de Harvard e ex-diretor (2012-2019) e curador (2005-2012) da instituição. É arqueólogo, especialista em Peru e Costa Rica, e codirigiu vários projetos com arqueólogos desses países. Lecionou no Ripon College, Wisconsin (1980-1995), e foi diretor de estudos pré-colombianos e curador da Coleção Pré-Colombiana em Dumbarton Oaks, Washington, D.C. (1995-2005), antes de se mudar para Harvard em 2005.

Joachim Rühle é vice-almirante na Bundeswehr (Forças de Defesa Alemãs) e, desde o verão de 2017, vice-chefe de defesa. Após uma licenciatura em engenharia, completou sua formação como oficial naval. Depois de numerosas missões nacionais e internacionais com a Bundeswehr, entre 2012 e 2017 chefiou vários departamentos do Ministério Federal e de Defesa, incluindo os departamentos de Planejamento, Armamento e Recursos Humanos.

Dr. Johannes von Schmettow é consultor da Egon Zehnder desde 1998 e apoia empresários e organizações no preenchimento de cargos de liderança empresarial, conselhos executivos e de supervisão. Foi diretor-geral da Egon Zehnder na Alemanha, assim como membro do comitê executivo global. Antes disso, foi consultor do Boston Consulting Group por cinco anos.

Werner Spinner não foi apenas o nono presidente do clube de futebol 1. FC Cologne (2012-2019), mas é também treinador com experiência internacional. Durante muitos anos, trabalhou para a Bayer AG nos Estados Unidos. Em 1994, tornou-se chefe de atendimento ao consumidor e, entre 1998 e 2003, foi membro da diretoria executiva da Bayer. Durante quinze anos foi membro de vários conselhos de supervisão na Alemanha, no Reino Unido e na Holanda, bem como em negócios significativos na Ásia.

Dr. Christoph Straub é CEO da BARMER desde 2011. Antes, o médico fez parte da diretoria da Rhön-Klinikum AG e era vice-CEO e chefe de desenvolvimento de negócios da seguradora de saúde Techniker Krankenkasse. Ao terminar o doutorado, iniciou sua carreira na Verband der Angestellten Krankenkassen e.V (VdAK) [Associação Federal de Fundos de Doença Suplentes], onde liderou o departamento que trata de questões sobre cuidados básicos de saúde e ciência médica.

Gerd W. Stürz é sócio-gerente da Ernst & Young e vice-presidente da Câmara de Comércio Britânica na Alemanha. Por trinta anos, foi auditor e consultor de empresas internacionais e ocupou vários cargos de liderança internacional no EY e, antes, na Arthur Andersen. Hoje, ele lidera o seguimento de mercado Ciências da Vida, Saúde e Químicos no EY na Alemanha, Suíça e Áustria.

Johannes Thönnessen é psicólogo, autor de inúmeros livros, sócio gerente da MWonline GmbH e consultor independente especializado em comunicação, desenvolvimento organizacional e ferramentas de gestão de RH. Durante muitos anos, trabalhou no desenvolvimento de pessoal na Bayer AG e, desde 1998, gerencia o site Managementwissen online [Know-how em Gestão On-line], onde, juntamente com outros autores, comenta as tendências atuais na gestão.

Dr. Timm Volmer é gerente sênior e consultor de gestão. Médico veterinário, economista e mestre em saúde pública (Universidade de Harvard), ocupou cargos de direção na GlaxoSmithKline e foi diretor-geral da Wyeth Pharma GmbH na Alemanha. Em 2010, fundou a SmartStep, uma consultoria para a tecnologia farmacêutica e médica, que ajuda os seus clientes a obter um acesso efetivo ao mercado para os seus produtos na Alemanha e em toda a Europa.

Christine Wolff é consultora de gestão, membra de vários conselhos de supervisão e mediadora de negócios. É formada em geologia e tem MBA. Trabalhou por mais de vinte anos em empresas internacionais de engenharia, mais recentemente como diretora, para a Europa e Oriente Médio, da URS Corporation (agora AECOM), uma empresa americana de engenharia com mais de 56 mil funcionários em todo o mundo. Como vice-presidente sênior, estava encarregada das operações em quinze países.

Sobre os autores

Andreas Krebs é empresário, gestor com experiência internacional e especialista em liderança, globalização e empreendedorismo. É um dos poucos alemães que chegaram ao conselho executivo de uma empresa "Big Pharma" nos Estados Unidos corporativo. Atualmente, Andreas dirige o próprio negócio de capital de risco, o Longfield Invest, que investe em startups em crescimento, de muitos setores, operando na Nova Economia. Até 2010, ocupou posições de liderança internacional na Bayer ag e na Wyeth Corporation, atuando posteriormente em seu quadro principal nos Estados Unidos, onde foi responsável por mais de oito mil funcionários em 96 países. Trabalhou em sete países, no Reino Unido, na Áustria, nove anos na América Latina, na Ásia, no Canadá e, finalmente, nos Estados Unidos. De 2010 a 2019, foi presidente do conselho da Merz KGaA, em Frankfurt, e ocupou outros cargos em conselhos de vários setores. Além disso, é presidente da ong Girassol e.V., apoiando crianças e jovens que vivem na pobreza em São Paulo, Brasil.

Para mais informações: www.inca-inc.com

Paul Williams é coach executivo, gestor com experiencia internacional e empresário. Desde 2003, é sócio-gerente da empresa de consultoria Paul Williams & Associates, em Langenfeld, Alemanha, especializada em coaching de liderança, autogestão e desenvolvimento organizacional. No início da carreira, o cientista natural britânico ocupou cargos em vendas internacionais, marketing e administração geral na Europa, Austrália e Ásia, nos Estados Unidos, no Oriente Médio e na África na divisão farmacêutica da Bayer ag. A partir de 1995, assumiu a responsabilidade pelos recursos humanos em operações comerciais internacionais e, posteriormente, pela pesquisa global e o desenvolvimento de produtos. Ele é casado e vive com sua esposa, Steffi, em Leverkusen, Alemanha.

Para mais informações: www.inca-inc.com ou www.paul-williams.de